ど素人でも稼げる信用取引の本

楽天証券経済研究所
シニアマーケットアナリスト
土信田雅之

SHOEISHA

巻頭特集 1

上げ相場でも下げ相場でも儲けられる

儲けるチャンスが2倍に増える!

個人投資家のほとんどはネット証券を利用

株式取引を行うには、まず証券会社に口座を作る必要があります。個人投資家の売買シェアの7割以上をネット証券が占めているともいわれており、多くの場合はネット証券で口座を作る方が多いと思います。

口座開設が完了したら資金を口座に入金し、その金額の範囲内で株を買います。そして、買った株の株価が値上がりしたら売却して利益を得ます。利益の大きさは買った時点の株価から値上がりした分です。

もちろん、株価が下がってしまえば利益は出ませんので、売却して損失を確定するか、もしくはそのまま保有して再び株価が上昇するのを待ちます。

現物取引は上げ相場でないと利益が得られない

こうした一般的な株式取引は「現物取引」と呼ばれます。現物取引の最初の取引は必ず「買い」になるため、株価が上昇する局面、つまり、上げ相場でないと利益が得られません。

もちろん、下げ相場は株を安く買えるチャンスではありますが、強い下落トレンドが続いてしまうと、買った株が含み損（購入した株の価格が下がり、いま売却すると発生する損失）を抱えてしまうことになります。

現物取引

信用取引

信用取引で収益のチャンスが増える

それに対し、この本のテーマである「信用取引」を利用することによって、株価の下落時でも利益をねらうことが可能になります。具体的には後で詳しく説明しますが、株券を借りて売るという「売り建て（うりたて）」という仕組みによって、「売り」から取引を始めることができます。「現物取引しかやらないよ」という現物オンリー派の方には少しイメージしにくい面があるかもしれませんが、信用取引を活用することで、上げ相場でも下げ相場でも収益のチャンスが増えることになります。

巻頭特集 2

少ない元手で大きなリターンがねらえる

資金不足で諦めていたあの銘柄も買える!

てこの作用を使って大きなものを動かす

「レバレッジ（ｌｅｖｅｒａｇｅ）」という言葉をご存知でしょうか？　日本語では「てこの作用」を意味します。

記憶を小学校時代にまで遡ることになりますが、理科の授業で習った力点・支点・作用点をベースに、「小さい力で大きなものを動かす」原理のことです。個人的には細かい理屈よりも当時、理科の先生が授業中に話してくれた、「足場さえあれば地球も動かせる」というアルキメデスの言葉のほうが印象に残っています。

少し話が脇道に入ってしまいましたが、レバレッジは投資の世界ではよく耳にする重要なキーワードです。

キーワードは「レバレッジを効かせる」

「レバレッジを掛ける」、「レバレッジが効いている」、「レバレッジが何倍」などのように使われているのですが、手持ちの資金よりも大きい金額の取引を行うことを「てこ」に例えています。

レバレッジが掛かっている投資手法としては、先物取引やＦＸ（外国為替証拠金取引。外国通貨を売買して為替差益をねらう取引）などが知られていますが、信用取引もそのひとつです。

信用取引を利用すると手持ち資金の約３倍の取引を行うことが可

100万円あれば、
300万円の
売買ができる！

能です。つまり、先ほど紹介した例に当てはめると、「信用取引はレバレッジ約3倍」ということになります。

手持ち資金では買えない銘柄も取引できる

　信用取引によって取引金額が大きくなれば、その分だけ買うことのできる株数が増えます。当然のことながら、ねらえる利益（リターン）も大きくなりますし、株価が高くて手持ち資金では買えない株も取引できるようになり、投資できる対象を広げることができます。

　レバレッジも信用取引の特徴のひとつです。

巻頭特集
3

信用取引は怖いってホント？

リスクを上手にコントロールしよう！

リスクを理解してコントロールすれば大丈夫？

ネット証券の普及に伴い、信用取引はひと昔前に比べてかなり身近なものになりました。その仕組みや魅力をやさしく解説している書籍やＷＥＢサイトなども数多くあります。

「信用取引とは、資金や株式を借りて元手以上の売買を行う取引」のことです――。

信用取引の解説は、こうして始まることが多いのではないかと思います。そして、前項でも説明したように、元手資金の約3倍の取引ができるとか、売り建てを使えば相場の下落局面でも利益がねらえるといった魅力を伝えつつ、信用取引独自の取引ルールやリスクについて解説し、最後に「信用取引はリスクもあるけど、そのリスクを理解して上手にコントロールすれば大丈夫」的な感じで締めくくるのが一般的な流れです。

怖さはメリットの裏返しでもある

こういった解説がなされているにもかかわらず、依然として「信用取引は怖い」と思われる方は多いようです。

その理由として、「信用取引で大損して財産を失った」みたいな話がよく聞かれるなど、最初からネガティブなイメージが強いせいもありますが、信用取引を活用するメリットよりもリスクのほうが

メリットとリスクのバランスをとれば
信用取引を活用できる!

大きく感じられ、バランスがとれていないからだと思われます。

活用法をしっかり理解して取引に役立てよう

「あえて信用取引を利用しなくても……」ということなのかもしれませんが、料理に使う包丁の扱いと同じように、実は信用取引の怖さの多くはメリットの裏返しでもあります。

仕組みやルールはもちろん、それと同時に投資スタイルに合わせた活用法を理解し、メリットとリスクのバランスをとることが、信用取引をフル活用するポイントになります。

巻頭特集 4

信用取引が短期勝負向きな理由

取引で発生するコストを知ろう

株式投資では、①「何を取引するか?」と、②「いつ取引するか?」の2つが重要です。

基本的には、この2つさえ間違えなければ利益をあげることができます。

株を保有して値上がりを待つのは時間がかかる

①を重要視している例として、著名投資家のウォーレン・バフェット氏が挙げられます。会社の価値を徹底的に分析し、株価がその価値と比べて割安であれば買い、その後はひたすら株価が上昇するのを待つという投資スタイルです。

この投資手法は「ファンダメンタル・アプローチ」と呼ばれています。

この手法は株価が上がり始めるまでに時間が掛かってしまうこともあり、どちらかと言えば中長期的な投資向きです。

売買タイミングを見極めて利益を出す信用取引

その一方、短期的な投資スタイルで活躍するのが、②の「いつ取引するか?」に注目した「テクニカル・アプローチ」です。

テクニカル・アプローチは、主に「チャート」と呼ばれる、株価の推移や売買などが記録されて図表化したものを用います。過去の値動きからトレンド（相場の方向性）を捉えたり、売買タイミングを探ります。

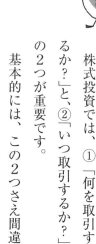

1 金利などの日々のコストがかかる

長く保有
していると
コストが膨らむ

2 取引できる期限が決まっている

●月●日までに
勝負を決めるぞ！
CALENDAR
○月

3 少しの値動きで損益が大きくなる

1日でこんなに
利益が出た！

日々にかかるコストと取引の期限が特徴

後で詳しく説明しますが、信用取引は金利などのコストが日々発生するほか、原則として取引の期限も定められています。また、信用取引はレバレッジが効いていることで、わずかな株価の値動きでも、損益の変動が大きくなりがちです。

そのため、信用取引ではなるべく早く結果を出したいという、短期の投資スタイル向きと考えられます。もちろん①の銘柄選びも大事ですが、②の売買タイミングの判断のほうが信用取引ではより重要になってきます。

巻頭特集 5

信用取引を知って相場を先読みしよう

他の投資家の思惑が見えてくる

株価を動かしているのは投資家の思惑

株式市場では多くの銘柄が取引され、売買が成立する度に株価が動いています。では、株価を動かしているものは何でしょうか？

それは取引に参加している投資家の思惑です。「この銘柄の株価は上がりそう」と考える投資家が多ければ買い注文が増え、反対であれば売り注文が増えます。

こうした多様な投資家の思惑による注文が集まって株価が決定されます。

投資家は、業績見通しや新商品・新サービスの発表、ビジネス環境の変化、企業合併、不祥事などの企業絡みのニュースや、国内外の景気全般や市場のムードなどから投資判断を行いますが、こうした株式取引の思惑に影響を与えるものを「材料」と呼んだりしています。

信用取引の様々なデータは誰でもチェックできる

材料はその内容によって色々な分類がなされますが、そのひとつに「需給材料」というのがあります。言葉の通り、株式に対する需要と供給に関する材料です。

例えば、ある銘柄が日経平均などの株価指数（日経平均株価やTOPIXなど）に採用されると、株価指数に連動するように運用している投資信託や機関投資家がその銘柄を買う(買い需要が増える)

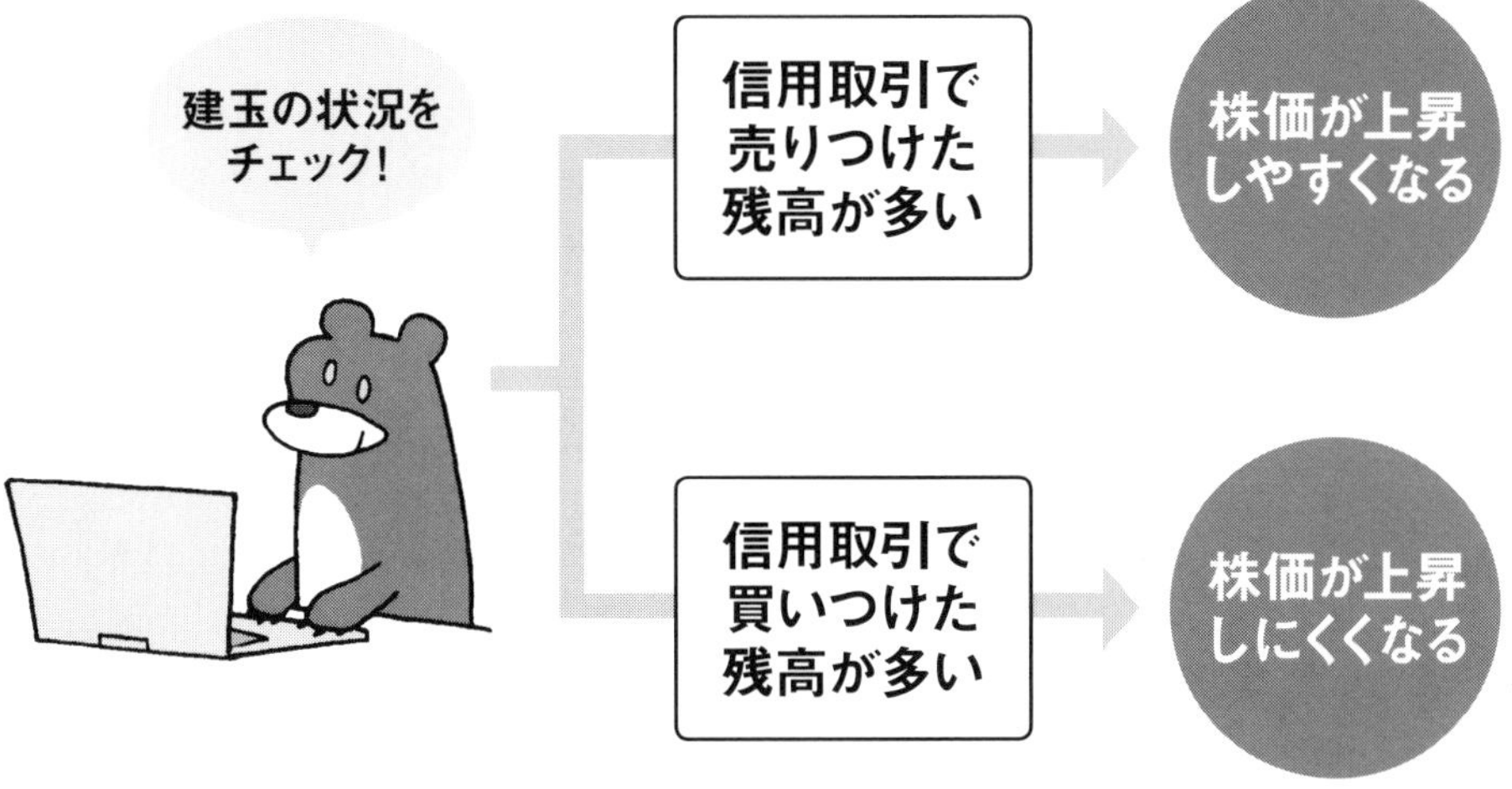

ことになり、株価が上がるのではないかという考え方です。

建玉の動向をチェックすれば相場の分析に役立つ

信用取引もこの需給材料と深く結びついています。

信用取引は資金や株を借りて行うため、いずれは返済しなくてはなりません。信用取引で返済されずに残っているものを「建玉（たてぎょく）」と言いますが、実は建玉の動向をチェックすることで、相場の先読みに活かすことができます。

信用取引の様々なデータや情報は個人投資家でも簡単に入手可能です。

contents

巻頭特集

ざっくり分かる信用取引のメリット

巻頭特集1　上げ相場でも下げ相場でも儲けられる……2
巻頭特集2　少ない元手で大きなリターンがねらえる……4
巻頭特集3　信用取引は怖いってホント？……6
巻頭特集4　信用取引が短期勝負向きな理由……8
巻頭特集5　信用取引を知って相場を先読みしよう……10

基礎編

第1章

信用取引のしくみと基本を知ろう

そもそも信用取引とは何か？……18
信用取引はなぜ必要なの？……20
信用取引のメリット①　手持ちの約3倍の規模で取引ができる……22
信用取引のメリット②　投資資金が節約できる……24
信用取引のメリット③　回転売買と代用有価証券……26
信用取引のメリット④　売り建てができる……28
配当金や株主優待は？　現物取引との違いを確認しよう……31
「制度」と「一般」　両者の違いを整理しよう……33
信用取引ができる銘柄は決められている……35

基礎編

第2章

口座開設から注文までの流れを知ろう

信用取引口座は普通の証券口座と何が違う？……38

信用取引口座の開設には審査が必要 …… 40
取引の流れを押さえよう！① 「新規建て」「建玉の保有」「返済」 …… 42
取引の流れを押さえよう！② 建玉の返済についての補足 …… 44
口座開設の方法と注文画面の見方を知ろう …… 46
信用取引で発行される書面を確認してみよう …… 50
コラム 回転売買は個人投資家の「武器」 …… 52

基礎編

第3章 信用取引初心者が知っておきたい相場のルール

株価以外に注意が必要な建玉管理と「維持率」 …… 54
追証のことをきちんと知って万が一に備えよう …… 56
ダメ！ 絶対！ 「2階建て取引」 …… 60
追証の発生を避けるために気をつけたいこと …… 62
ちょっと面倒？ 信用取引ならではのコスト …… 64
厄介だけど避けて通れない「逆日歩」のしくみを極めよう！ …… 68
意外に重要な「金利」と「逆日歩」の計算方法 …… 72
想定以上に増えてしまう!? 侮れない「逆日歩」 …… 74
もうひとつの返済方法① 「現引き」 …… 76
もうひとつの返済方法② 「現渡し」 …… 78
盛り上がり過ぎに注意！ 取引が過熱すると「規制」が入る …… 82
コラム 維持率を上げるには？ …… 84

contents

応用編

第4章 まずはココから「信用取引の心得」

投資のキホンは「何を?」と「いつ?」……86
知ってるつもり!? 見つけよう自分流の「投資スタイル」……88
ファンダメンタルズ分析から見た株価……92
よく聞くPER・PBR・ROEってなに?……94
これであなたもアナリスト? 企業価値を計算してみよう……98
超シンプルなロスカットの2%ルール……102
相場を動かすきっかけとなるイベントの考え方とは?……104
短期間の投資スタイル デイトレードとスイングトレード……108
コラム 相場を読み解くシンプルな見方……112

応用編

第5章 テクニカル分析で掴む売買ポイント

テクニカル分析の考え方① そもそも何を意味しているのか?……114
テクニカル分析の考え方② 株価が上がる確率は分からない……116
船頭多くして船山に登る? 「売買サインの迷子」にならない……118
テクニカル分析の種類と学び方……120
チャートの基本3要素 「ローソク足」「移動平均線」「出来高」……122
ローソク足の読み方を知ろう……124
大きな視点と小さな視点でローソク足チャートを捉えよう……128
パターン分析で分かること 大きな視点の「相場あるある」……130

「小さな視点」で変化の兆しを見逃さない……132
ルールは意外と自由！　トレンドラインを描いてみよう……134
移動平均線を見る時に押さえておきたいポイント……136
移動平均線を使ったトレード例①　トレンド発生の初期段階を捉える……140
移動平均線を使ったトレード例②　株価と移動平均線との乖離を利用……142
出来高の動きは人気化のバロメーター……144
トレンドに乗る売り仕掛けのポイント……146
「順張り」と「逆張り」どっちが良い？……148
「順張り」と「逆張り」はどうやって使い分ける？……150
よく使われるテクニカル指標①　RSIで相場の強さを知る……152
よく使われるテクニカル指標②　RSIの「逆行現象」……154
よく使われるテクニカル指標③　ボリンジャーバンドでばらつきを見る……156
よく使われるテクニカル指標④　ボリンジャーバンドのバンドウォーク……160
よく使われるテクニカル指標⑤　移動平均線どうしの価格差を表すMACD……162
よく使われるテクニカル指標⑥　トレンドの継続が見やすくなる平均足……164
よく使われるテクニカル指標⑦　平均足とMACDの組み合わせ……166
ローソク足の「窓空け」とは？……168
コラム　プロと個人投資家との違い……170

応用編

第6章 現物派も是非知っておきたい信用取引データ

信用取引の残高を把握して出口戦略を練ろう……172
信用取引残高の読み方を知れば鬼に金棒……174
「倍率」に隠れた取引のヒント「信用倍率」と「貸借倍率」とは？……176

contents

「踏み上げ相場」とは何か？ ～売り建てが苦しめられる？～ …… 180
カギは「株不足解消」と「逆日歩0円」 逆日歩の発生は予想できる？ …… 182
相場の活況度合いが分かる「回転日数」とは？ …… 184
みんなに追証が発生!? 「信用評価損益率」とは？ …… 186

応用編
第7章
信用取引に役立つトピック集

シンプル・イズ・ベストの1割転換投資法 …… 190
ちょっと取引して様子見？ 「打診買い（売り）」に信用取引を活用 …… 192
「両建て」でひとまず様子見？ …… 194
お得に株主優待をゲットしよう …… 196
制度信用の「期日」をねらう「期日向かい」 …… 198
ロング・ショート戦略① 「倍率を利用」 …… 200
ロング・ショート戦略② 「NM倍率」 …… 204
ロング・ショート戦略③ 合併比率に注目した取引 …… 206
IPO銘柄に対して信用取引は使えるのか？ …… 208
銘柄選びのヒント① 新聞・雑誌・セミナーの注目銘柄を参照する …… 210
銘柄選びのヒント② 「コバンザメ」作戦 …… 212
銘柄選びのヒント③ スクリーニング …… 214
信用取引に役立つ「ランキング情報」を使った銘柄選び …… 218
コラム 現在は投資が必須の時代？ …… 220
コラム 信用取引に向かない銘柄 …… 221
コラム 優秀な整備士よりも名ドライバーを目指そう …… 222

第1章

信用取引のしくみと基本を知ろう

基礎編

01

そもそも信用取引とは何か？

「信用取引とは、資金や株式を借りて元手以上の売買を行う取引」のことです――。

信用取引を一言で説明すると、多くの場合でこんな感じの表現になりますが、ほぼ必ず含まれているのは、「借りて取引を行う」という文言です。というのも、信用取引のしくみを理解し、活用していく上で欠かせない最大のポイントは、このキーワードをベースに考えることだからです。

「借りる」という視点で信用取引を考えてみよう

詳細はこの後詳しく見ていきますが、例えば、「何をいくら借りる」という視点に立てば、株券を借りることで売り建てができるとか、元手資金以上の金額を借りることで規模の大きな取引ができるなど、信用取引の特徴が分かります。

また、「借りたものは返さなければならない」という視点に立てば、信用取引には期日があることや、金利などのコストが発生すること、返済に不安が生じた際には追加の保証金が求められる理由なども理解できます。

通常の現物株取引では、注文を出す投資家、注文を取り次ぐ証券会社、注文の受付と取引

1-01 大事なポイントは「借りて取引を行う」視点

（視点１）何をいくら借りる

売り建て、レバレッジが分かる！

（視点２）借りたものは返す

期日、コスト、追証が分かる！

（視点３）誰から借りる

逆日歩、取引規制、権利関係が分かる！

「借りて取引」の視点で
信用取引の様々なことが
理解できる！

を成立させる取引所が登場し、それぞれ株式取引の注文の流れという関係で役割が明確になっています。

信用取引でもこの関係は変わらないのですが、これに「誰から借りるのか（誰が貸すのか）」という視点が加わり、少し複雑になります。

実は、投資家に資金や株券を貸しているのは証券会社です。そのため、投資家と証券会社とのあいだには、先ほどの「（注文の）出し手と取り次ぎ手」だけでなく、「（資金や株券の）借り手と貸し手」という関係が生じます。

しかも、証券会社が投資家の借りたいニーズに応えられない場合に、足りない資金や株券を貸し出してくれる**証券金融会社**という登場人物が新たに増えます。

こうした信用取引の貸し借りの流れを押さえることで、**逆日歩**の発生や**信用取引規制**についても理解が深まります。

耳慣れない用語も出てきましたが、これから詳しく説明していきます。

●証券金融会社
詳細は68ページ参照

●逆日歩
詳細は68ページ参照

●信用取引規制
詳細は82ページ参照

基礎編

02

信用取引はなぜ必要なの？

いわゆる「モノ」の価格は需要と供給のバランスで決まります。買いたい人（需要）が多ければ価格は上がり、反対に売りたい人（供給）が多ければ価格は下がります。株式の価格（株価）についても基本的には同じ理屈です。

株価にはもうひとつの側面がある

その一方で、株価というのは「その企業の価値を表している」ことも忘れてはいけません。そのため、株価は企業業績とある程度連動する性質があります。企業の業績が良ければ株価は上昇しやすく、逆の場合は下落しやすくなるわけです。

つまり、株価を判断するには「需要と供給」、そして「企業の価値や業績」の2つの側面から意識する必要があります。

そして、信用取引は先ほどの需要と供給の面で大いに関わってきます。株式取引における需要と供給には、「実需（じつじゅ）」と「仮需（かりじゅ）」と呼ばれる2つがあります。ざっくりとした分け方になりますが、現物取引が「実需」、信用取引が「仮需」に該当します。

実需とは言葉の通り、実体のある需給です。例えば、配当金や株主優待、長期の資産運用

1-02 信用取引が必要とされる理由

仮需で取引が増えれば、より公正な株価が形成される！
収益の機会が増える！
市場
投資家

を目的とした売買などです。一方の仮需は、株式の保有ではなく、株価の動きによって利益をねらう手段として売買する需給を指します。

信用取引は、その仮需による取引を促す役割を担っているのですが、意地悪な言い方をすれば、わざわざ売買を煽るようなしくみでもあるわけです。

しかしながら、仮需のしくみがあることで、様々な投資家による株式の注文や売買が増えやすくなります。また、一部の少ない取引で成立した株価よりも、多くの投資家の思惑や価値観によって成立する株価のほうがより公正な株価であるといえます。

仮需による取引を増やして株価や市場に対する信頼感を高めると同時に、個人投資家には、レバレッジや**売り建て**といった収益の機会を提供しているという意味で、信用取引は欠かせない存在であるといえます。

●売り建て
詳細は28ページ参照

03

基礎編

信用取引のメリット①手持ちの約3倍の規模で取引ができる

実際に信用取引を積極的に活用している人たちは、信用取引のどこにメリットを感じているのでしょうか？

信用取引はレバレッジが効いている

恐らく、いちばん多い意見は「資金効率の良さ」だと思います。少ない資金で大きな取引ができること、つまり「レバレッジ」が効いている点です。信用取引では手持ち資金の約3倍の取引を行うことができます。

例えば、現物取引で1000株取引できる資金があれば、信用取引を利用することで約3000株の取引ができるというわけです。取引の規模が大きくなれば、それだけ得られる利益も大きくなります。ただし、大きな利益がねらえる分、発生してしまう損失も同様に大きくなります。ハイリスク・ハイリターンというわけですが、そのリスクとリターンの度合いは、レバレッジが大きくなるほど高まります。

ちなみに、他のレバレッジ型商品である、FX（外国為替証拠金取引）や株価指数先物取引のレバレッジは一般的に20倍を超えています。レバレッジの視点で見れば、信用取引は世

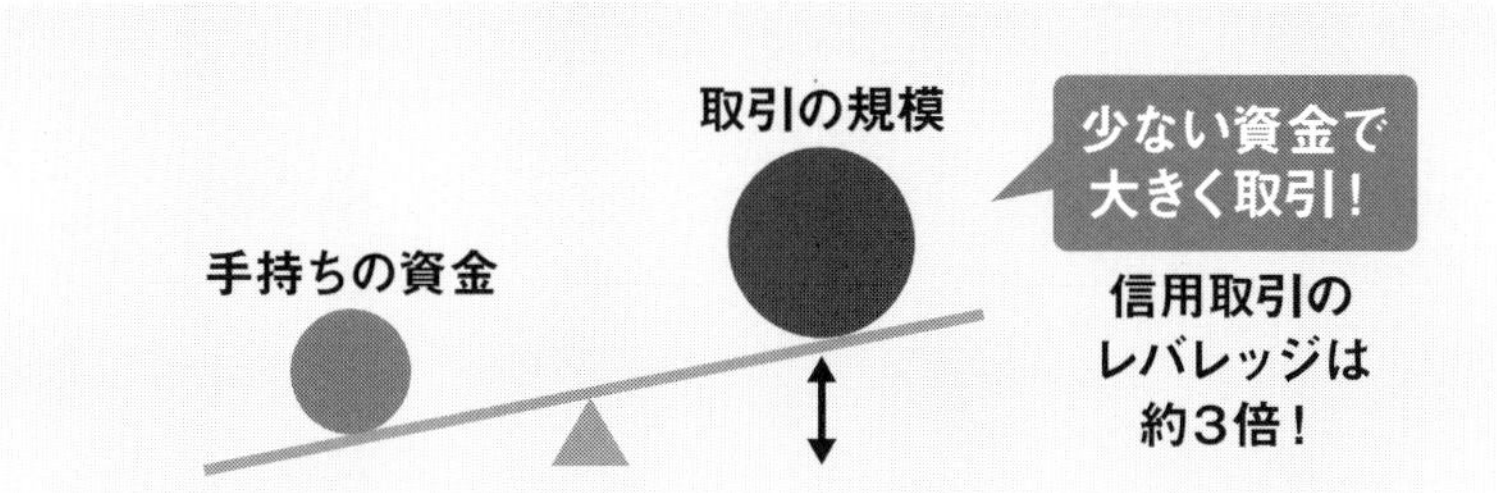

（例）300万円の取引がしたい
300万円 × 30%＝90万円の手持ち資金が必要！

間が抱くネガティブなイメージほどリスクは高くはないといえます。

信用取引のレバレッジ倍率がアバウトな理由

また、信用取引のレバレッジですが、「約3倍」というように、少しアバウトな説明になっています。実はこれには理由があります。

信用取引のレバレッジの正確な表現は、**取引したい金額の30％の手持ち資金が必要**になります。

つまり、300万円の株を信用取引で買いたい場合、300万円の30％、つまり90万円の手持ち資金があればOKということです。

また、100万円の手持ち資金があれば、信用取引で最大333万3333円（100万円÷30％）までの取引ができるわけですが、この例のように計算で割り切れないケースもあるため、便宜上、「信用取引は手持ち資金の約3倍の取引が可能」と説明することが多いのです。

※信用取引に必要な手持ち資金のことを「委託保証金」といいます。また、この30％のことを「委託保証金率」といいます。

04

基礎編

信用取引のメリット②投資資金が節約できる

資金効率の良さは「大きく取引できる」だけではない？

前項では、信用取引のメリットのひとつであるレバレッジを、「手持ち資金の約3倍の取引ができる」と説明しました。言い換えれば、「取引したい金額の30％の手持ち資金が必要」でしたが、実は、こちらの表現のほうが信用取引の本質を適切に説明しているのです。

確かに、少ない手持ち資金で大きく取引できるレバレッジは、その分だけねらえる利益も大きくなる一方、同時に株価が変動する際のリスクも高まることにもなります。これは資金効率の一側面に過ぎません。

例えば、手持ち資金が３００万円あり、買いたい株（銘柄）が３００万円だったとします。手数料等のコストを考慮しなければ、そのまま現物取引で買うことができますが、その時点で手持ちの資金を全て使ってしまうことになります。

そこで、信用取引を活用すれば、３００万円の株を90万円で買うことができます（取引金額３００万円の30％）。そして、残った２１０万円で他の銘柄を買ったりするなど、投資の選択肢を増やすことができます。もちろん、損失の発生に備えて多少の現金の余裕を持つ必

1-04 信用取引で取引金額を節約

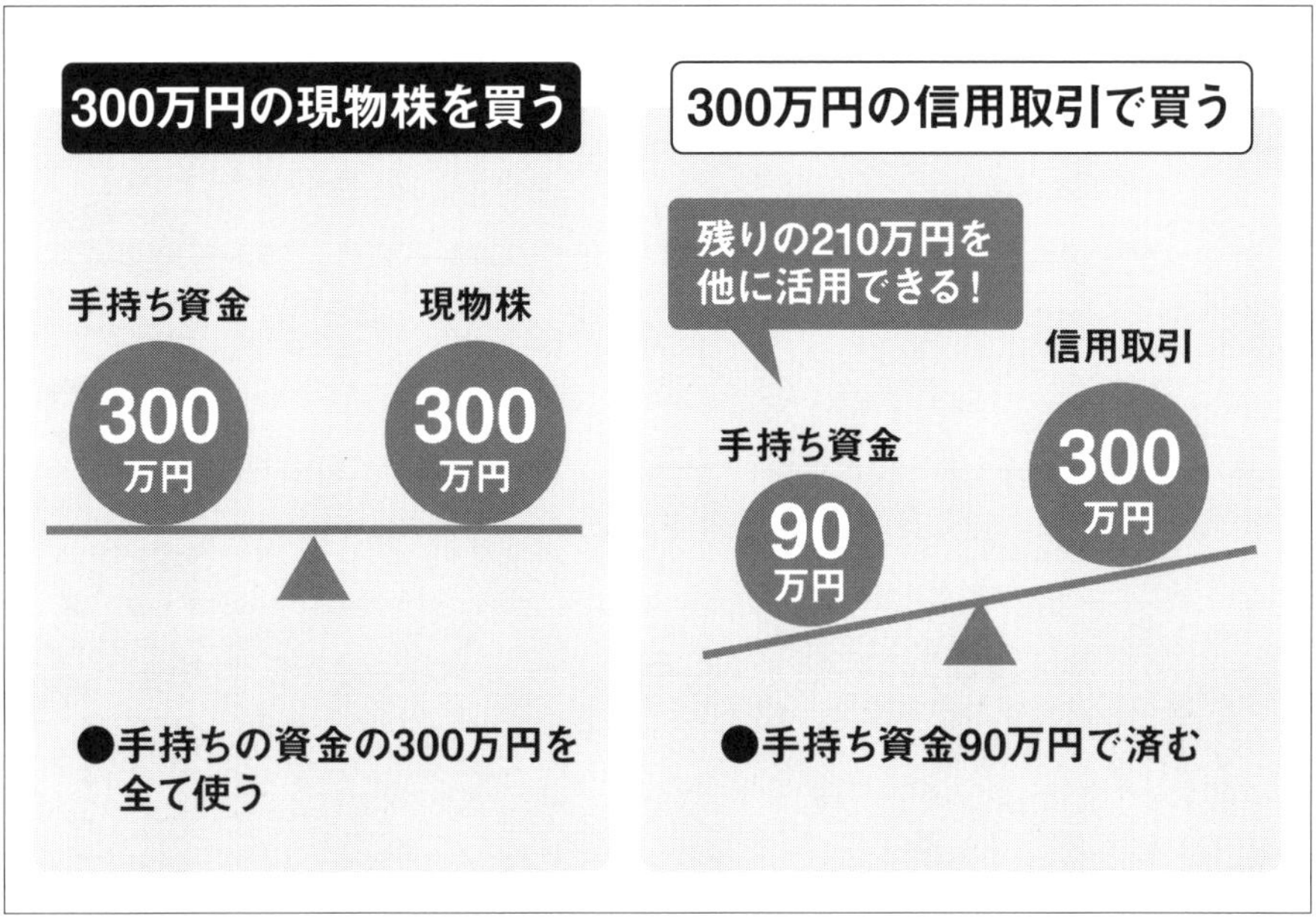

要がありますが、投資資金を節約できることで、資金効率はグッと良くなります。

その他のメリットは？

したがって、信用取引における資金効率の良さとは、「大きく取引できる」「投資資金が節約できる」の2点にまとめることができます。ただ、これはあくまでもレバレッジという切り口になります。

実は、信用取引にはもうひとつ、現物取引との制度の違いによる資金効率の良さがあるのですが、これについては後ほど詳しく見ていきたいと思います。

05

基礎編

信用取引のメリット③回転売買と代用有価証券

信用取引による資金効率の良さについて、「大きく取引できる」ことと、「投資資金が節約できる」ことをこれまで説明してきました。この２つはレバレッジの視点から見たものです。そして、信用取引にはまだ別の資金効率の良さがあります。そのひとつが、「回転売買ができる」ことです。回転売買とは、「同じ資金で何回も取引を繰り返すこと」です。

同じ銘柄を1日で何度も売買できる

現物取引には「同じ資金を使って同じ銘柄を１日に何回も取引できない」というルールがあり、回転売買ができません。

例えば、銘柄Ａの株を１００万円で買い、株価が上がったので、その日のうちに１１０万円で売却します。そして、同じ日に「まだ株価が上がりそう」ということで、再び売却代金でＡ株を買おうとしてもできません。別にＡ株を買う代金を用意する必要があります。

以前は、信用取引についても、一度信用取引に使った元手（委託保証金といいます）をその日のうちに次の取引に使えず、回転売買ができませんでしたが、２０１３年1月から制度やルールが変更になったことで可能となりました。同じ資金で繰り返し売買できるのは大き

1-05 信用取引では「回転売買」ができる！

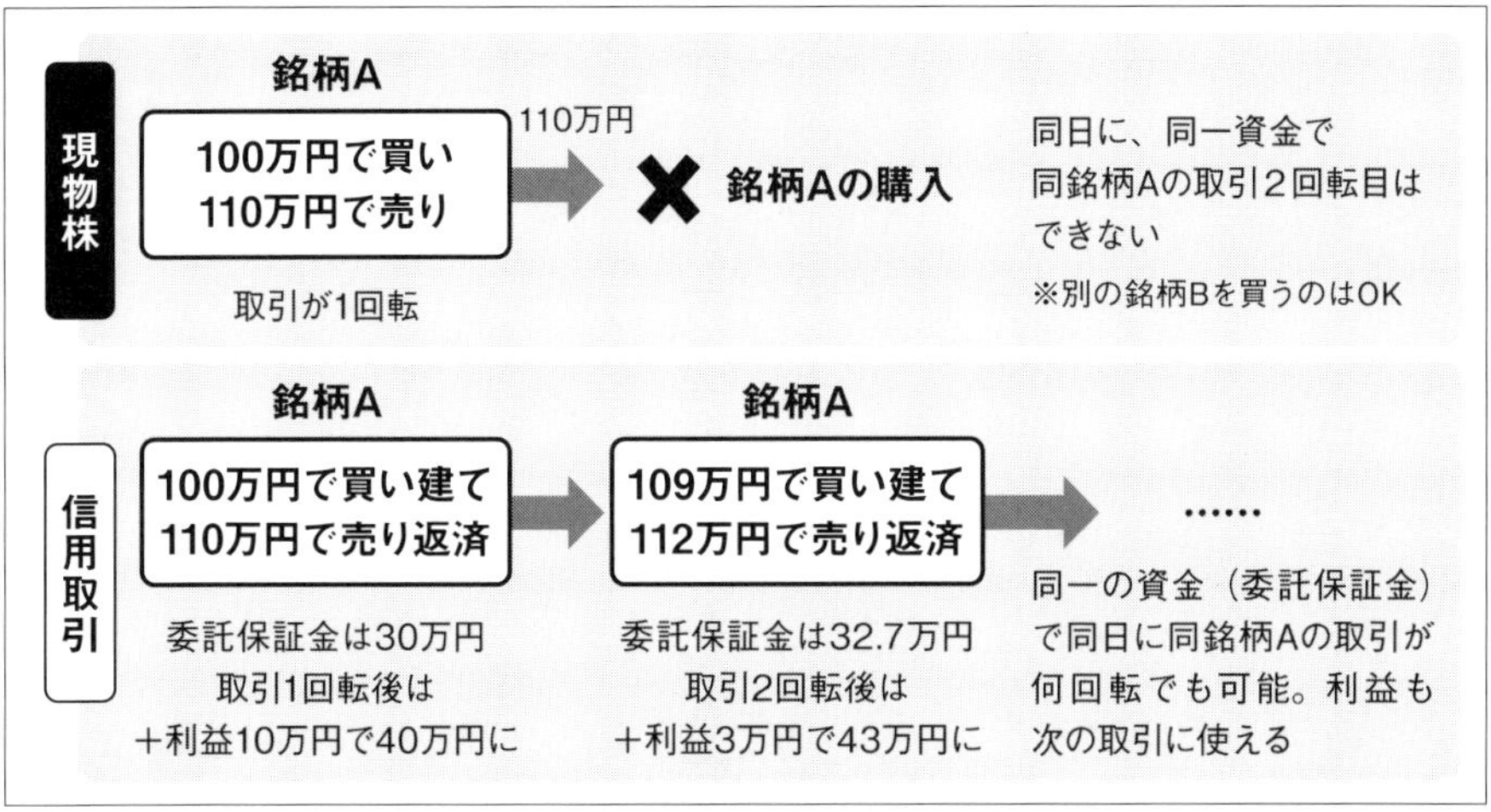

なメリットです。

手持ちの株券を元手に取引できる

さらに、信用取引では「現金がなくても、保有している株券を元手に取引」することもできます。これを「**代用有価証券**」といいます。

もちろん、現金と全く同じように使えるというわけではなく、基本は株式の評価額（株価×株数）の80％になります。評価額１００万円の株式を持っていれば、80万円を委託保証金として信用取引が可能というわけです。

ただし、株価は変動するため評価額は日々変わりますし、規制が入れば80％の掛目が変更、もしくは代用有価証券として使えなくなることもあり、この点については注意が必要です。

つまり、回転売買や代用有価証券による資金効率の良さは、現物取引との制度上の違いによるものといえます。

●代用有価証券
代用有価証券は制度上、株式以外にも債券（国債・社債）や、投資信託なども対象になっています。掛目（委託証拠金として使う割合）については、リスクの低い国債などは90％台など高めに設定されたりしますが、取引される証券会社によって対応が異なりますので確認してください。

06

基礎編

信用取引のメリット④ 売り建てができる

信用取引には、「資金を借りて買う取引」（買い建て）と、「株式を借りて売る取引」（売り建て）の2種類があります。特に売り建ては、信用取引におけるメリットの筆頭に挙げる人も多くいます。

今後、株価が値上がりすると予想すれば買い建てを行い、反対に値下がりすると予想すれば売り建てを行うのですが、それぞれのイメージを具体例で説明したいと思います。

図版1-06のように、株価が1000円の銘柄Aを1000株取引したいと思います。取引金額は、1000円×1000株で100万円です。

分かりやすい買い建てのイメージ

まずは買い建てです。「証券会社から100万円の資金を借りて、株価1000円の銘柄Aを1000株買う」となります。

その後、予想が見事に当たって株価が上昇し、1200円になったので売却します。1200円×1000株の120万円が売却金額になりますが、この120万円から最初に借りた100万円を証券会社に返済して、手元に残った20万円が利益になります。

1-06 買い建てと売り建てのイメージ

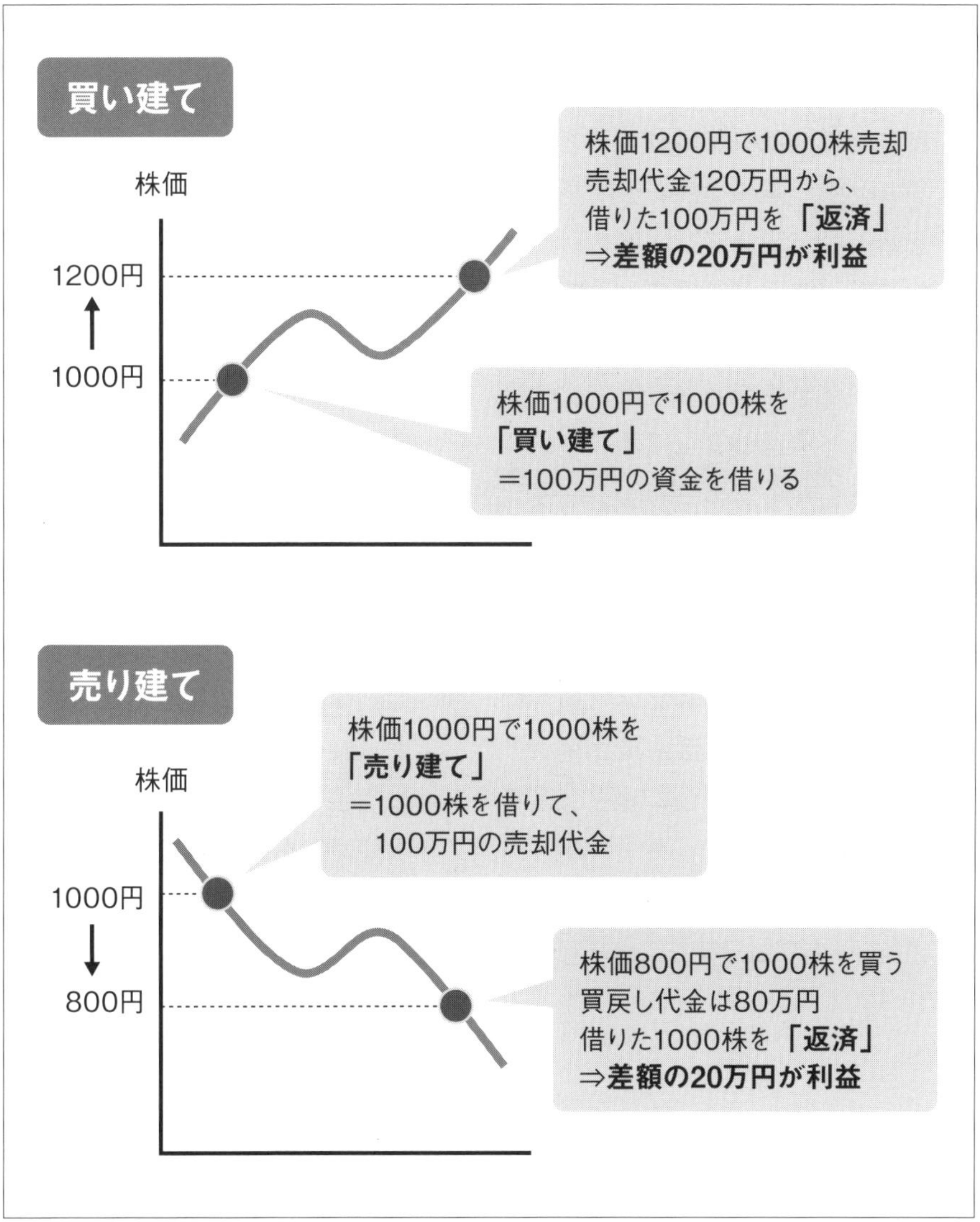

「株価が高くなったら売って利益を得る」という点は現物株取引と同じです。

現物取引派にはイメージしにくい売り建て

次はいよいよ売り建てです。「証券会社から１０００株借りて、銘柄Aを１０００円で売る」ことになります。この時点で、売却代金の１００万円をいったん手にすることになります。その後、株価が８００円まで下落したので、この値段で１０００株を買い戻して証券会社に返済します。これによって、売却代金の１００万円と、１０００株を返済するためにかかった買い戻しの費用80万円（８００円×１０００株）の差額である20万円が利益になります。

売り建てでは、株価が下落するほど買い戻しの費用が安くなり、利益も増えるというのがポイントです。現物株オンリーの方にとっては、「売り建て」に対して少しイメージしにくい面があるかもしれませんが、売り建てによって取引の自由度は大きくなります。

※ちなみに、新しく信用取引を始めることを「新規建て」、信用取引を手仕舞うことを「返済」といいます。さらに詳しく分けると、買い建ての場合は、「新規買い建て→売り返済」、売り建ての場合は、「新規売り建て→買い返済」になります。

07

基礎編

配当金や株主優待は？現物取引との違いを確認しよう

株式取引には売買による利益（キャピタルゲイン）以外にも、配当金（インカムゲイン）や株主優待を受け取るなどの魅力があります。配当金や株主優待は株主であれば得られる権利です。

では、信用取引の場合、配当金や株主優待はどうなるのでしょうか？

結論からいってしまうと、信用取引で株式を買った（買い建てした）場合、配当金は「受け取れないけど、受け取れる」、株主優待については「受け取れません」。

信用取引で買った株は自分のものではない？

自己資金による現物株取引とは違い、信用取引の買い建ては資金を借りて行うため、買った株式は自分のものにはなりません。「じゃあ、誰のもの？」という疑問が浮かびますが、資金を貸している証券会社や証券金融会社が担保として保有することになります。そのため、信用取引で株式を買っても、株主優待や配当金を受け取れません。

とはいえ、配当金については先ほど「受け取れないけど、受け取れる」と書きました。矛盾した言い回しですが、これは配当金そのものを受け取れない代わりに、「配当金相当額（配

1-07 信用取引の株主優待や配当金はどうなる？

	現物取引	信用取引
株主優待	受け取れる	受け取れない
配当金	受け取れる	受け取れない

「配当金相当額」で調整

売り建てしている人…支払う
買い建てしている人…受け取る

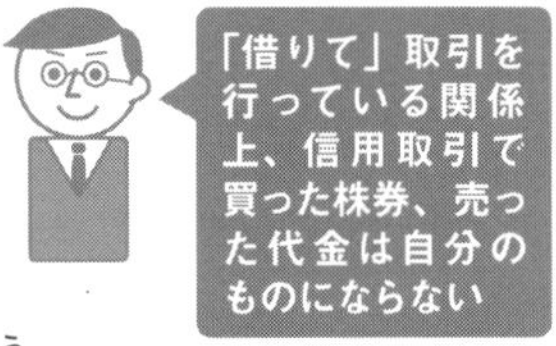

26日(木)	27日(金)	28日(土)	29日(日)	30日(月)	31日(火)
取引日 約定日					受渡日
T	T+1			T+2	T+1
権利付最終日	権利落ち日				権利確定日

（補足）配当金や株主優待を受け取るには、権利確定日に株主である必要があります。
取引の受け渡しを考えると、権利付最終日までに株を買う必要があります。

当金調整額）」というのを受け取るからです。

配当金を受け取るには、「**権利付最終日**」の取引終了時点で株主である必要があります。権利付最終日の翌日に株を買っても配当金はもらえません。この日を「権利落ち日」といいます。理論上は、権利落ち日に配当金の分だけ株価が下がることになります。

株価の下落は、買い建てにとっては損失、売り建てにとっては利益ですが、市場の売買によるものではなく、あくまでも株主の権利関係によるものです。そこで、配当金に相当する額を売り建て側から徴収し、買い建て側に支払うことで、配当金の権利落ちによる株価下落の影響をお互いにチャラにしようというわけです。

そのため、配当金の権利発生のタイミングで売り建てをしていると、配当調整額を支払うことになる点には注意が必要です。ちなみに、配当調整額は信用取引の諸経費として扱われます。

●**権利付最終日**
株主の権利を得るには、権利確定日に株主であることが必要です。通常の場合、企業の決算月の月末が権利確定日ですが、株式は取引日と受渡日が異なるため、権利確定日の3営業日前、つまり権利付最終日までに株式を買っておく必要があります。

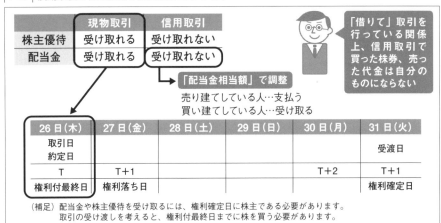

08

基礎編

「制度」と「一般」両者の違いを整理しよう

これまで一括りに使ってきた信用取引という言葉ですが、細かくいうと、「制度信用取引」と、「一般信用取引」の2種類があります。基本的な取引のしくみは同じですが、両者の違いについてここで整理してみましょう。

ルールを決めているのは誰？

制度信用取引と一般信用取引の違いは、「取引ができる銘柄や返済期限、金利や規制などのルールをどこが決めているか？」になります。

制度信用取引は証券取引所によってルールが決められている信用取引です。取引所は証券会社からの注文を受け付けて売買を成立させているところですから、制度信用取引のルールは原則として全ての証券会社に一律に適用されます。

一方の一般信用取引は各証券会社がルールを決めています。そのため、ルールの内容については証券会社ごとで微妙に異なる部分があります。

制度信用取引と一般信用取引の大きな違いは、①返済期限と、②取引できる銘柄の2つです。

1-08 制度信用取引と一般信用取引との違い

	制度信用取引	一般信用取引
対象銘柄	取引所が決める（信用銘柄、貸借銘柄）	証券会社が決める
取引のルール	取引所が決める	証券会社が決める
返済期限	6カ月以内	特になし（1日～無期限）
売り建て	貸借銘柄で可能	証券会社の選定次第
逆日歩の発生	あり	原則なし
貸借取引	可能	不可能

貸借取引…証券会社が信用取引で貸し出す資金や株券が足りなくなった際に、証券金融会社から借りるしくみ。つまり、一般信用取引は各証券会社の資金や株券の調達能力によって左右される面があります

制度信用取引では、新規建てから返済までの期限が6カ月以内と決められています。これを「期日（きじつ）」といいます。損益状況に関係なく、期限内に必ず取引を手仕舞わなければなりません。これが、一般信用取引では期日を証券会社が決めるため、ネット証券では原則「**無期限**」にしているところが多いです。

また、取引できる銘柄も一般信用取引のほうが豊富です。制度信用取引の取引対象は取引所の基準を満たした銘柄ですが、一般信用取引では各証券会社の判断次第になります。さらに、IPO（新規上場銘柄）は、制度信用取引の対象銘柄になるまでに一定の時間がかかりますが、一般信用では上場初日から取引ができます。

こう書くと、メリットの軍配は一般信用取引に上がりそうですが、制度信用取引に比べて金利が高めになっているなど、コスト面に注意する必要があります。また、一般という名前に惑わされがちですが、信用取引として多く利用されているのは制度信用取引のほうになります。

※無期限といっても、もちろん例外はあります。合併や株式分割、上場廃止などが発生した場合には返済の期限が設けられることがあります。

09

信用取引ができる銘柄は決められている

前項でも指摘した通り、信用取引では制度・一般を問わず対象銘柄が指定されています。その銘柄は取引所が決めるか、証券会社が決めるかの違いです。

買い建てオンリーか売り建ても可能か?

制度信用取引の対象銘柄については、もう少し細かく見ていく必要があります。

制度信用取引では、取引所が「これなら信用取引をしてもいいよ」という条件(選定基準)を設け、その条件をクリアした銘柄が対象に選ばれます。選ばれた銘柄は「信用銘柄」と呼ばれます。そして、信用銘柄の中からさらに絞り込んで、売り建てもできる銘柄を選出します。これを「貸借銘柄(たいしゃくめいがら)」と呼びます。

つまり、信用銘柄は買い建てオンリーの銘柄、貸借銘柄は買い建て・売り建ての両方ができる銘柄というわけです。当然ながら、貸借銘柄の選定基準は信用銘柄の基準よりもハードルが高くなります。

では、実際にどのくらいの銘柄が制度信用取引の対象銘柄になっているのかというと、2016年末時点での全上場銘柄(3523銘柄)のうち、信用銘柄は3511銘柄、貸借

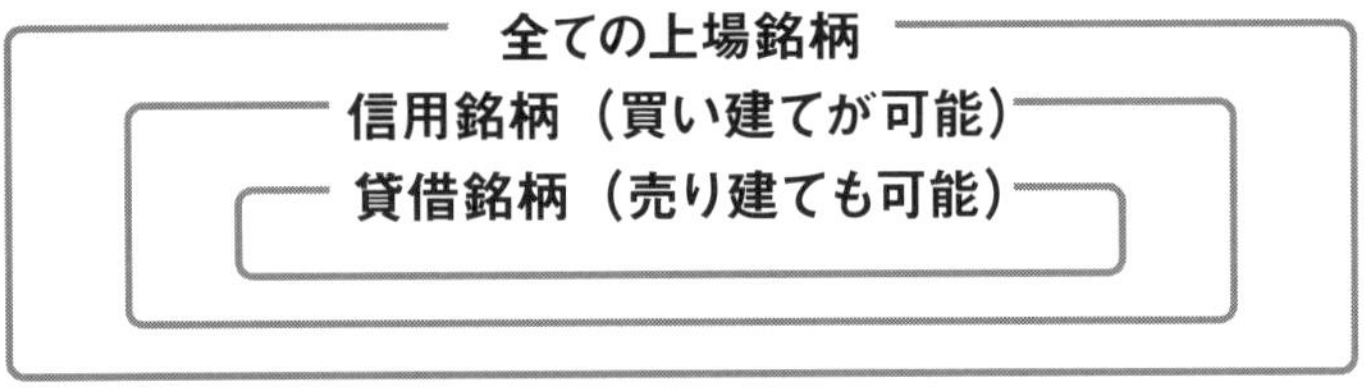
全ての上場銘柄
信用銘柄（買い建てが可能）
貸借銘柄（売り建ても可能）

信用銘柄と貸借銘柄数の状況（2016年末）

	1部	2部	マザーズ	JASDAQ	合計
上場銘柄数	2006	532	228	757	3523
信用銘柄数	2005	529	227	750	3511
貸借銘柄数	1737	159	36	133	2085

銘柄は２０８５銘柄です。

ざっくりとした割合は信用銘柄が99％、貸借銘柄が58％ですので、買い建てはほぼ全ての銘柄で行うことができますが、売り建ては「貸借銘柄でないからできない」ということが良くあります。証券会社の情報画面では、「信用」もしくは「貸借」というように、何かしらの判断する表示がありますので是非チェックしてみてください。

一般信用取引なら扱える銘柄も

一般信用取引では、各証券会社が信用取引の可能な銘柄を設定しています。

中には、制度信用取引で取引できない銘柄が一般信用取引では可能という銘柄もあったりしますが、とりわけ、貸借銘柄の割合がグッと下がる、東証２部市場や新興株市場（ＪＡＳＤＡＱやマザーズ）では、一般信用取引で売り建てが可能な銘柄が結構あったりします。

第2章

口座開設から注文までの流れを知ろう

01

基礎編

信用取引口座は普通の証券口座と何が違う？

信用取引を始めるには、「信用取引口座」を証券会社に開設する必要があります。この信用取引口座は「証券会社の口座の中の口座」といった位置付けになっています。

総合口座を開設した後に信用取引口座を開設する

「証券会社に口座を作る」とは、一般的に証券会社の総合口座を開設することを指します。総合口座の開設が完了すれば、現物取引をすぐに始めることができます（もちろん資金を用意する必要はあります）。

また、証券会社では国内の株式取引以外にも、海外株式取引や投資信託、先物取引（株価指数先物・商品先物）、ＦＸ（外国為替証拠金取引）など、様々な投資商品を取り扱っています。ただし、中にはリスクが高いものもあるため、証券会社は総合口座の中に、さらに投資商品ごとに別途口座を開設させるしくみになっています。信用取引口座もそのひとつです。

つまり、信用取引を行う際は、「総合口座を開設した後に、信用取引口座を開設」という流れになるのです。

なぜ、そのような面倒なことをするのかというと、証券会社はそれぞれの投資商品のリス

2-01 信用取引口座は「口座の中の口座」

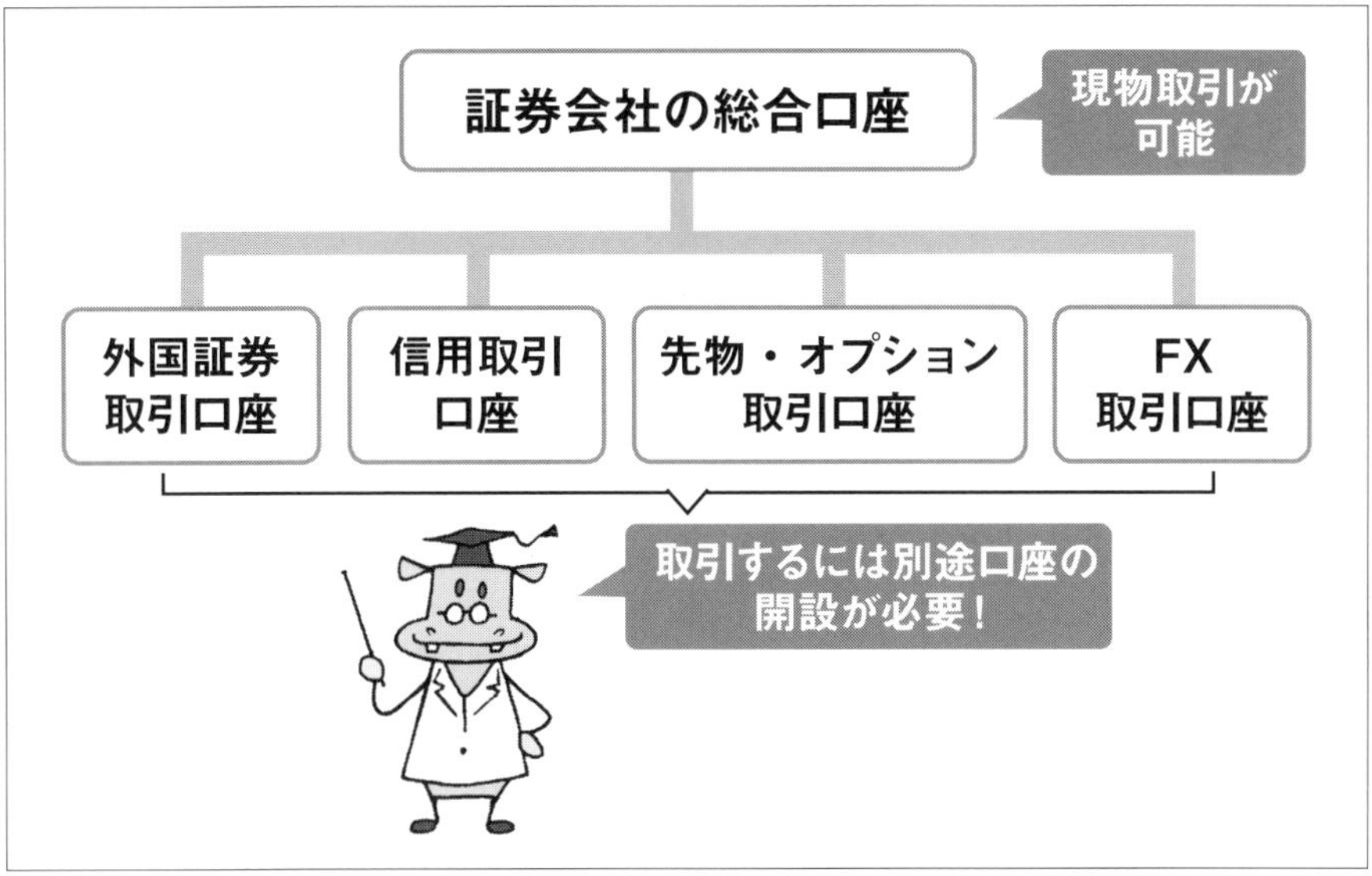

クに応じた条件をクリアした投資家にサービスを提供する必要があるからです。顧客（投資家）を保護するという立場から、株式取引の初心者にいきなり信用取引をさせるわけには行きません。

証券会社は、これまでの投資経験や保有している資産、信用取引に対する知識やリスクの理解など、**投資家の状況を見極めた上で、信用取引口座の開設を判断します**。

ちなみに、対面証券会社の口座開設基準に比べて、ネット証券のほうがそのハードルが低くなっています。多くのネット証券では取引の勧誘を行わず、取引の判断は投資家に委ねられる部分が大きくなります。つまり、**自己責任の原則**が色濃い分、基準が緩やかになるという考え方です。

※この判断の条件などを（信用取引の）口座開設基準といいます。

●自己責任の原則
投資は色々なリスクを正しく認識した上で自分自身の判断で行うものであり、投資で損失が発生したとしても、その責任は投資家白身にあるという原則。この原則が成り立つためには、取引所や金融機関が公正な取引環境や情報の提供を行う必要があります。

基礎編

02

信用取引口座の開設には審査が必要

それでは、信用取引口座の開設から取引までの流れを押さえていきましょう。ネット証券ではほとんどの場合、WEB上で手続きが完了します。

まずは口座開設の申し込みです。ネット証券では、総合口座開設後のログイン後のWEB画面から申し込むことになりますが、大抵の場合、「口座管理」とか「口座情報」といった項目があり、そこから申し込み画面に推移できます。

申し込みから開設完了までわずか数日

申し込み画面では、いつくかの質問に答えたり、チェックを入れたりします。少し面倒な作業に思えますが、信用取引は現物取引に比べてリスクの高い取引です。そのため、「身元はしっかりしているか?」、「確かな投資経験と資産を有しているか?」、「信用取引のしくみやリスクを理解しているか?」などを確認する必要があるものです。実際の作業は簡単で、数クリックで済みます。

そして、全ての項目に回答し、「申し込み」ボタンを押せば申し込み完了です。

この後、証券会社の審査が終了し、問題なければ開設完了の連絡が届きます。多くの場合、

2-02 信用取引口座開設までの流れ

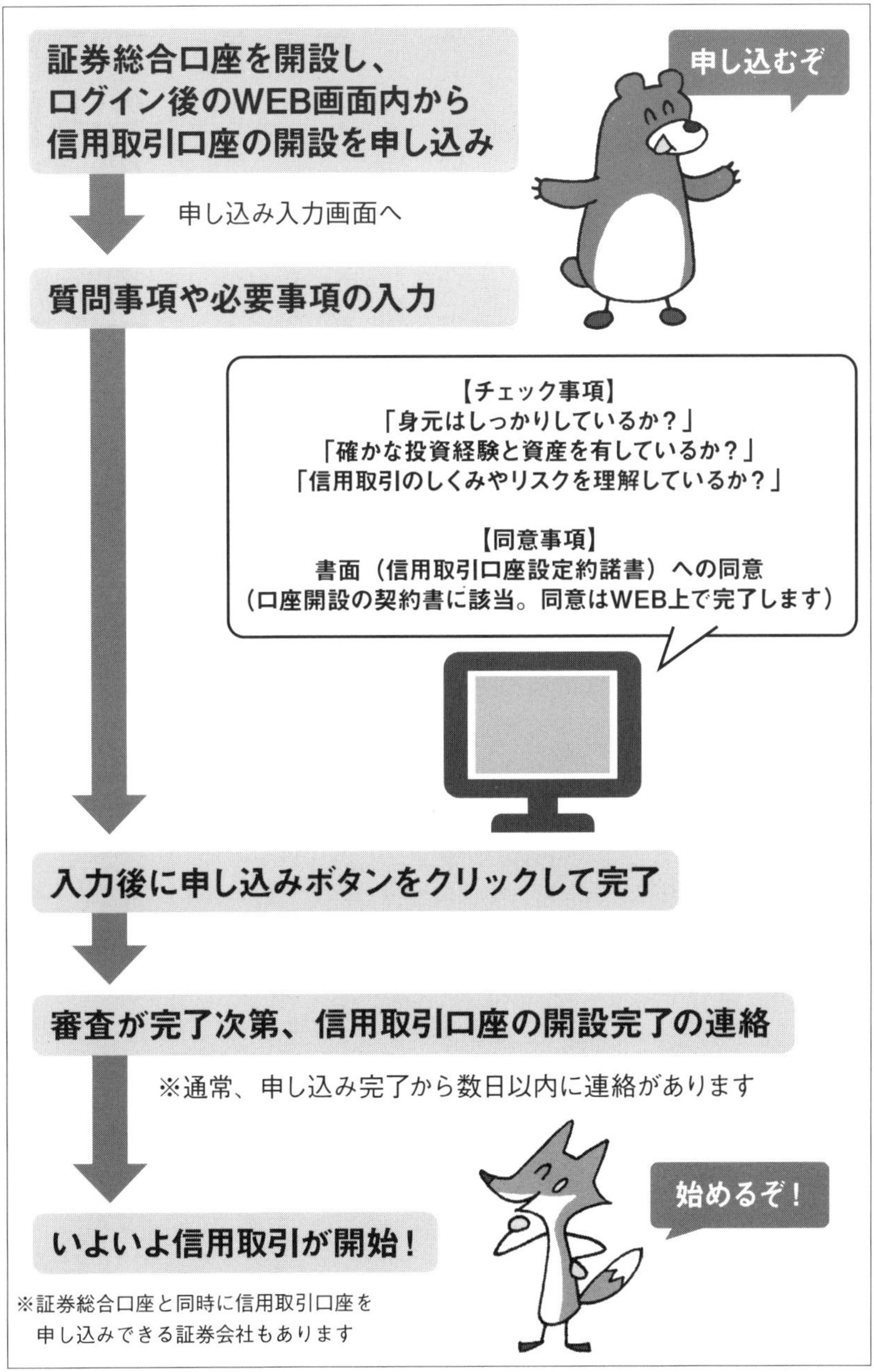
証券総合口座を開設し、
ログイン後のWEB画面内から
信用取引口座の開設を申し込み
申し込むぞ
申し込み入力画面へ
質問事項や必要事項の入力
【チェック事項】
「身元はしっかりしているか？」
「確かな投資経験と資産を有しているか？」
「信用取引のしくみやリスクを理解しているか？」
【同意事項】
書面（信用取引口座設定約諾書）への同意
（口座開設の契約書に該当。同意はWEB上で完了します）
入力後に申し込みボタンをクリックして完了
審査が完了次第、信用取引口座の開設完了の連絡
※通常、申し込み完了から数日以内に連絡があります
いよいよ信用取引が開始！
始めるぞ！
※証券総合口座と同時に信用取引口座を
申し込みできる証券会社もあります

申し込みから口座開設完了までの期間は数日以内です。

基礎編

03

取引の流れを押さえよう！①「新規建て」「建玉の保有」「返済」

信用取引口座の開設が完了したら、いよいよ信用取引の始まりです。ここでは取引の流れを把握しましょう。信用取引も取引対象は株式ですので基本は現物取引と変わりません。ただ、「資金や株券を借りて行う」ため、いくつかの慣れない用語に出くわします。

信用取引では用意した資金（委託保証金）の約3倍の規模までの取引が可能です。買い建てであれば買い注文、売り建てであれば売り注文を出すことになります。これらの注文を「新規建て」といいます。

実際の信用取引の注文画面では、「買い（売り）」ではなく、「新規買い建て」、「新規売り建て」という表示になっています。

返済までは「建玉（たてぎょく）」を保有

信用取引の新規建てで買った株や、売却した代金そのものは、借りて取引している関係上、投資家のものにはならず、貸し手である証券会社が預かることになります。その代わり、投資家は「建玉（たてぎょく）」という形で保有することになります。

建玉とは、「どの銘柄を、いつ、いくらで、何株、買い建て（売り建て）しているのか」

2-03 信用取引における売買の流れ

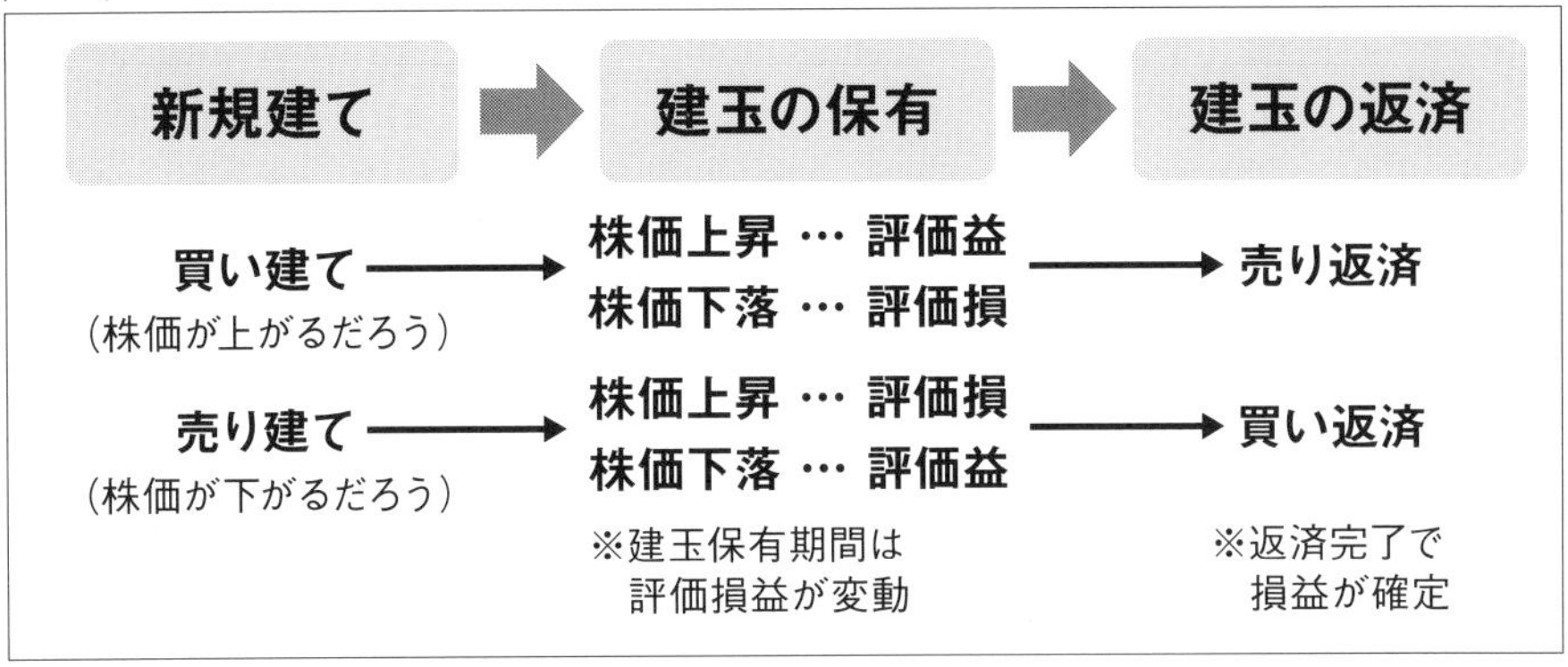
新規建て
建玉の保有
建玉の返済
買い建て
（株価が上がるだろう）
株価上昇 … 評価益
株価下落 … 評価損
売り返済
売り建て
（株価が下がるだろう）
株価上昇 … 評価損
株価下落 … 評価益
買い返済
※建玉保有期間は
評価損益が変動
※返済完了で
損益が確定

を示したもので、いわば信用取引の契約内容ともいえます。建玉はポジションとも呼ばれます。

株価は日々変動し、その動き次第では建玉の内容と比べて利益や損失が発生します。これを建玉の「評価損益」といいます。利益ならば評価益、損失ならば評価損です。

わざわざ評価という言葉がついているのは、まだ損益が確定していないからです。損益が確定するのは建玉を手仕舞いした時です。

取引の手仕舞いは「返済」

建玉の手仕舞いは「返済」と呼ばれます。買い建てであれば、買った株を売却して借りた資金を返済、売り建ての場合は、売却した代金で株を戻して借りた株を返済することになり、信用取引の注文画面では、「売り返済」、「買い返済」という表示になっています。

「新規建て」から「建玉の保有」、そして「返済」が信用取引の一連の流れになります。

04

取引の流れを押さえよう！②建玉の返済についての補足

先ほどは信用取引のざっくりとした流れを押さえましたが、ここでは建玉の返済と保証金についての補足をします。

確定した損益と諸経費も含めて精算される

建玉を返済するタイミングとしては、目標とする利益に達した時や、評価損が発生していわゆる「損切り」をする時、制度信用取引であれば6カ月の期限が到来した時などが考えられます。いずれにせよ、返済注文が成立することで建玉が解消されます。証券会社の取引画面には、保有建玉を一覧表示している画面がありますが、そこからも**建玉の表示**が消えます。

また、建玉の返済によって損益が確定し、**委託保証金**も含めた清算が行われます。

具体的には、買い建てした銘柄の株価が上昇して返済すれば利益が確定します。その場合、委託保証金に利益を加え、手数料などの諸経費を差し引いて清算が行われます。結果的に次の取引に使える資金が増えます。

反対に、株価が下落して返済すれば損失が確定します。この場合も、委託保証金から損失を引き、さらに諸経費も引いて清算します。こちらは次の取引に使える資金が減ります。

※建玉一覧画面からは建玉の表示が消えますが、取引の内容や結果は、取引一覧画面や精算表、売買報告書などで確認ができます。

●**委託保証金**
詳細は54ページ参照

建玉の返済
- 建玉が解消される
- 損益が確定し、清算が行われる

利益の場合 委託保証金 ＋ 利益 － 諸経費

損失の場合 委託保証金 － 損失 － 諸経費

・どんな諸経費があり、いくらかかるのか？
・損失額が委託保証金を超えたらどうなるのか？

返済には信用取引の重要な視点が隠れている

なぜ、返済について細かいことを説明したかというと、信用取引にとって大事な視点が隠れているからです。

後ほど詳しく説明しますが、信用取引の諸経費には様々なものがあるほか、取引で利益が出たとしても、諸経費を差し引いたらあまり利益にならない、もしくはマイナスになってしまう状況もあり得るからです。つまり、コスト意識という視点が隠れています。

さらに、「発生した損失の額が委託保証金よりも大きくなったらどうなるのか?」という、素朴な疑問も湧いてくるかと思います。これは、信用取引にとって大事な視点です。建玉の維持をはじめ、いわゆる「追証」になどにも関わってくるのですが、こちらについても詳しく説明していきます。

05

基礎編

口座開設の方法と注文画面の見方を知ろう

楽天証券の画面を例に、実際の口座開設までの手順や、新規建て注文の流れを見てみましょう。中には初めて出会う言葉もありますが、第3章以降で説明しますので、今は分からなくても大丈夫です。

2-05 口座開設までの流れ

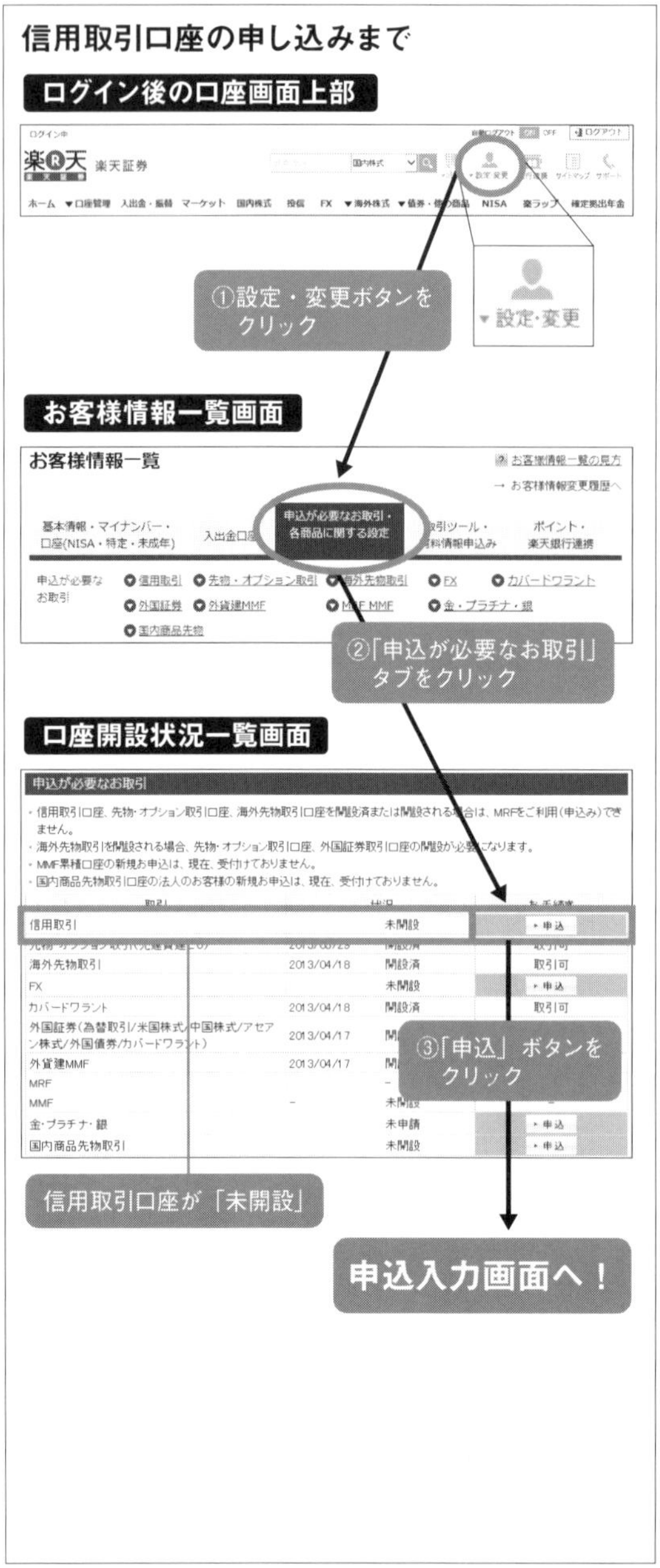

2-06 信用取引口座の申込入力画面①

信用取引口座解説申し込みの注意事項画面

※信用取引のルールや取引規定などの書類を閲覧し、その内容について同意できるかをチェックする画面です

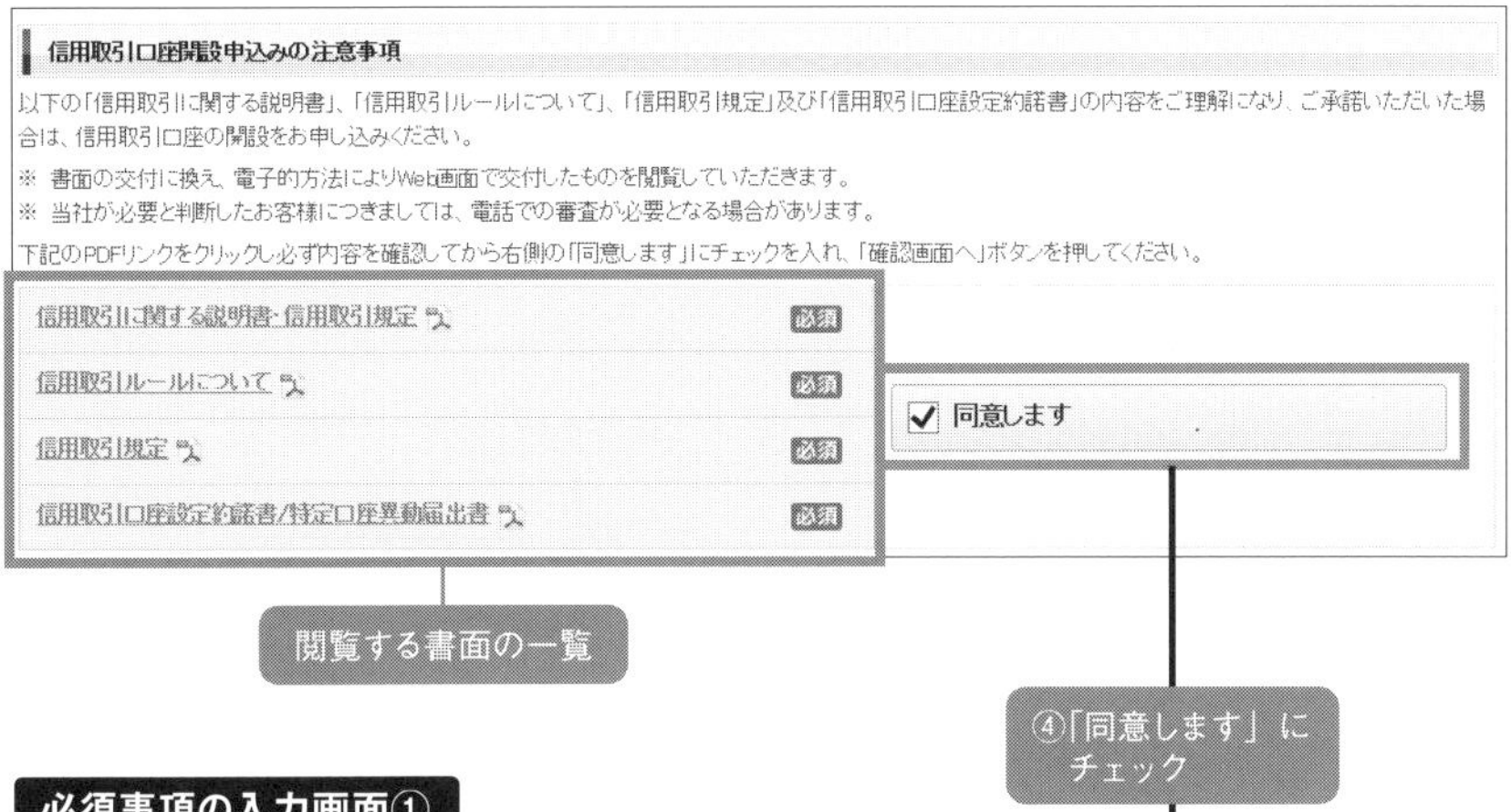

必須事項の入力画面①

※信用取引は資金や株券を証券会社から借りる取引ですので、身元や連絡先を確認する画面です。変更があればここで変更を行います

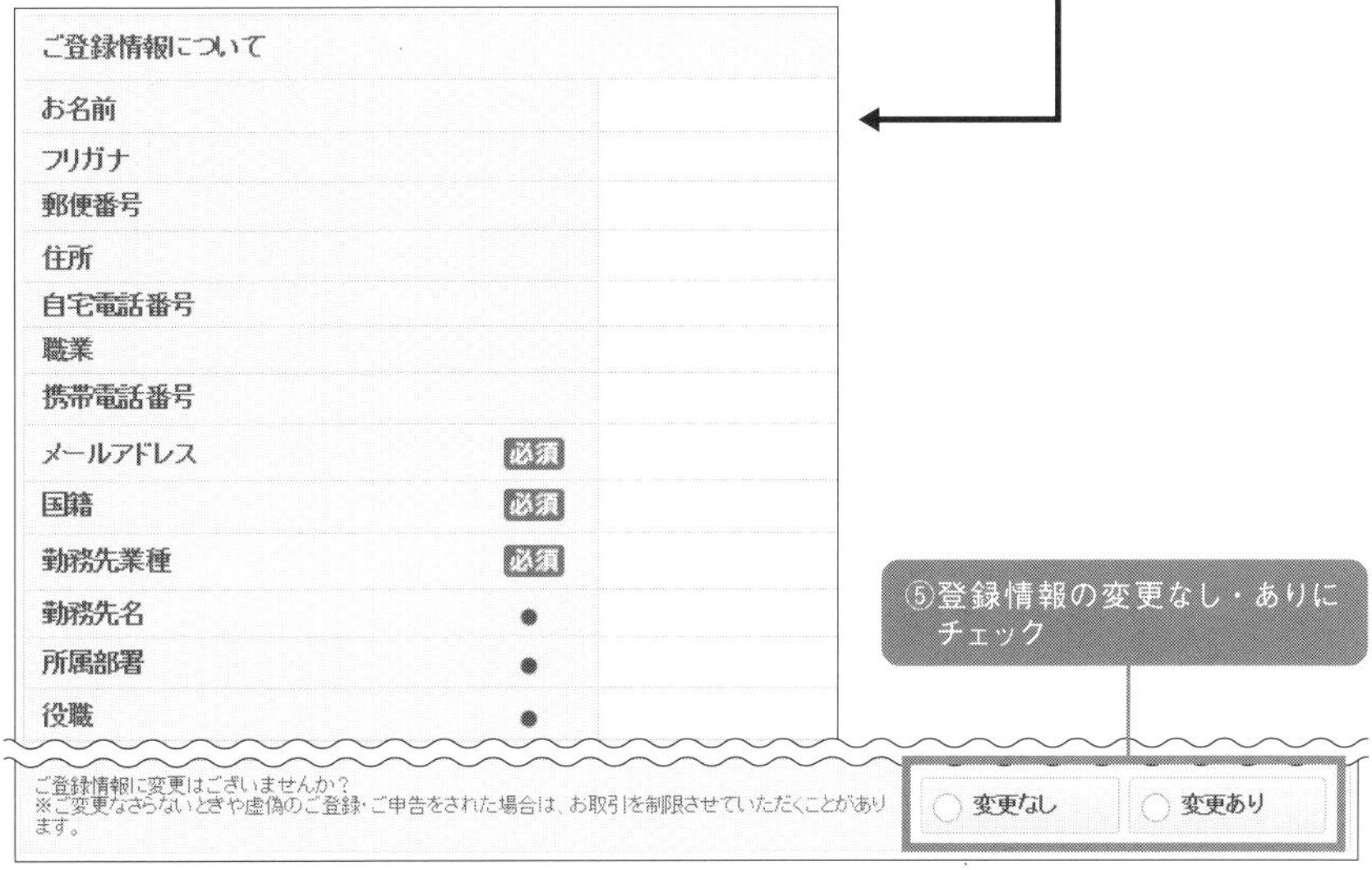

必須事項の入力画面②

※これまでの投資経験（現物・信用取引）の有無や、収入・金融資産の状況を入力する画面です

取引経験・金融資産等
1. 信用取引経験
※他社でのお取引経験も含みます。
必須
あり
なし
2. 現物取引経験
※他社でのお取引経験も含みます。
必須
半年以上
半年未満
なし
3. 年収
必須
300万円以上
300万円未満
4. 金融資産をお知らせください。
※金融資産の額は当社へお預け以外の現預金を含みます。
必須
100万円以上
100万円未満

⑥該当の項目にチェック

必須事項の入力画面③

⑦質問事項に「はい」、「いいえ」でクリック

※いよいよ入力事項のクライマックスです。信用取引についての質問事項について、「はい」、「いいえ」で答えていきます

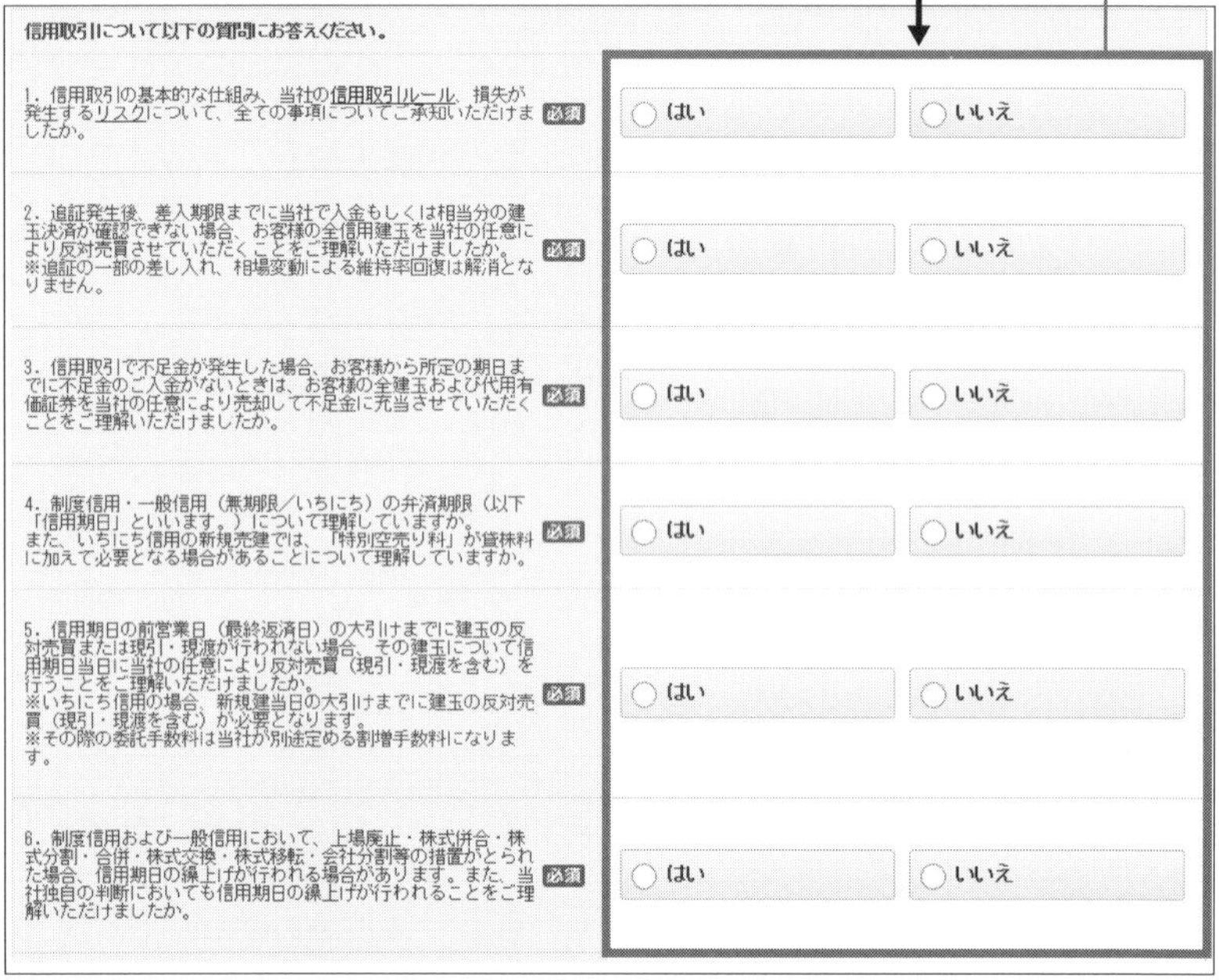
信用取引について以下の質問にお答えください。
1. 信用取引の基本的な仕組み、当社の信用取引ルール、損失が発生するリスクについて、全ての事項についてご承知いただけましたか。
必須
はい
いいえ
2. 追証発生後、差入期限までに当社で入金もしくは相当分の建玉決済が確認できない場合、お客様の全信用建玉を当社の任意により反対売買させていただくことをご理解いただけましたか。
※追証の一部の差し入れ、相場変動による維持率回復は解消となりません。
必須
はい
いいえ
3. 信用取引で不足金が発生した場合、お客様から所定の期日までに不足金のご入金がないときは、お客様の全建玉および代用有価証券を当社の任意により売却して不足金に充当させていただくことをご理解いただけましたか。
必須
はい
いいえ
4. 制度信用・一般信用（無期限／いちにち）の弁済期限（以下「信用期日」といいます。）について理解していますか。
また、いちにち信用の新規売建では、「特別空売り料」が貸株料に加えて必要となる場合があることについて理解していますか。
必須
はい
いいえ
5. 信用期日の前営業日（最終返済日）の大引けまでに建玉の反対売買または現引・現渡が行われない場合、その建玉について信用期日当日に当社の任意により反対売買（現引・現渡を含む）を行うことをご理解いただけましたか。
※いちにち信用の場合、新規建当日の大引けまでに建玉の反対売買（現引・現渡を含む）が必要となります。
※その際の委託手数料は当社が別途定める割増手数料になります。
必須
はい
いいえ
6. 制度信用および一般信用において、上場廃止・株式併合・株式分割・合併・株式交換・株式移転・会社分割等の措置がとられた場合、信用期日の繰上げが行われる場合があります。また、当社独自の判断においても信用期日の繰上げが行われることをご理解いただけましたか。
必須
はい
いいえ

これで入力作業は終了です。あとは確認画面で入力内容を確認し、「申込」ボタンをクリックして信用取引口座開設の開設完了を待ちます

2-08 信用取引口座の新規建て注文入力画面

信用取引も株式取引ですので、注文に必要な4つの事項である、「①銘柄」や「②売り買いの別」、「③値段」、「④株数」 を指定するのは現物株と同じですが、やや異なる部分があります

新規建て注文の入力画面例

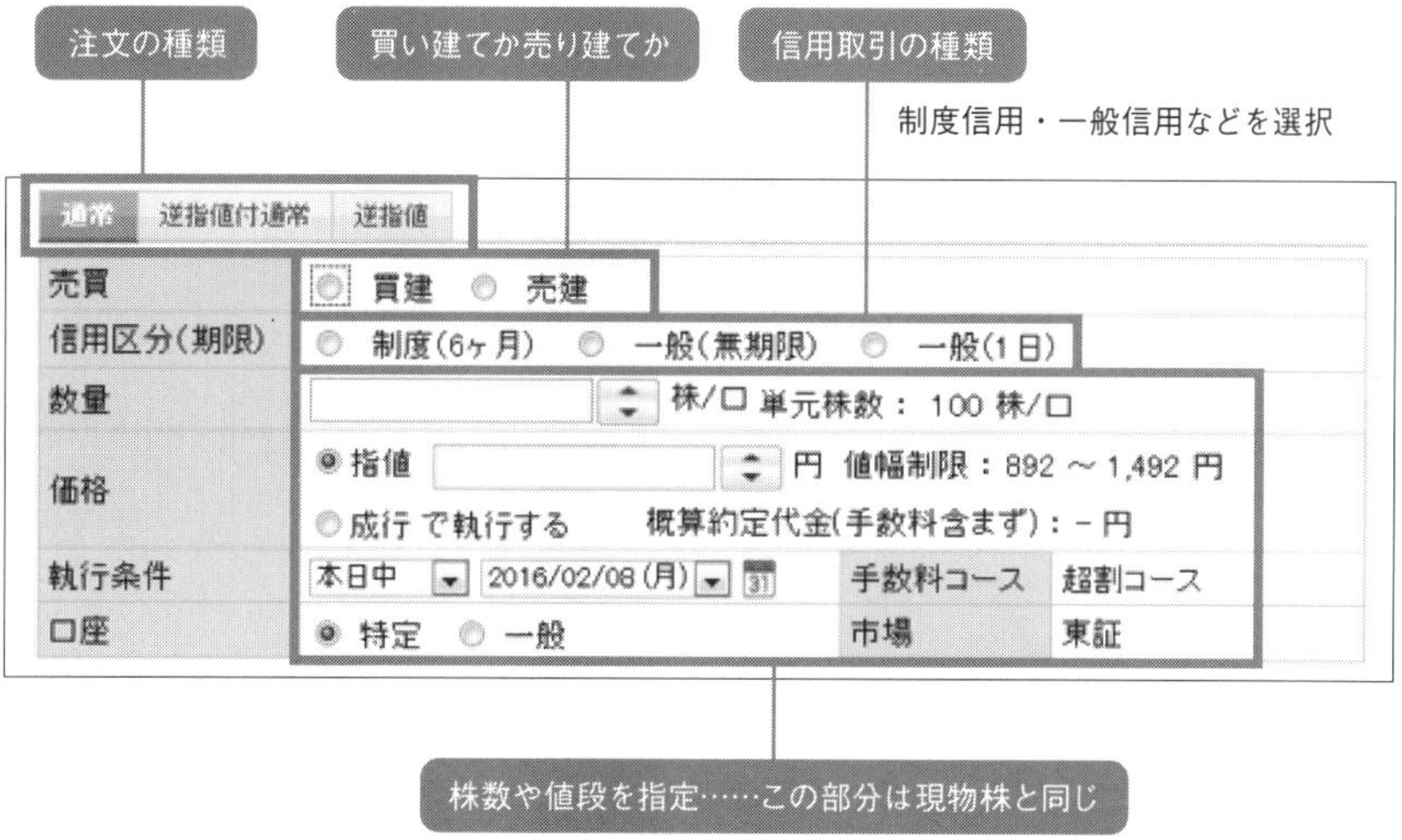

06

基礎編

信用取引で発行される書面を確認してみよう

株式取引では取引が成立すると、その証として取引報告書などの書面が発行されます。こうした書面はネット証券では電子化され、パソコン上から見ることができます。

もちろん、信用取引でも取引が成立すると書面が発行されますが、その種類は、新規建ての取引が成立した際に発行される「①取引・応募報告書（取引報告書）」と、返済取引が成立した際に発行される「②取引報告書兼信用取引決済報告書（決済報告書）」の2種類があります。

自分の取引を振り返る大切な機会になる

その中でも特に重要なのが、「取引報告書兼信用取引決済方告書」になります。この書面には新規建てと返済時の日付、値段、利益の額、金利などの細かい諸経費の内訳まで詳しく記載されています。いわば、「信用取引の成績表」ともいえます。

信用取引はコストに対する意識が重要です。そのため、「建玉を手仕舞いしたので、それで終わり」にするのではなく、こうした書面で、新規建てから返済までの長さや、実際にどんな諸経費がいくらかかったのかなどを振り返ることは今後の取引の参考になります。

信用取引で発行される書面一覧

- ●新規建て……… ①取引・応募報告書
- ●返済……………… ②取引報告書兼信用取引決済報告書
- ●現引・現渡 …… ②取引報告書兼信用取引決済報告書
- ●受取配当金/支払配当金…… ②取引報告書兼信用取引決済報告書

「決済報告書」は信用取引の成績表

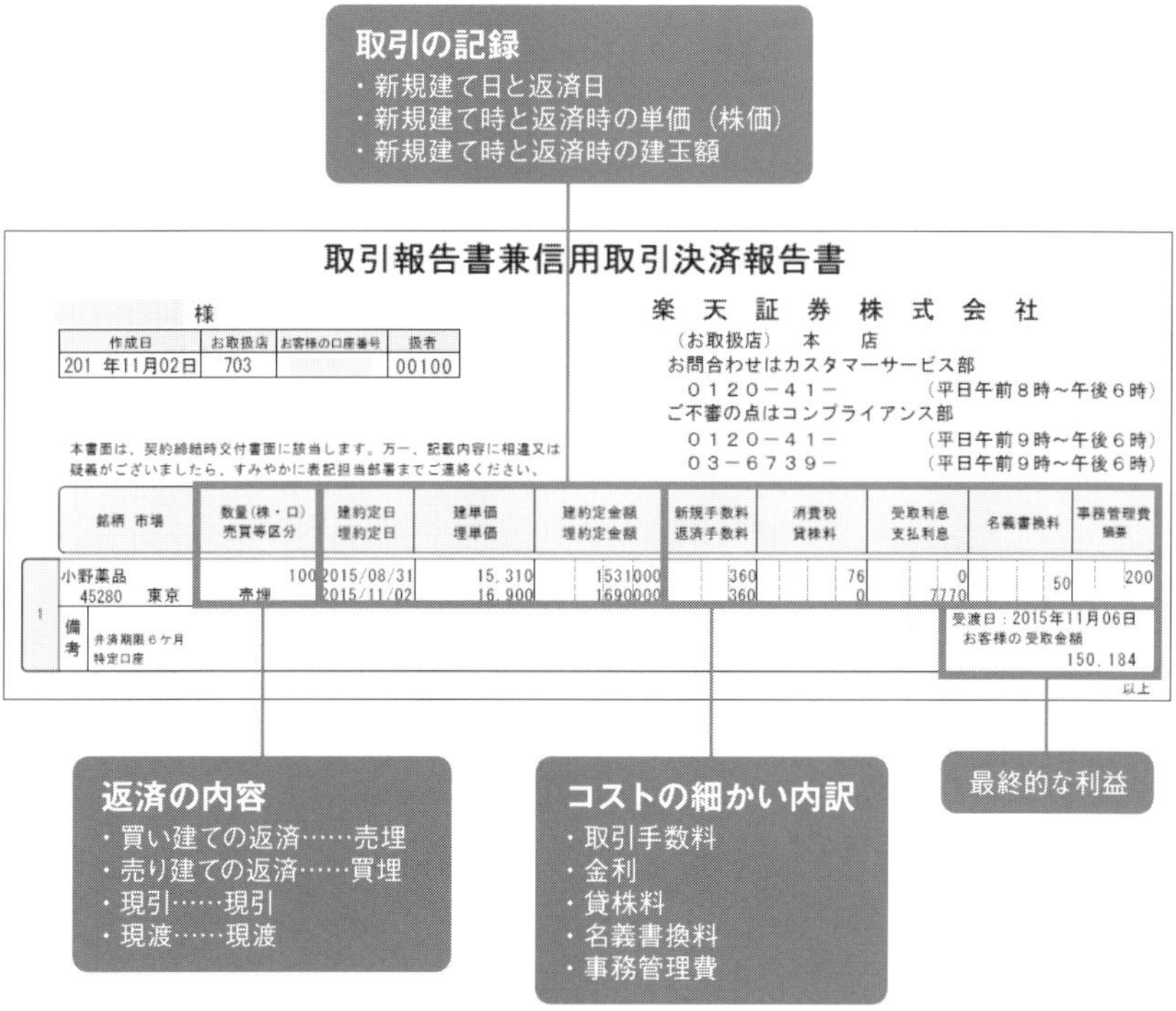

※楽天証券では、配当調整額（配当相当額）は報告書の備考欄に記載されます

回転売買は個人投資家の「武器」

「株式投資で勝つ」とはどういうことでしょうか？

「9勝3敗で勝率75％」といったように、利益となった取引の回数で測る方法もありますが、株式投資の本来の目的は、「最終的にいくらの儲けを出したか？」です。投資の世界では、たった1敗の損失額が大きくなって、全ての利益を台無しにしてしまうことは珍しいことではありません。ロスカットが大事というのはこうした理由があります。

ですので、「○年間で○円儲けた」、「年間で○％のリターン」というのが株式投資の勝ちの尺度になります。一般的には1年間での利益を基準にすることが多いです。証券会社からも毎年、「年間取引報告書」というのが投資家に発行されます。

小さな儲けをコツコツと積み重ねよう

この利益ですが、1年間における「①取引ごとの利益」と「②取引の回数」で成り立っています。いわゆる機関投資家は①を重視します。というのも、巨額の資金を運用するため、デイトレーダーのように何回も取引できないからです。だからこそ、割安に買うことに集中して高い利益を得ようとします。

反対に、個人投資家としては②をフル活用することができます。1回の取引の儲けは小さくても、回数を積み重ねることで、年間トータルでまとまった儲けを得られればOKというわけです。

また、取引回数で勝負できるということは、あらゆる相場の変化に迅速に対応できることも意味しています。さらに、信用取引を活用すれば売りから取引ができるだけでなく、回転売買も可能です。

回転売買は個人投資家にとっての「武器」であるといえるのです。

第3章

信用取引初心者が知っておきたい相場のルール

01 基礎編

株価以外に注意が必要な建玉管理と「維持率」

株式取引の最大の関心事は株価です。現物取引でも信用取引でも株価の上げ下げが損益を左右します。

ただし、信用取引は「借りて取引している」ため、株価の動きだけでなく、保有している建玉と委託保証金の状況にも注意を払う必要があります。

委託保証金率と建玉維持率

例えば、300万円の信用取引を行う場合、委託保証金は取引金額の30％にあたる90万円以上が必要です。この30％を委託保証金率といいます。

では、新規建て後の建玉については何に注意すれば良いのでしょうか？　その答えは「**（建玉）維持率**」です。言葉の通り、建玉を維持するのに必要な委託保証金の割合です。

つまり、新規建てに必要な保証金率と、建玉の維持に必要な保証金率の2つがあるわけです。

維持率はどう変化する？

では、実際に維持率がどう変化するのかを見ていきます。

※新規建てに必要な委託保証金率は30％以上ですが、実は最低委託保証金額が30万円以上必要というルールがあります。例えば、建玉80万円の場合、委託保証金率30％は24万円ですが、最低委託保証金額の30万円に満たないため、24万円では新規建てできません。100万円×30％＝30万円ですので、建玉金額100万円までの信用取引には委託保証金30万円以上必要と覚えましょう。

●**（建玉）維持率**
正しくは「委託保証金維持率」といいます。

3-01 2つの「保証金率」

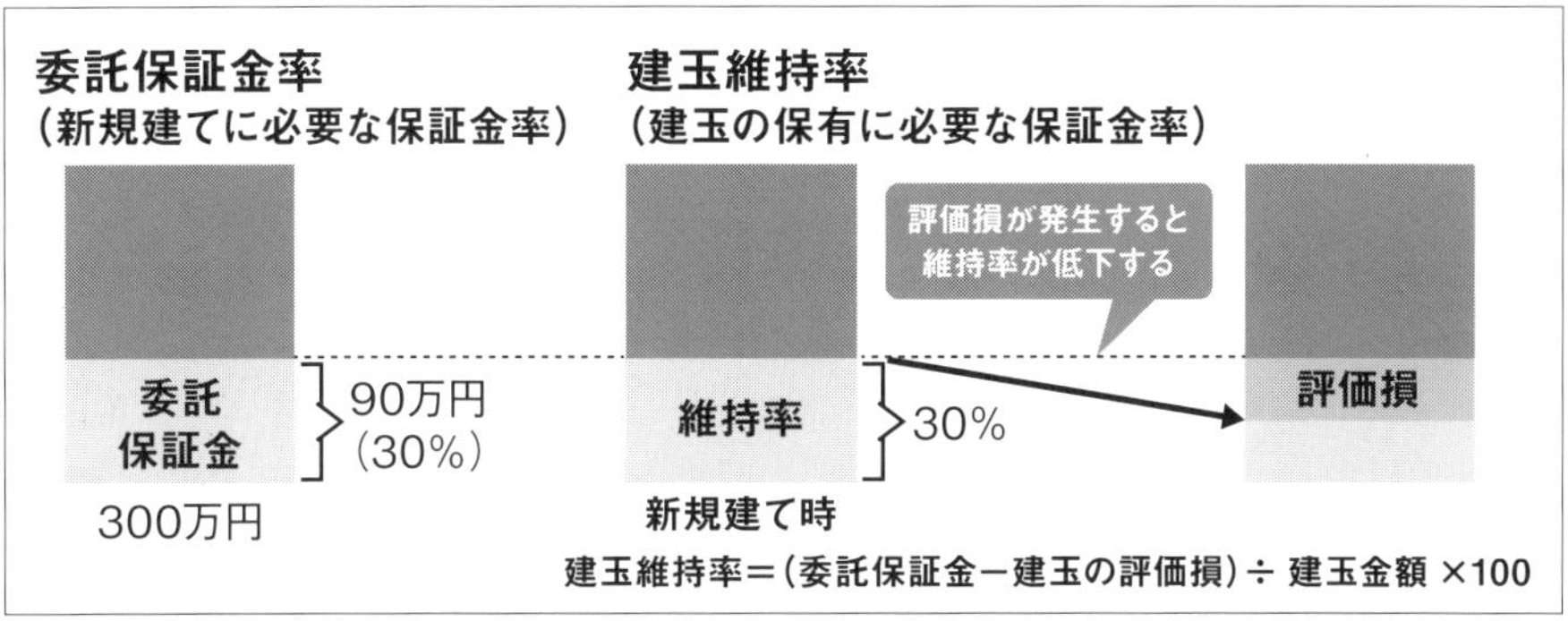

先ほどの例に倣って、株価3万円の銘柄を100株、新規で買い建てしたとします（300万円の取引）。この時の維持率は、新規建ての委託保証金率と同じ30％です。

その後、思惑に反して株価が1000円下落し、2万9000円になったら、10万円（1000円×100株）の評価損が発生します。ここで建玉を返済して損失を確定すれば、委託保証金90万円から差し引かれて80万円が手元に残ります。

ただし、株価の戻りを期待して建玉を維持すれば、委託保証金から評価損の分を引いて維持率を計算し直します。80万円÷300万円×100で維持率は約26％に下がります。さらに評価損が膨らめば維持率も低下していきます。

委託保証金とは、信用取引を始める時に必要な担保であり、返済時に発生した損失を賄う資金でもあるのです。ですので、維持率が低下し過ぎると、貸し手の証券会社としては「本当に返済してくれるのか」と不安になります。

そこで登場するのが、いわゆる「追証（おいしょう）」です。

※維持率を計算し直すタイミングは、毎営業日の取引時間終了後です。これを「値洗（ねあら）い」といいます。維持率は、委託保証金に株券（代用有価証券）を使っている場合、株価変動の影響を受けます。建玉の評価益はどんなに利益が出ても0円で計算します（ただし、評価損との相殺は可能。トータルで利益になった場合も0円で計算）。

基礎編 02

追証のことをきちんと知って万が一に備えよう

建玉の維持率が低下するほど、借りた資金や株券を返せないリスクが高まります。

そこで、信用取引のルールでは「これ以上の維持率の低下は勘弁して」という、「最低維持率」ラインが設けられています。最低維持率は証券会社ごとに異なりますが、20〜25％が多いようです。

この最低維持率を下回ってしまうと、「この先も建玉を維持するならば、追加で委託保証金を差し入れて、維持率を回復させてね」ということになり、これが「追加保証金」、略して「追証（おいしょう）」です。

追証の発生は取引終了後の再計算で確定する

ただし、最低維持率を下回ったら、その時点で追証が発生というわけではありません。

追証の発生は、証券会社が取引終了時の株価（終値）で維持率を計算して判定します。そのため、取引時間中に最低維持率を下回る場面があったとしても、取引終了時点で回復していればセーフです。

あまり起きて欲しくありませんが、もし追証が発生した場合、証券会社から連絡がきます。

維持率が低下し、「最低維持率」ラインを下回ると発生！

- **最低維持率ラインは証券会社によって異なる**
  - ➡ 20〜25%に設定しているところが多い
- **当日の取引終了後に行われる維持率の計算で判定**
  - ➡ 取引時間中に最低維持率ラインを下回っても、終値で上回っていればセーフ（追証は発生しない）
- **追証が発生したら、証券会社から連絡が来る**
  - ➡ 追証解消に必要な金額や解消までの期日などを確認
- **追証の自然解消はない**
  - ➡ 追証発生後に株価が動いて維持率が回復しても対応する必要がある！

思わず慌ててしまうところですが、冷静に考えなくてはならないのは、「維持率を回復させて追証を解消すること」です。

追証を解消する方法

追証の解消、すなわち維持率の回復には２つの方法があります。「追加で保証金を差し入れる」、もしくは「建玉を返済する」です。

追加で証拠金を差し入れる場合は、対応としては簡単です。期日までに証券会社から連絡のあった金額を入金すれば追証は解消されます。

また、建玉返済による追証の解消ですが、返済した建玉金額の20％に相当する額を追証の解消に充てることができます。例えば、３００万円の建玉を返済したら、60万円を追証の解消資金に使うことができるわけです。

そもそも追証は、建玉の大きさに対して委託保証金の額が少なくなっていることが問題になっているため、その解決策は保証金の額を増やすか、建玉の大きさを減らすというわけです。

追証解消のためのポイント

また、追証を解消する際に気をつけなくてはならないポイントがあります。それは、「①維持率をどこまで回復すれば良いのか？」と、「②いつまでに回復すれば良いのか？」です。というのも、それぞれの証券会社でルールが微妙に異なるからです。

①については、最低維持率までの回復を案内する証券会社が多数派ですが、中には新規建ての委託保証金率である30％以上の回復を求めるところもあります。ネット証券では追証の連絡の際に、解消までに必要な金額を知らせてくれます。

②については、普通、追証発生日から起算して翌々営業日の指定時刻までが解消の期日になりますが、追証発生時の維持率があまりに低いと期日が翌日に繰り上がることもあります。いずれにしても、あまり時間的な余裕はなく、素早い対応が求められます。

追証が発生した翌営業日に、株価が上昇するなどして維持率が回復したとしても、追証は解消されません。追証は一度確定したら自然解消しないので、しっかり対応する必要があります。

期日までに追証が解消しなかった場合、強制的に全ての建玉が返済される証券会社が多いです。もちろん発生した損失額は委託保証金から差し引かれ、足りない場合は入金を求められます。場合によっては、高めの手数料や信用取引の停止措置などのペナルティが課される

3-03 追証解消のポイント

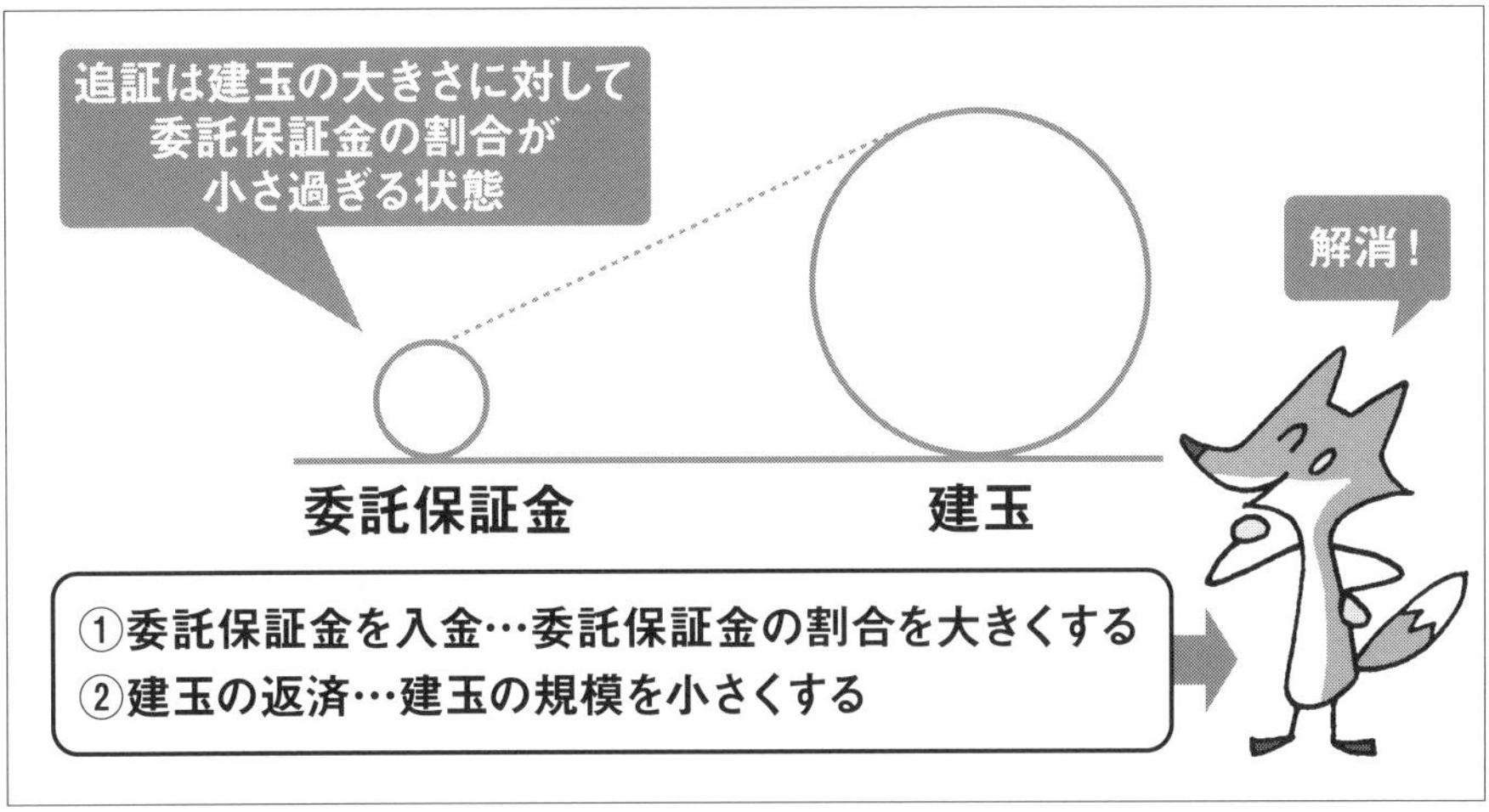
追証は建玉の大きさに対して
委託保証金の割合が
小さ過ぎる状態
解消！
委託保証金
建玉
①委託保証金を入金…委託保証金の割合を大きくする
②建玉の返済…建玉の規模を小さくする

場合もあるので注意です。

常日頃から維持率をチェックしよう

追証を発生させないためにも、建玉管理と維持率のチェックは重要です。維持率の計算自体は前項の例のようにさほど難しくはないのですが、建玉を何本も保有している場合や、委託保証金に株券など（代用有価証券）を使っていたりすると、少し複雑になってきます。

注意したいのは、建玉に評価益が発生しても0円で計算されることです。評価益と評価損の両方が発生している建玉を保有しているケースもあるかと思いますが、この場合は損益を相殺することが可能です。その結果、トータルで利益ならば0円、損失ならばその額が維持率の計算に反映されることになります。

03

ダメ！　絶対！「2階建て取引」

信用取引で失敗するのは、「信用取引そのものではなく、リスクの把握や利用の仕方に問題があるからだ」と良くいわれますが、その問題がある取引の代表例として挙げられる筆頭が「2階建て取引」になります。

2階建て取引でレバレッジがさらに高まる

2階建て取引とは、同じ銘柄を現物と信用取引で買うことです。保有している現物株を信用取引の委託保証金にしつつ、同じ銘柄をさらに信用取引で買い建てるわけですが、こうすることで「レバレッジがさらに高まる」効果があります。

例えば、現物株の銘柄Aを100万円分保有していたとします。そして、この銘柄Aを担保に信用取引で同じ銘柄Aの買い建てを行うと、100万円×80％（代用有価証券の掛目）÷30％（委託保証金率）で、約266万円の建玉を保有することになりますが、現物株（100万円）と合わせて、約366万円の投資額になります。

レバレッジは約3・6倍となり、単純に現物だけで保有（レバレッジ1倍）、もしくは信用だけ（レバレッジ約3倍）よりも高くなります。

3-04 信用取引の「2階建て」

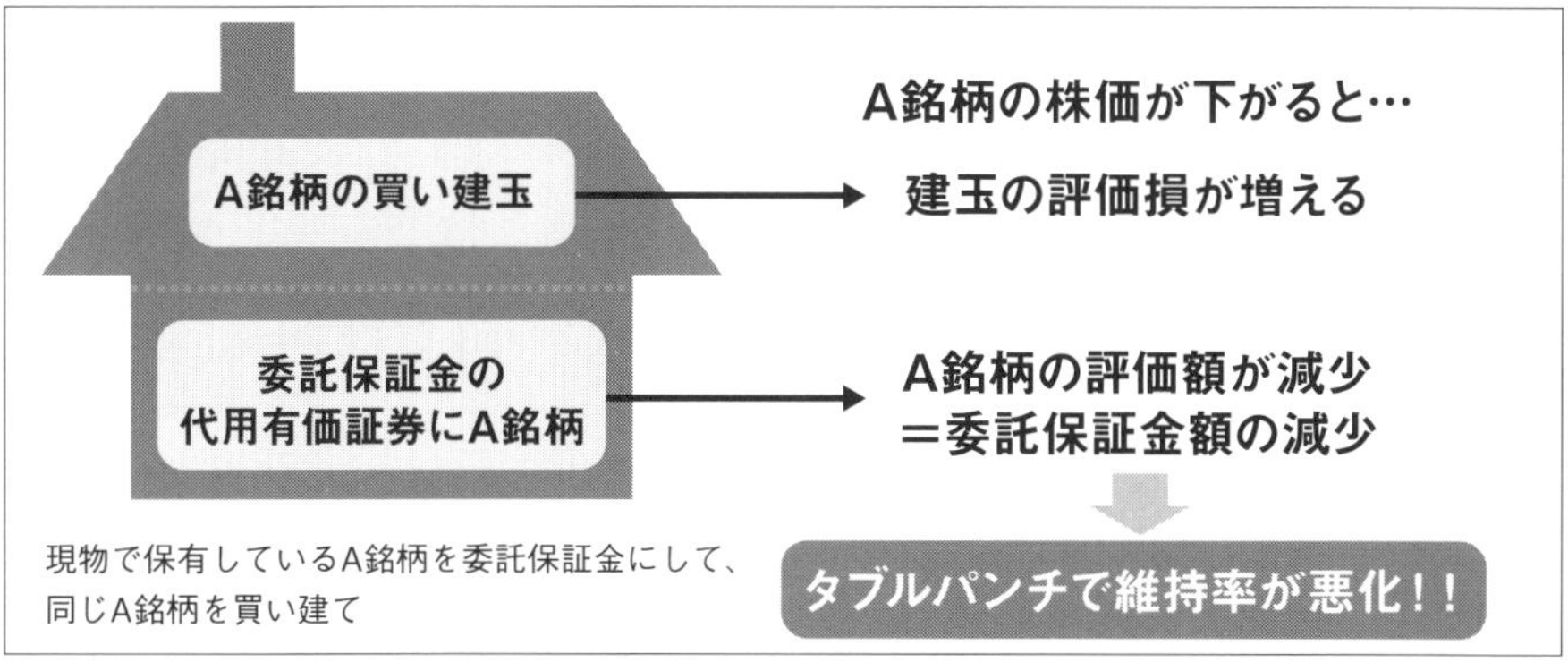

現物で保有しているA銘柄を委託保証金にして、
同じA銘柄を買い建て

ダブルパンチで維持率悪化も

ただし、レバレッジが高くなった分だけ、株価が下がった際のダメージも大きくなります。現物株と信用建玉の評価損が増えるだけでなく、担保として利用している現物株の評価も下がって維持率が悪化し、追証が発生しやすくなります。

2階建ての状態で株価が下がると、評価損が増えると同時に保証金の評価も下がります。つまり、ダブルパンチで維持率が悪化する構造であることが、「リスクが高く、しないほうが良い」といわれている理由です。

証券会社も2階建てに敏感

多くの証券会社では、この2階建て取引に対して制限条項を設けています。具体的には、2階建てをする際に、保有できる建玉の上限が決められていたり、2階建てした際に代用有価証券としての評価をしない銘柄を選定したりと、それぞれ独自のルールで対応しています。

※2階建て取引はほとんどの場合、買い建てを意味します。売り建ての場合、株価が下がると「建玉の利益増・担保評価は減」、株価が上がると「建玉の利益減・担保評価が増」と、建玉と担保評価が反対の動きとなるため、そもそもあまり意味がありません。

04

追証の発生を避けるために気をつけたいこと

信用取引を行う上で、追証の発生は可能な限り避けたいところです。ここでは、追証を避けるための工夫や対策を確認していきます。

対策① 委託保証金を多めにする

当たり前ですが、最も簡単で基本となる対策です。保証金に余裕があるほど維持率は上がりますし、冷静な投資判断を行う心の余裕もできます。

対策② 委託保証金はなるべく現金にする

保有している株券を代用有価証券として委託保証金に使えることは信用取引のメリットではありますが、保有している建玉銘柄の株価だけでなく、委託保証金に使っている株券の評価額にも配慮しなくてはなりません。

つまり、株券を代用有価証券として委託保証金に使ってしまうと、その銘柄の株価が下がった時に委託保証金の価値も下がってしまい、維持率悪化の原因になってしまうのです。

委託保証金が全て現金ならば、維持率低下を左右するのは建玉の評価損だけになります（金利などのコストや手数料などを考慮する必要はありますが）。こうしておけば、シンプルな投資判断で取引ができるので、なるべく委託保証金は現金にすると良いでしょう。

3-05　追証の発生を防ぐポイント

❶委託保証金を多めにする

❷委託保証金はなるべく現金にする

❸代用有価証券で工夫する

買い建ての場合… 建玉銘柄と逆の値動きをする銘柄を代用有価証券にする

売り建ての場合… 建玉銘柄と同じ値動きをする銘柄を代用有価証券にする

❹「リアルタイム維持率」で先手を打つ

共通しているのは、
委託保証金を安定化させること！

対策③　代用有価証券で工夫する

とはいっても、代用有価証券を委託保証金にして取引するメリットは捨てがたいものがあります。そこで、買い建ての場合は建玉の銘柄と反対の動きをしやすい株券を代用有価証券にし、売り建ての場合は、建玉の銘柄と株価が連動しやすい株券を代用有価証券にするなどの工夫をします。

ただし、銘柄どうしが「同じような動きをするか否か」を見極めるのは難しいですし、違う動きになることもあるため、この方法は難易度が高いといえます。

対策④　「リアルタイム維持率」で先手を打つ

追証の判定は取引終了時の株価で行いますが、現時点の株価で維持率を計算した「リアルタイム維持率」を画面上に表示しているネット証券も多くあります。リアルタイム維持率で追証が発生しそうだったら、建玉の整理をする、入金をするなど先手を打って追証発生を回避します。

05

基礎編

ちょっと面倒？信用取引ならではのコスト

ここでは信用取引のコスト、つまり諸経費について見ていきます。信用取引では取引手数料以外にも様々な諸経費が発生します。

また、その内容も買い建てと売り建てで違うほか、発生タイミングもまちまちのため、混同しないよう整理しておく必要があります。

買い建てで発生する諸経費

①金利（買い方金利）……毎日発生

買い建ては資金を借りて行う取引のため、自動車ローンや住宅ローンと同様、借りた資金に対して金利が発生します。金利は各証券会社で異なり、制度信用よりも一般信用のほうが高く設定されています。また、買い方金利は「日歩（ひぶ）」と呼ばれたりします。

また、金利は「年○％」といった具合に年利で表示されていますが、日々、委託保証金から差し引かれて計算されます。実際にかかる金利の額の計算式は次の通りです。

建玉の額×金利（年利）÷３６５日×建玉保有日数

3-06 買い建てで発生する諸経費

	項目	発生タイミング
支払い	金利	毎日（年利の利率に対して日割りで計算）
	管理料	建玉保有期間が１カ月経過ごと
	名義書換料	権利付最終日をまたいで建玉保有した場合
受け取り	配当金調整額	権利付最終日をまたいで建玉保有した場合
	逆日歩	不定期（発生しないことも）

つまり、建玉の保有日数が長いほど、金利負担が増えることになります。

②管理料……1カ月ごとに発生

建玉を管理するための事務的な費用です。新規建てから返済までの期間が1カ月に満たなければ管理料は発生しません。管理費は建玉の返済時にまとめて徴収されます。1株あたりいくらという形で徴収されますが、金額には上限があり、1000円（税別）となっています。

③名義書換料……権利確定日を超えたタイミングで発生

権利確定日をまたいで買い建玉を保有している際に徴収される費用です。

買い建てで買った株券は、証券会社もしくは証券金融会社が担保として保有することになるのですが、本決算や中間決算、四半期決算、臨時株主総会など、株主の権利を取得する必要が発生した際に、名義の書換えが必要になります。そのための費用です。

2017年1月現在、名義書換料は1売買単位あたり50円（税別）という証券会社が多いのですが、この1売買単位あ

3-07　売り建てで発生する諸経費

	項目	発生タイミング
支払い	貸株料	毎日（年利の利率に対して日割りで計算）
	管理料	建玉保有期間が1カ月経過ごと
	逆日歩	不定期（発生しないことも）
	配当金調整額	権利付最終日をまたいで建玉保有した場合
受け取り	金利	毎日（低金利のため、現在は実質0円）

たりというのが曲者です。

例えば、同じ100万円の建玉でも、その銘柄の売買単位が1株単位だと5000円、1000株単位だと50円といったように、発生する名義書換料の額が大きく異なります。

※名義書換料は売買単位ごとに50円（税別）で発生しますが、この例の前提は次のとおりです。
売買単位1000株：1000円×1000株…1売買単位なので50円
売買単位1株：1000円×1000株…1000売買単位なので5000円

売り建てで発生する諸経費

①金利（売り方金利）……毎日発生するが、現在は実質ゼロ

売り建ては、株式を借りて売却した代金を証券会社に預けるため、買い建てとは反対に金利を受け取れます。が、現在は低金利のため、ほとんどが売り方金利0％になっていて、実質的に受け取れない状況になっています。

②管理料……1カ月ごとに発生

買い建てと同じです。

③貸株料（貸借取引貸株料）……毎日発生

貸株料は、買い建て金利と同じく、金利は「年○％」といった具合に年利で表示されていますが、金利は日々、委託保証金から差し引かれる格好で計算されます。利率も一般信用のほうが制度信用よりも高くなっていることなども共通してい

ます。

そのためか、貸株料は、売り方が支払う金利といった説明がされることが多いのですが、厳密には異なります。もともと、貸株料は売り建て増加による相場の売り崩しを抑制するために、２００２年5月に導入された一種の空売り規制になります。

④逆日歩（品貸し料）……不定期に発生

売り建てのコストで最も重要で厄介なのが逆日歩（ぎゃくひぶ）です。詳しくは68ページで説明しますが、売り建てをする人が増えて、貸し出す株券が不足した際に、証券会社が株券を調達するために入札を実施するのですが、その入札で決まった額が逆日歩で、売り方から徴収され、買い方に支払われます。

諸経費についてはあまり心配しなくても大丈夫

また、以前紹介した信用取引の配当金調整額も信用取引の諸経費として取り扱われます。

ここまで書いてしまうと、「チョット面倒だな」とか、「費用負担が意外と重たいな」と不安になってしまうところですが、実際のところ、これらの諸経費が高額になってしまうことはそう多くはありません。

ただ、諸経費のことを忘れて、「思っていたよりも利益が出なかった」ということがないように、諸経費に対するコスト意識はしっかりと頭の中に入れておきましょう。

06

基礎編

厄介だけど避けて通れない「逆日歩」のしくみを極めよう！

ここでは、これまでに何度か言葉だけは登場してきた「逆日歩（ぎゃくひぶ）」にスポットライトを当てます。そもそも、逆日歩は一体何者で、そして何故発生するのでしょうか？

「株不足」で発生する逆日歩

逆日歩が発生する前提条件は「株不足」です。

投資家から売り建ての注文が入ると、証券会社は貸し出す株券を用意することになります。ただし、発行されている株式数には限度があるため、あまりにも売り建てが増えてしまうと株券の調達が難しくなります。そんな時、証券会社は証券金融会社に足りない株券を貸してくれるように依頼します。

制度信用取引においては、証券金融会社が信用取引に必要な資金や株券の貸し出しについて中心的な役割を担っており、**多くの証券会社から日々、資金や株券の貸し出しの依頼を受け付けています。**

そして、**証券金融会社は各銘柄の信用取引の資金や株券の貸し出し状況を毎営業日集計しています**が、中にはその日の買い建て（融資）以上に売り建て（貸株）が多い銘柄が出てき

※貸借取引といいます

※貸借残のことです

3-08 逆日歩発生の前提は「株不足」

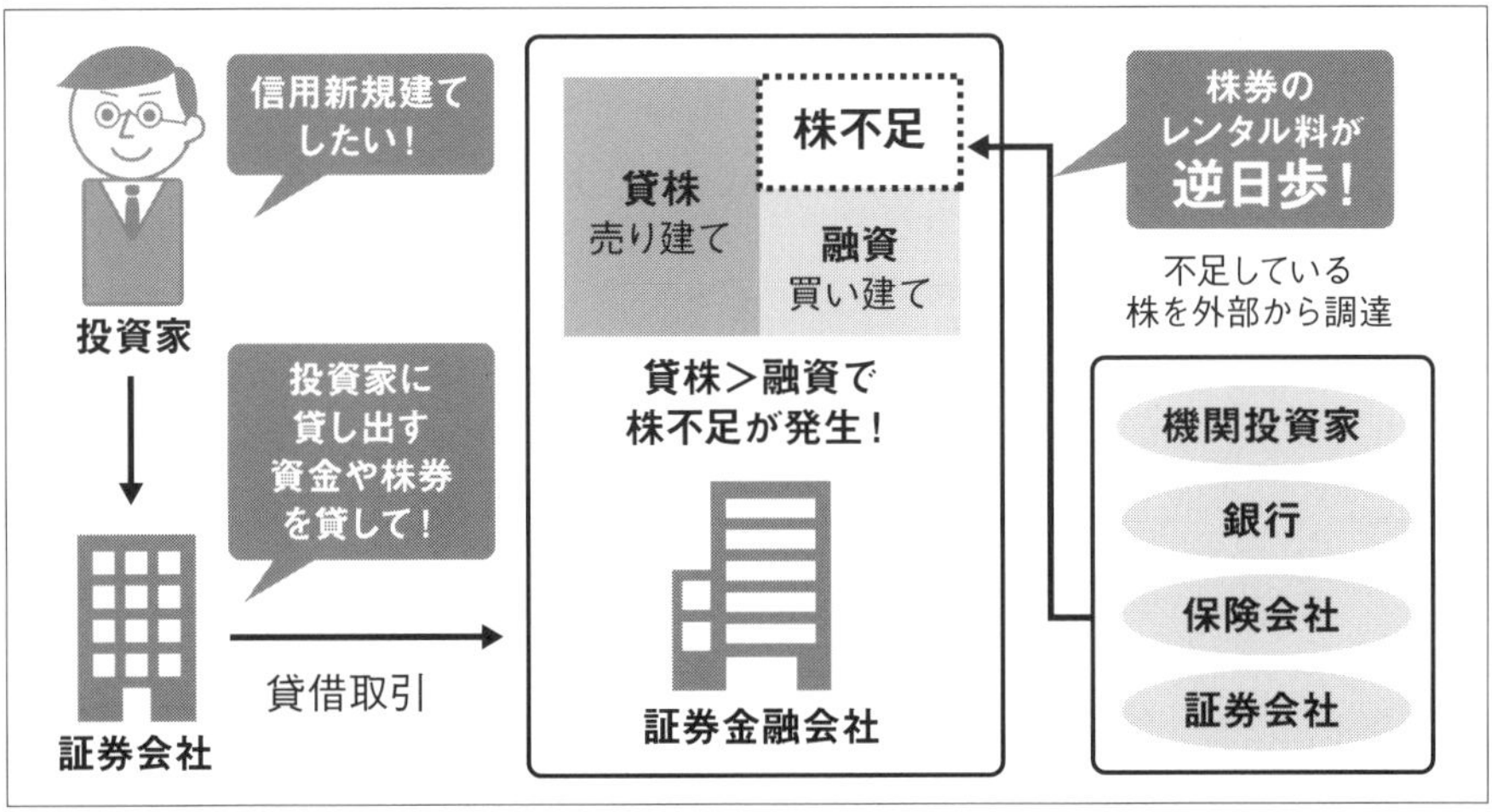

ます。

つまり、売り建てと買い建てを相殺してもまだ貸株のほうが多く、その分だけ株券を調達する必要のあるものが、株不足の銘柄になります。

株不足になると、証券金融会社は機関投資家などから株券を借りることになるのですが、もちろんタダでというわけにはいきません。機関投資家に支払う「レンタル料」にあたるのが逆日歩です。

逆日歩が決まるまでの流れ

証券金融会社では、株不足の銘柄が出現すると、その解消に向けて動き出します。

まずは、株不足となった日の翌日の午前10時までに、「融資の追加申し込み」と「貸株の返済申し込み」というのを受け付けます。これは、少ないほうの買い建てを増やすか、大きいほうの売り建てそのものを減らすことで、うまく相殺して株不足を解消しようという試みです。

それと同時に入札の受付も行います。こちらは、株券を保有していそうな保険会社や証券会社、銀行などの機関投資家に対して、「レンタル料を支払うので、いくらなら株券を貸してくれますか?」と声をかけます。機関投資家のほうも「じゃあ、この条件で……」といった具合に、値段と株券を提示して応札します。入札の受付締め切りも同じく翌日の午前10時です。

この午前10時の段階で、追加申し込みによって株不足が解消されれば逆日歩は発生しません（細かい説明では「満額」といいます）。

ただ、追加申し込みで解消しなければ、同時進行で受け付けていた入札によって株不足を解消していきます。実際の入札では、提示金額の安いものから順番に採用していき、最終的に株不足が解消になった時の価格がその日の逆日歩になります。もちろん、逆日歩は証券金融会社が支払ってくれるわけではなく、売り建てをしている人から徴収することになります。

本来ならば、対象となった不足分の株を売り建てしている投資家からだけ逆日歩の徴収をすれば良いのですが、それを特定するのは困難なため、公平を期して売り方全員から一律で徴収し、買い方全員に支払うというしくみにしています。

逆日歩が厄介な理由

以上のように、株不足が前提条件であること、株不足の解消が翌日に行われること、そして、逆日歩の金額が入札によって決まることを踏まえると、逆日歩の「いつ発生するか分か

3-09 逆日歩が発生するまでの流れ

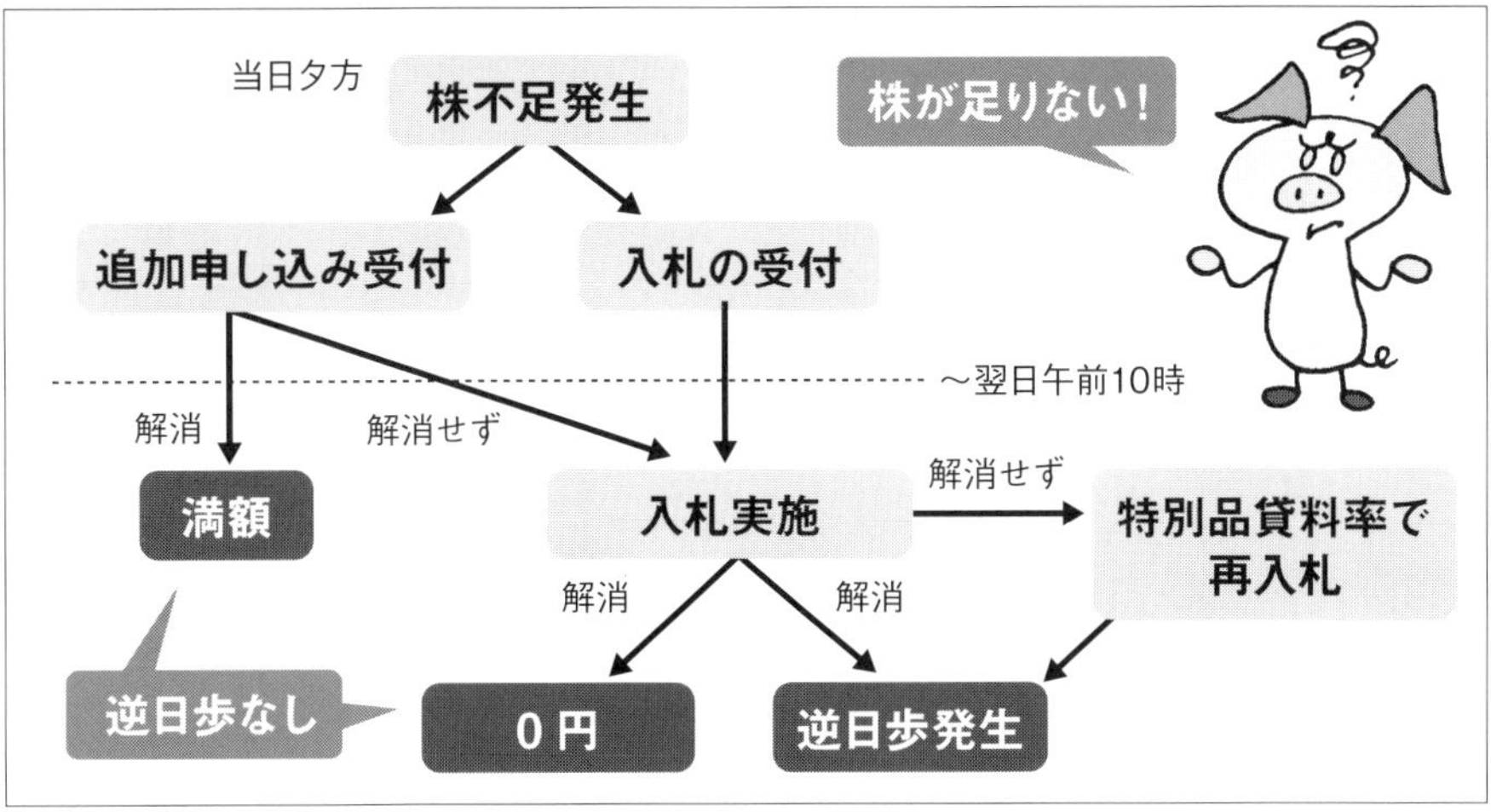

らない、いくら発生するか分からない」という厄介な理由が理解できるかと思います。

また、逆日歩の発生は株不足の解消であることから、株券の調達のしやすさも逆日歩の発生を左右するのではないかと考えることができます。事実、発行済み株式数が少ない銘柄は株不足になりやすく、逆日歩が発生しやすい傾向が見られるようです。

なお、逆日歩発生までの基本的な流れを図版3-09にもまとめています。逆日歩については理解するのに時間がかかるかと思いますが、分からなくなったらこちらの図に立ち戻ってください。

ちなみに、図版3-09の中には逆日歩「0円」というものがありますが、これは入札自体が行われたものの、逆日歩そのものはタダ（0円）で決定し、結果的に逆日歩は発生しないという意味です。

基礎編

07 意外に重要な「金利」と「逆日歩」の計算方法

ここでは金利と逆日歩の計算日数について見ていきます。細かい話ではありますが、意外と重要です。

受渡日ベースで計算される

株式取引では、取引が成立した日の「約定日（やくじょうび）」と、約定した取引の資金や株券をやり取りする「受渡日」があります。

金利や逆日歩の計算日数は受渡日ベースで行われます。約定日も受渡日も大きな違いはないように思えますが、実はこれが大きなポイントになります。

その前に、金利と逆日歩の日数計算について押さえましょう。結論からいってしまうと、金利の日数計算は「受渡日から受渡日まで」、逆日歩の日数計算は「受渡日から受渡日前日まで」になります。

また、金利の日数計算は「両端入（りょうはい）れ」、逆日歩の日数計算を「片端入（かたはい）れ」といいます。受渡日から受渡日の両方を含めて計算するのか、片方だけで計算するのかの違いを示した表現といえます。

3-10 金利と逆日歩の日数計算の例

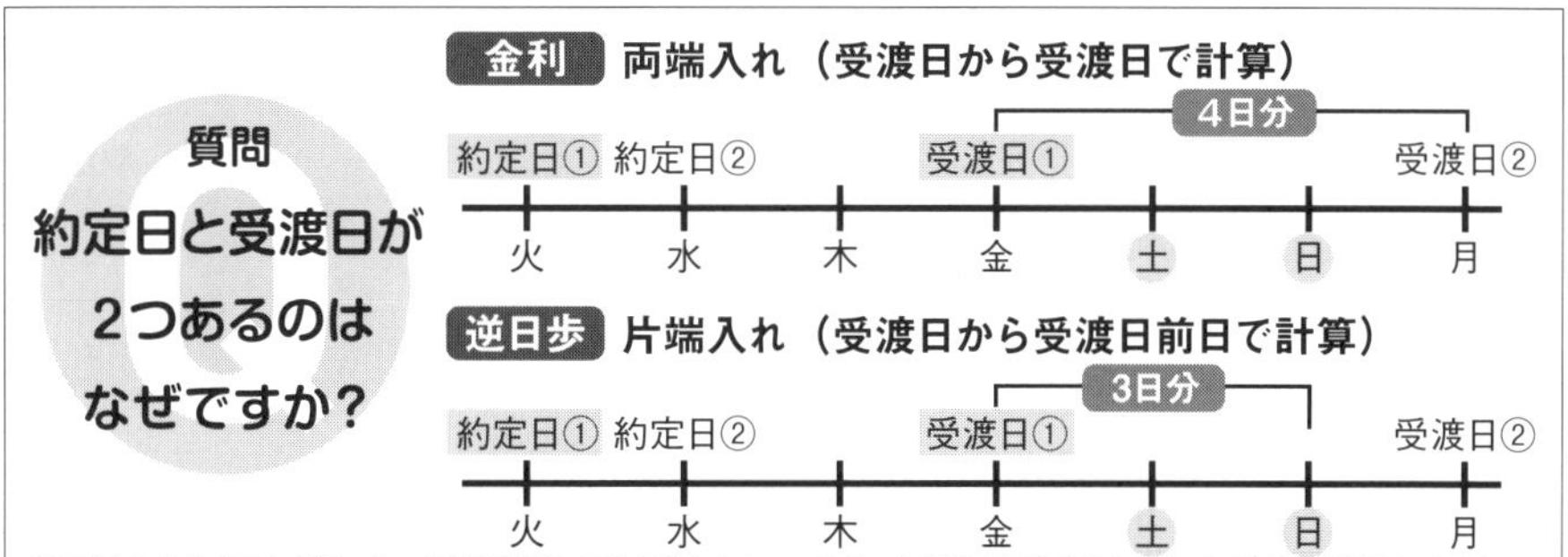

※両端入れと片端入れの違いは、日計り取引した時に現れます。つまり、金利は１日分発生しますが、逆日歩は発生しません。

土日・祝日を含むか含まないか？

株式取引の受渡日は、「約定日から数えて4営業日目」です。営業日とあるように、土日や祝日の受け渡しは行われません。ただし、金利や逆日歩の計算は土日・祝日関係なくカウントされます。

そのため、火曜日に新規建てし、翌水曜日に返済したケースの場合、取引期間は火曜日と水曜日の2日間ですが、受渡日はそれぞれ金曜日と月曜日になります。

金利も逆日歩も、土日・祝日は関係なくカウントされるため、金利は金曜日から月曜日までの4日分、逆日歩は金曜から日曜日までの3日分が発生することになります。

言い換えれば、金曜日に新規建て、月曜日に返済した場合には、約定日の間隔が空いていても、受渡日がそれぞれ水曜日と木曜日になるため、金利は2日分、逆日歩は1日分となります。

特に、年末年始や大型連休の時期には、想像以上の金利や逆日歩が発生することもあり得るため注意しましょう。

08

基礎編

想定以上に増えてしまう!? 侮れない「逆日歩」

これまでに逆日歩が発生するしくみについて見てきましたが、まだいくつか注意点がありますので、さらにもう一歩踏み込んでみます。

実際のところ、逆日歩の負担はどのくらいになるのでしょうか?

例えば、銘柄Aを株価200円で2000株売り建てをしたとします。取引金額は40万円です。この銘柄Aが株不足となり、逆日歩の入札が行われることになりました。

逆日歩の入札は、株価と取引単位株数に応じて、1株あたりの入札金額の範囲が決められています。今回の例では、0・05円(5銭)刻みで入札を受け付け、1円が上限(最高料率といいます)になります。つまり、逆日歩は0円~1円の範囲で決まります。そのため、決まった逆日歩の額に2000株を掛けた金額が実際のコスト負担です。0・05円(5銭)で決まれば100円、0・25円(25銭)であれば500円、0・5円(50銭)ならば1000円、1円だと2000円といった具合です。

さすがに2000円だとかなりキツいですが、100円程度であればさほどではありません。ただ、連続して逆日歩が発生すれば「チリツモ」で負担が増えてきます。

❶ 基本的に「1日分・1株あたりの金額」で決まる

・実際の負担額＝逆日歩の金額×保有建玉の株数
・受渡日が土日・祝日をまたぐと、負担する日数が増える

受渡が大型連休・年末年始をまたぐ場合は要注意

❷ 入札では「最高品貸料率」が定められている

・取引単位株数と株価水準に応じて、入札できる最高金額がある
➡「逆日歩が最大でいくらになるか」の目安が分かる

証券金融会社のHPなどをチェック

❸「最高品貸料率」の引き上げ措置があることも

・対象は取引規制がかけられている銘柄や、配当・新株引受権などの権利付銘柄
・引き上げは、2倍、4倍、8倍、10倍などがある

逆日歩が増額されるケースも

また、最高料率が2倍、4倍と引き上げられてしまう場合があります。権利確定日前のタイミングや、**信用取引規制**がかけられている銘柄などが該当します。

さらに、想定以上に株券の調達が困難な場合には臨時措置として10倍に引き上げられることもあります。先ほどの例に当てはめると、2万円の高額な逆日歩も起こり得ることになりますが、かなり珍しいケースです。

もちろん、最高料率が引き上げられたからといって、実際の入札では普通に安い価格で逆日歩が決まることも多く、警戒は必要なものの、よほど売買が偏っている銘柄でない限りは、過度に心配する必要はありません。

●**信用取引規制**
詳細は82ページ参照

09

基礎編

もうひとつの返済方法①「現引き」

信用取引の手仕舞いには返済以外にも別の方法があります。それは、「現引（げんびき）き」や「現渡（げんわた）し」というもので、「現」とは現物（株）を意味します。

まずは「現引き」から見ていきましょう。

現引きは、買い建ての際に行われ、「品受（しなう）け」とも呼ばれます。買い建玉分の代金を支払って、現物株として保有し直します。建玉を買い取るだけの資金的余裕が必要になるため、現引きは気軽に行えるものではないといえます。実際に、売り返済が圧倒的に多いです。

では、わざわざ現引きするメリットはあるのでしょうか？　例えば、もともと現物株で長期保有するつもりだが、買いたいタイミングで資金が足りず、とりあえず信用取引で買い建てをし、資金が調達できた段階で現引きするといった場合などに利用されます。

また、短期の取引を想定していたが、トレンドが中期的に続きそうと判断して現引するケースも考えられます。現物株として保有することで、信用取引に比べて資金効率は落ちますが、金利などのコスト負担や返済期限を気にしなくて済みます。

3-12 現引きのイメージ

「信用買い建玉の保有」を「現物株で保有」にすること

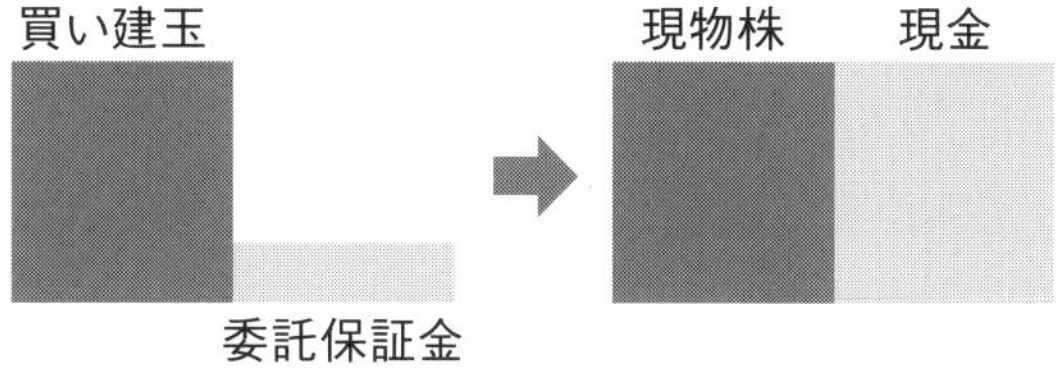

＜現引きが使われるケース＞

●今は十分な資金がない	現物で買いたいが、今は資金がないため、ひとまず買い建てし、資金が調達できた時点で現引き
●投資方針の変化	中長期的にトレンドが続きそう、もしくは動き始めるまでにまだ時間がかかりそうなため、現引き。現物株保有は金利などの余計なコストがかからない

現引きで無駄に取引を長引かせない

最悪なのは、評価損が発生している建玉を「もう少し待てば株価が上がるかもしれない」と、いったん現引きしたが、その後も株価が下落し続けてしまうケースです。現引きによって資金効率が低下しただけでなく、売却するタイミングも逃してしまい、いわゆる「塩漬け」状態で身動きができなくなってしまいます。

なお、多くの証券会社では現引きに取引手数料がかからないほか、信用取引の取引手数料が現物よりも安いところもあり、普通に現物株を買うよりも、信用で買い建てをした後に現引きをして手数料負担を抑えるといったことも一部で見られるようです。ただし、あまり取引を複雑にするのは良くないですし、金利など別のコストも発生するため、あまりお勧めしません。

10

もうひとつの返済方法②「現渡し」

前項では「現引き」を説明しましたが、今度は「現渡（げんわた）し」について見ていきたいと思います。

現渡しとは何か？

現渡しとは、売り建玉を買い返済（株を買い戻して返却）するのではなく、保有している現物株を返却して手仕舞うことです。「品渡（しなわた）し」とも呼ばれます。

現渡しが完了すると、証券会社の口座内では、現物の保有株と売り建玉がなくなり、売り建玉分の代金が入金されます（もちろん諸経費は差し引かれます）。

現渡しも、「わざわざ現物株で決済するメリットがあるの？」という疑問が湧きますが、一般的には、現引きよりも現渡しのほうが使えるとされているようです。現渡しが主に使われるのは、「つなぎ売り」と呼ばれる局面です。

つなぎ売りが行われる場面は？

つなぎ売りとは、保有している現物株の株価が下落しそうな時、売却ではなく、保有株数

3-13 つなぎ売りの例

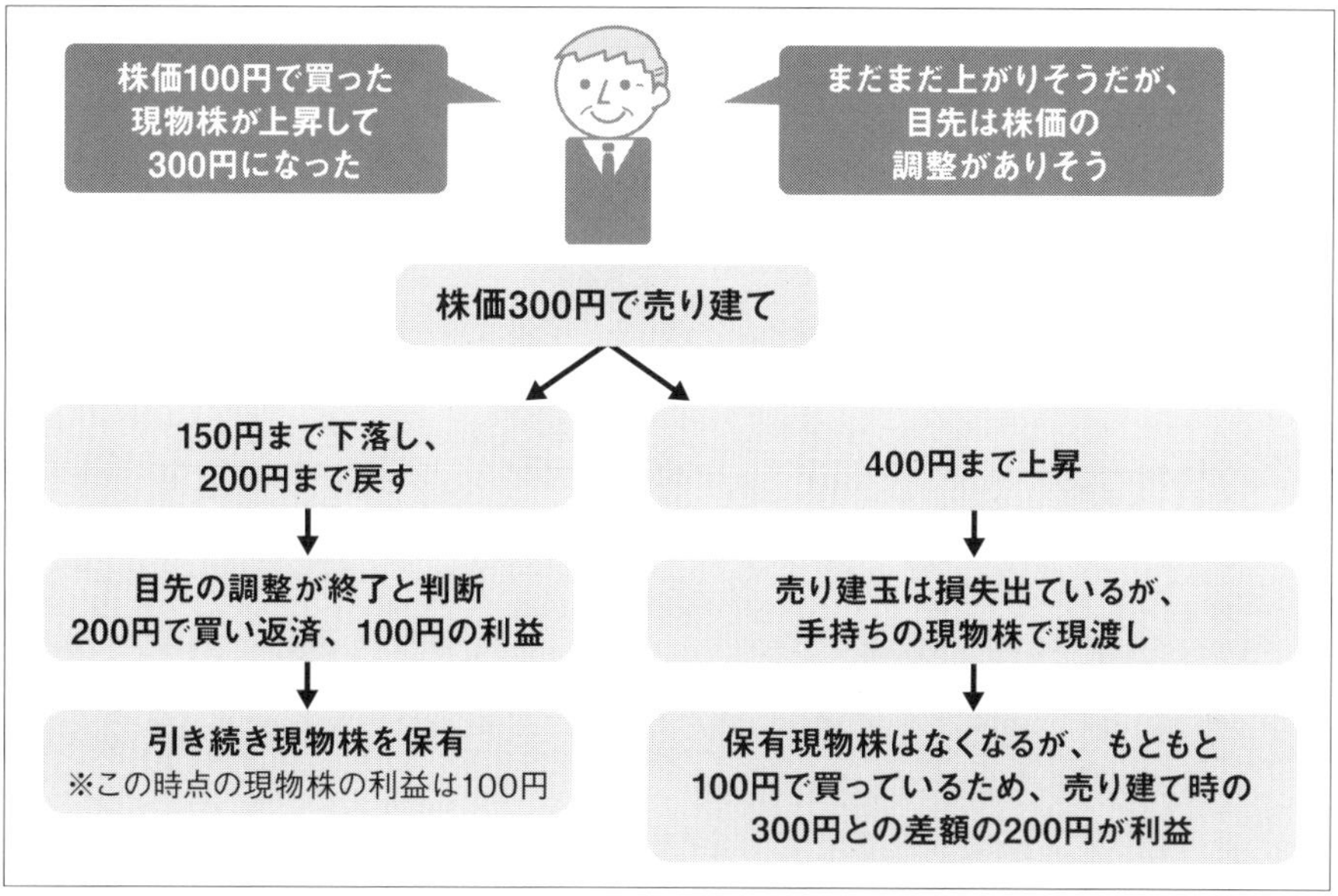

株価100円で買った現物株が上昇して300円になった
まだまだ上がりそうだが、目先は株価の調整がありそう
株価300円で売り建て
150円まで下落し、200円まで戻す
目先の調整が終了と判断
200円で買い返済、100円の利益
引き続き現物株を保有
※この時点の現物株の利益は100円
400円まで上昇
売り建玉は損失出ているが、手持ちの現物株で現渡し
保有現物株はなくなるが、もともと100円で買っているため、売り建て時の300円との差額の200円が利益

分の売り建てを行うことです。

これにより、株価下落による現物株の損を売り建ての評価益で相殺できます。予想に反して株価が上昇してしまったら、保有株式で現渡しをします。

例えば、１００円で買った株が３００円まで上昇し、現時点ですでに２００円の利益が出ているとします。「４００円くらいまでは上昇しそうだけど、いったん調整があるかも」という時には、つなぎ売りが使えそうです。

この場合、現在の株価３００円で売り建てをすることになります。その後の株価が１５０円まで下がった後に２００円まで戻ったため、「調整が終了した」と判断すれば、信用売り建てのみを買い返済します。こうして、１００円の利益を獲得しつつ、再び株価の上昇を待ちます。逆に調整がなく、一気に400円まで値上がりしたとしても、現渡しをすれば200円の利益（300円マイナス100円）が得られます。

ここでのポイントは、つなぎ売りは保有株式の値下がりリスクを回避するための手段であることと、すでに現物株で利益が出ている場合、つなぎ売りと現渡しによって現時点での利益がいったん確定できるという点です。

そもそも、あえてつなぎ売りをしなくても、株価が上昇した時点で現物株を売却して、安くなったら再び買い直せば済む話です。ただし、先ほどの例では、つなぎ売りをすることで利益の出ている現物株を手元に残しておくことができるほか、ひとまず利益が確定していますので、冷静に次の投資判断ができる余裕が生まれるというメリットがあります。

つなぎ売りは思ったよりも難しい？

少なくとも、つなぎ売りをしている期間は価格変動リスクが回避できます。ただし、株価が下落しそうなタイミングでつなぎ売りをして、さらに底打ちのタイミングで買い戻しをするのは、2つのタイミングを見極めることになりますので、相当難易度は高いといえます。そのため、つなぎ売りは積極的に活用して利益をねらうものではなく、「相場判断に迷いが生じた際の時間稼ぎ」であると割り切ることが大事になります。

また、つなぎ売りは基本的に保有している現物株と同じ株数で行いますが、「自信はあまりないものの、株価が短期的に下がりそう」という時に、とりあえず保有株数の半分や3分の1だけつなぎ売りをして、残りの株数についてはその後の株価の動きを見ながら判断するという方法もあります。

なお、「株主優待取り」として良く知られている取引手法があります。これもつなぎ売りと現渡しを組み合わせたものです。具体的には株主優待の権利付最終日に「現物買い・信用売り」を行い、権利落ち日以降に現渡しを行います。こうすることで株価の変動リスクを回避しつつ、株主優待をゲットできるというものです。なお、この株主優待取りの取引手法については第7章で詳しく説明します。

11 盛り上がり過ぎに注意！取引が過熱すると「規制」が入る

信用取引では、相場の過熱感を抑えるために取引が制限されることがあります。その目的は、投資家の予想外の損失拡大を防ぐ、もしくは要注意である旨を周知することになります。

信用取引の規制を整理してみよう

信用取引の規制には様々な種類があります。主な規制を一覧にして図版3-14にまとめましたが、「誰が規制しているか」、「どんな規制なのか？」という視点を切り口にすると整理がしやすくなります。

規制をかけるのは、取引所や証券金融会社、証券会社です。また、規制の内容については、注意喚起のイエローカードから、実際に取引が制限されるレッドカードまでの段階があります。

増し担保規制とは？

こうした規制の中で分かりにくいとされているのが「増し担保規制」です。言葉の通り、新規建てに必要な担保（委託保証金率）が増えます。ネーミングだけでは、むしろ分かりやすいように思えます。

3-14 信用取引の主な規制一覧

規制する主体	規制の内容
取引所	「日々公表銘柄」に指定
	「増し担保規制」の実施
証券金融会社	「貸株注意喚起銘柄」に指定
	貸借取引の利用制限 「新規売り建て禁止」「現引き禁止」「買い方の転売禁止」
証券会社	新規建て停止（買い・売り）、増し担保、保証金評価（代用掛目）の引き下げなど

実際に増し担保規制が実施されると、「委託保証金率50％（うち現金20％）」といった内容になりますが、これには2つの意味が含まれています。

まずは、委託保証金率の30％が50％に引き上げられます。例えば、300万円の新規建てをする際の委託保証金が90万円から150万円に引き上げられます。

さらに、委託保証金に現金も求められます。先ほどの150万円の委託保証金のうち、60万円分は現金で用意しないといけません。150万円の20％ではなく、建玉300万円の20％になります。

また、増し担保規制は規制実施後の新規建てが対象となるため、規制の実施前にすでに保有している建玉は規制の対象外です。

このほかにも、取引所が全ての銘柄に対して行う「全面規制」などがあります。

全面規制の内容は増し担保規制や株式の代用掛目の変更が中心ですが、この全面規制が実施されることは滅多になく、基本的には銘柄ごとに行われる「個別規制」がほとんどです。

column

維持率を上げるには?

「信用取引で維持率が思ったように上がらない」という質問を多く受けます。

維持率は、「信用建玉金額における委託保証金額の割合」です。そのため、維持率が変化するのは、建玉の評価損と委託保証金額のいずれか一方、もしくは両方が変化した時になります。

委託保証金が現金の場合

仮に、委託保証金のすべてを現金にして信用建玉を保有した場合、委託保証金の評価は変わらないため、建玉の評価損の動向が維持率を動かすことになります。

建玉の評価益は返済して利益を確定させない限り、委託保証金の計算に反映されない（他の建玉の評価損との相殺は可能）ため、新規建て時の維持率以上になることはありません。維持率を上げたければ、新たに入金するなどして委託保証金額を増やす必要があります。

株券を委託保証金に使っている場合

一方、委託保証金に株券を使っている場合（代用有価証券）には、代用有価証券の株価が上昇することで委託保証金額が増えます。建玉が評価損を抱えていなければ維持率が上がりますが、逆に、代用有価証券の株価が下がってしまうと、建玉で評価損が発生していなくても、維持率が低下してしまうことにもなります。

本編において、代用有価証券と同じ銘柄で信用買い建てを行う、「2階建て」の危険性を指摘したのもこれが理由です。

そのため、維持率に余裕を持たせて信用取引を行うには、あらかじめ新規建て時の委託保証金額を多めにしておくことが必要になります。

第4章

まずはココから「信用取引の心得」

応用編

01

投資のキホンは「何を?」と「いつ?」

信用取引を利用することで、利益をねらうチャンスは現物取引よりも格段に増えますが、取引対象が株式であることに変わりはありません。そのため、信用取引のテクニックも大事ですが、まず株式投資の考え方を押さえる必要があります。

巻頭特集でも触れましたが、株式投資には2つの分析アプローチがあります。ひとつは「ファンダメンタルズ分析」、もうひとつが「テクニカル分析」です。

ファンダメンタルズ分析の対象は、企業の業績や財務、業務内容などです。企業の価値を導き出し、投資対象として相応しいかどうかを探ります。一方、株価の値動きや売買動向を分析し、そのパターンや投資タイミングを探る手法がテクニカル分析です。

守備範囲で使い分けよう

よく、「ファンダメンタルズ分析とテクニカル分析ではどちらが使えるのか?」という議論がされるのですが、比較すること自体にあまり意味はありません。

株式投資では、「何を取引するのか?」と、「いつ取引するのか?」の2つさえ間違わなければ、理屈の上では利益を得ることができますが、前者を分析しているのがファンダメンタルズ分析、後者を分析しているのがテクニカル分析で、そもそも守備範囲が違うのです。

2つの分析アプローチ

ファンダメンタルズ分析

企業の業績や財務、業務内容などから企業価値を分析する手法

テクニカル分析

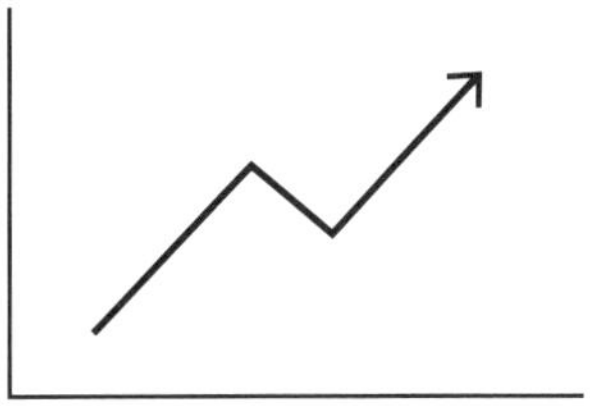

株価の値動きや売買動向を分析し、そのパターンや投資タイミングを探る手法

株式取引で利益を得るには？

投資対象（銘柄）	「何を？」	ファンダメンタルズ分析 バリュー（価値）
投資タイミング	「いつ？」	テクニカル分析 プライス（価格）

02 知ってるつもり!? 見つけよう自分流の「投資スタイル」

よく、「自分の投資規模やスタイルに合わせた取引を……」といわれますが、そもそも自分の投資スタイルというのを把握していない、もしくは知ってるつもりという投資家はかなり多いと思います。ここでは自分の投資スタイルを知ることの重要性について見ていきたいと思います。

自分の投資スタイルを知るには、まず、「株式取引でどのように稼ごうとしているのか?」について考えることが第1歩です。

稼ぎ方の違いに注目しよう

一口に株式投資で稼ぐといっても、その方法は1つではなく、投資家の数だけ存在するといっても過言ではありません。あえて大まかに分けると、図版4-02のように、「①バリューで稼ぐ」、「②トレンドで稼ぐ」、「③回転で稼ぐ」の3つに区分することができます。

①バリューで稼ぐ

企業の価値を重視し、株価と比べて割安な銘柄を買って、株価が上がるのを待つ投資スタ

4-02 自分の「取引スタイル」を見つけよう

①「バリュー」で稼ぐ	②「トレンド」で稼ぐ	③「回転」で稼ぐ
いかに安く買うか？	いかに高く売り抜けるか？	いかに利益を積み重ねるか？
企業価値 重視	相場の勢い・強さ 重視	日々の値幅・出来高 重視

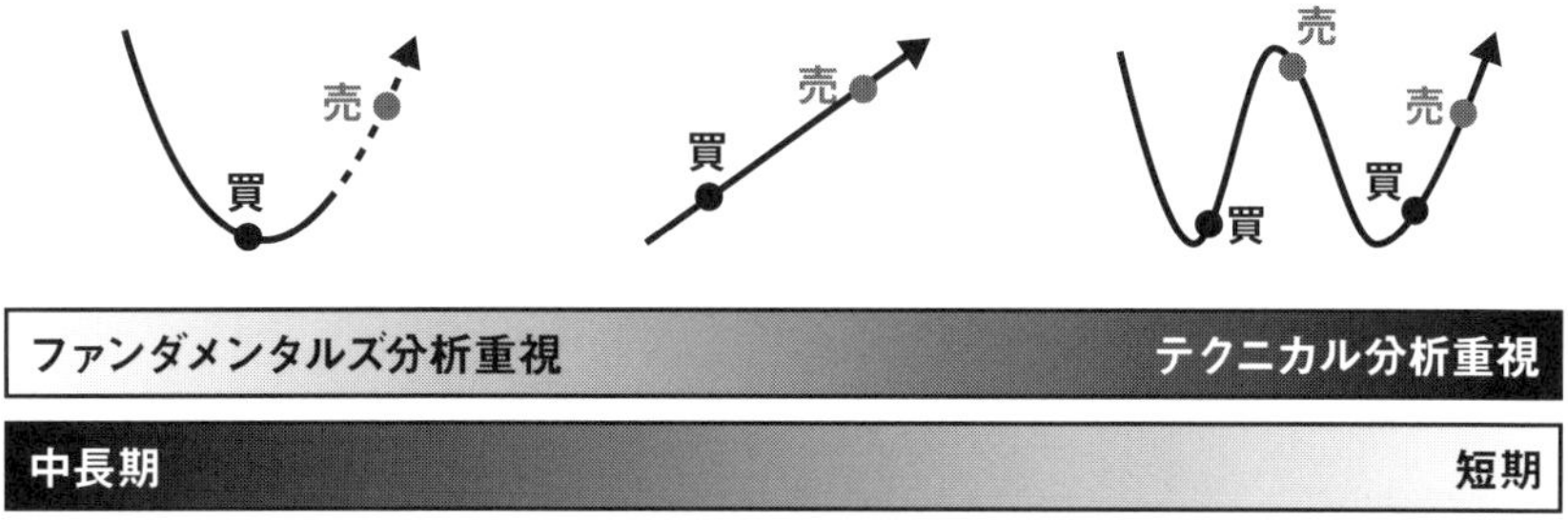

イルです。「いかに安く買うか？」がポイントで、ファンダメンタルズ分析のウエイトが高くなります。実際に株を買うタイミングもあまり頻繁ではなく、取引期間も長めです。大きく株価が下がった時がチャンスとなります。

②トレンドで稼ぐ

株価の動きの方向性（トレンド）に乗る投資スタイルです。相場の勢いや強さを重視します。株価のトレンドが発生するには、企業の価値に関わる材料だけでなく、相場のムードや株価の動きを見極めることも必要となり、ファンダメンタルズ分析とテクニカル分析の両方のウエイト配分が比較的バランスしているスタイルになります。「どこで取引を仕掛け、いかに高く（安く）手仕舞うか？」がポイントです。

③回転で稼ぐ

日々の値動きの中で短期的な売買を繰り返す、いわゆるデイトレーダーのイメージに該当するのがこのスタイルです。企業の業績に関する発表など、ファンダメンタルズに関する情報は毎日更新されるものではなく、日々の株価はその時の相場環境や需給要因に左右されやすくなります。そのため、テクニカル分析のウエイト配分が高くなります。また、基本的に小さな利益をコツコツと積み重ねていく取引手法がメインになります。

あらためて図版4-02を見ると、左側に行くほど「ファンダメンタルズ分析重視で長期投資スタイル」、右側に行くほど、「テクニカル分析重視で短期投資スタイル」になります。信用取引は取引期限やコストの関係上、できるだけ短期の勝負を目指しますので、②か③のスタイルに向いているといえます。

稼げるのはテクニカル分析?ファンダメンタルズ分析?

「テクニカル分析をしている人で金持ちになった人に会ったことがない」――。こう述べたのは著名投資家のジム・ロジャーズ氏です。テクニカル分析に対してかなりネガティブな発言です。

その一方で、同じく著名投資家であるマーティ・シュワルツ氏は、「私は9年間ファンダメンタルズ分析をやってきたが、稼げるようになったのはテクニカル分析を始めてからだ」と語っています。こちらの発言はファンダメルズ分析に対してネガティブです。

この正反対な見解は、「テクニカル分析VSファンダメンタルズ分析」の例として、よく

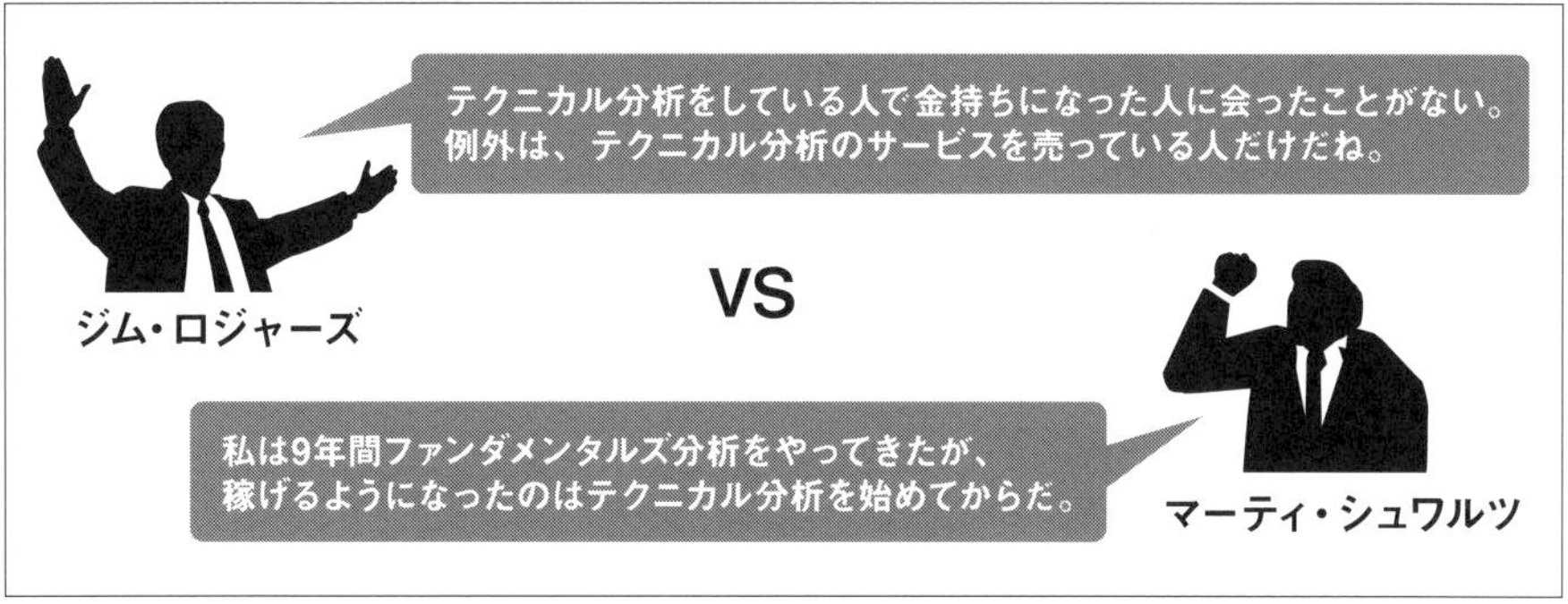
テクニカル分析をしている人で金持ちになった人に会ったことがない。
例外は、テクニカル分析のサービスを売っている人だけだね。
ジム・ロジャーズ
VS
私は9年間ファンダメンタルズ分析をやってきたが、
稼げるようになったのはテクニカル分析を始めてからだ。
マーティ・シュワルツ

採り上げられていますが、結論としてはどちらが正しいということはありません。両氏とも、投資家として大成功を収めています。

異なるのは投資スタイルで、ジム・ロジャーズ氏はファンダメンタルズ分析寄り、マーティ・シュワルツ氏はテクニカル分析寄りであるだけです。重要な点は分析手法の優劣ではなく、それぞれ自分にあった投資スタイルや儲け方を確立することにあります。

信用取引の幅を広げるために必要なこと

先ほども述べた通り、信用取引は比較的短期間でテクニカル分析寄りの投資スタイルが向いているといえます。第5章でもテクニカル分析を使った売買ポイントについて説明していきますが、ある程度のファンダメンタルズ分析の知識があると、現物取引と信用取引との組み合わせなど、さらに取引の幅を広げることが可能になります。そのため、次項からは短期取引派でも知っておきたい、ファンダメンタルズ分析の考え方について見ていきます。

03 ファンダメンタルズ分析から見た株価

ここでは、ファンダメンタルズ分析が株価をどう捉えているのかについて見ていきたいと思います。

第1章でも触れた通り、株価には「需要（買い）と供給（売り）の折り合う値段」と、「企業の価値」の2つの側面がありますが、ファンダメンタルズ分析は、後者の企業価値にスポットライトを当てて株価を分析する手法です。

その企業の価値は、「稼ぐ力（事業価値）」と「保有している資産（資産価値）」に分けられます。実は、この区分が株価を分析する上で大きな意味を持っているので、この後で詳しく紹介します。

「バリュー」と「プライス」の比較

また、買い物の時などによく使われる、「コスパ（コストパフォーマンス）が良い」というのは、モノやサービスの「価値（バリュー）」とその「価格（プライス）」との比較です。プライス以上の価値があれば、「お買い得」ということになります。

株式のファンダメンタルズ分析も基本的にはこれと同じです。「割安な銘柄」というのは、株価（プライス）よりも会社の価値が高く、正当な評価がされれば株価が上がるだろうというわけです。反対に、株価が会社の価値以上であれば、「割高な銘柄」となります。

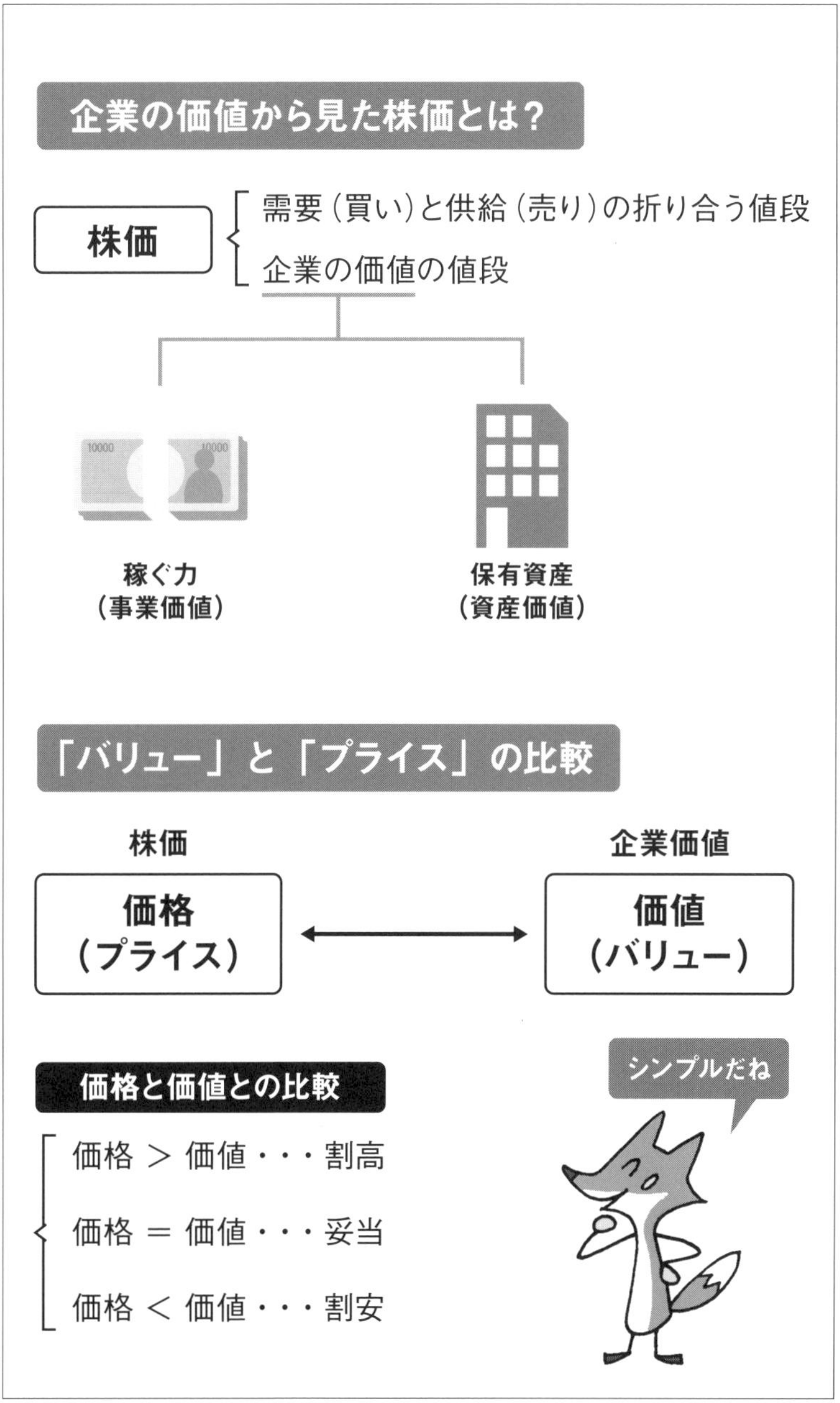

04

応用編

よく聞くPER・PBR・ROEってなに？

株式投資を行っていると、「ＰＥＲ」や「ＰＢＲ」、そして「ＲＯＥ」という言葉をよく耳にします。

これらは、株価の割安度や企業の収益効率を判断する指標として、実際に活用している方も多いです。ただその一方で、この３つの指標をうまく整理できず、何となく理解はしているが、イマイチ使いこなせていないという方も多いのではないでしょうか？

PER

ＰＥＲは、「株価収益率（Ｐｒｉｃｅ　Ｅａｒｎｉｎｇｓ　Ｒａｔｉｏ）」と呼ばれます。株価÷１株あたり利益（ＥＰＳ）で計算され、「ＰＥＲ○倍」といったように表されます。株価と企業の稼ぐ力を比較した株価指標です。例えば、株価が１０００円で、１株あたり利益が１００円ならば、ＰＥＲは10倍です。一般的にＰＥＲが低いほど割安とされています。

PBR

ＰＢＲは、「株価純資産倍率（Ｐｒｉｃｅ　Ｂｏｏｋ-Ｖａｌｕｅ　Ｒａｔｉｏ）」と呼ば

4-05 ROE・PBR・PERの関係①

PER（倍） 株価収益率	PBR（倍） 株価純資産倍率	ROE（%） 自己資本利益
株価と利益の関係	株価と純資産（≒自己資本）の関係	自己資本と利益の関係
株価 ÷ EPS （1株利益）	株価 ÷ BPS （1株純資産）	EPS ÷ BPS × 100
＝ PBR ÷ ROE	＝ ROE × PER	＝ PBR ÷ PER × 100

れます。こちらは、株価÷1株あたり純資産（BPS）で計算され、PERと同じように「PBR○倍」と表されます。株価と企業の資産価値を比較した株価指標です。PBRも数値が低いほど割安とされ、特に、PBRが1倍を下回るのは、企業の資産価値よりも株価が低いことを意味しているため、注目されます。

PER、PBRは両者とも計算式は難しくないですし、倍率が高いほど割高、低いほど割安という判断の仕方も簡単です。そのため、知名度と利用度は極めて高い株価指標なのですが、やや使いにくい面もあります。

というのも、例えばPERの水準は業種などによってまちまちで、「○倍以上が割安」といったように、絶対的な基準を設けるのが難しい指標だからです。

ROE

そしてもう1つ、ROE（自己資本利益率）もよく使われる指標です。一般的な説明としては、「1株あたり利益（E

PS）÷1株あたりの株主資本（BPS）で計算され、企業の収益性を測る指標」になります。

しかも、ROEは、先ほどのPERとPBRの計算でも登場した、1株あたりの利益（EPS）や純資産（BPS）が使われていることもあって、PERとPBR、ROEは3点セットで紹介されることが多く、その関係性がイマイチ理解できないと、せっかくの指標も宝の持ち腐れになってしまいます。

3者の関係性を紐解いてみよう

そこで、PERとPBR、そしてROEの関係性を図版4-06にまとめてみました。

まず注目するのは、真ん中の「1株あたり純資産（BPS）」です。図では1000円ですが、これが企業の資産価値に該当します。PBRはこのBPSと株価の比較ですので、図の株価1000円で計算すると1倍です。つまり、企業の資産と株価は同じ価値ということになります。

また、企業は保有している資産を使ってビジネスを行っています。そのビジネスによって生み出されたのが、図の左側にあたる1株あたり利益（EPS）です。ここでは100円になっています。

1000円の資産を使って100円の利益を生み出したことを表しているのがROEです。100円÷1000円×100の計算式でROE10%です。利益が増えるほどROEも

4-06 ROE・PBR・PERの関係②

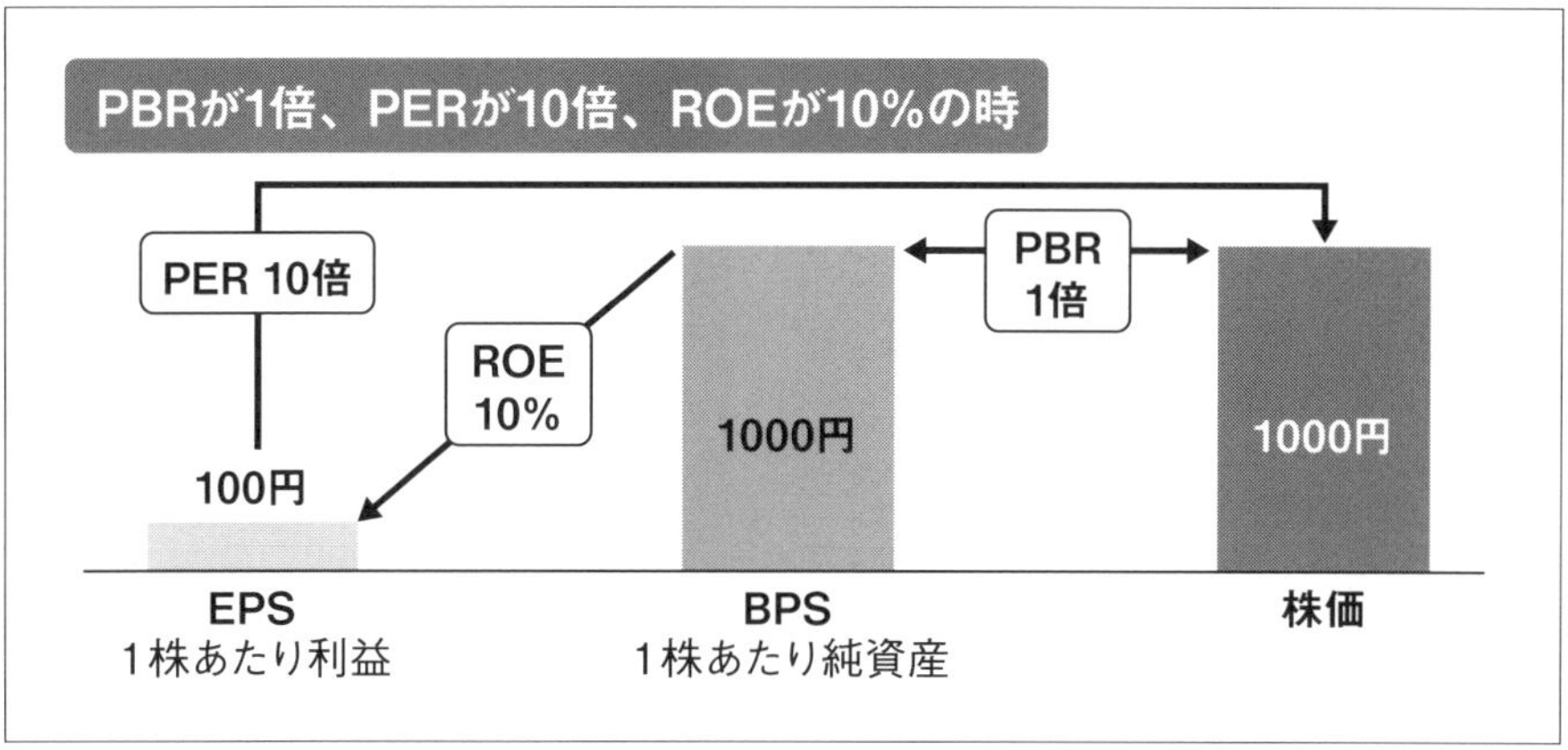
PBRが1倍、PERが10倍、ROEが10%の時
PER 10倍
ROE 10%
PBR 1倍
100円
1000円
1000円
EPS
1株あたり利益
BPS
1株あたり純資産
株価

高くなるため、ＲＯＥが企業の収益性を測る指標である意味がここで理解できます。

そして、生み出された利益の１００円と株価１０００円を比較したものがＰＥＲというわけです。ここではＰＥＲ10倍となります。

３つの関係性を押さえると総合的な判断ができる！

このように、３つの指標の関係性が分かると、色々なことが見えてきます。

例えば、ＲＯＥが高くて稼ぐ力が魅力的な企業でも、「ＰＢＲが高くて株価的には割安ではないから、安くなるのを待って買おう」とか、また、ＰＢＲが割安な一方でＰＥＲが割高と、相反する値になることが時々あります。その際、ＲＯＥをチェックしたら低くなっていて、「株価的に企業の稼ぐ力が評価されていないので、購入を見送ろう」といった具合に、総合的な判断ができるようになります。

応用編

05

これであなたもアナリスト？企業価値を計算してみよう

ここでは、企業価値を計算して、株価と比べる簡単な方法を紹介します。企業価値を計算する手順は簡単です。図版4-07の計算式に必要な数字を当てはめるだけです。計算式は少し複雑ですが、考え方はさほど難しくありません。

稼ぐ力である「事業価値」と、保有資産である「資産価値」を合計し、借金に相当する「負債」を引いて「企業の価値」を算出します。それを「発行済み株式数」で割って「1株あたりの企業価値」を導き出すという流れです。

そして、この「1株あたりの企業価値」と株価と比べて割安か割高を判断していきます。

また、計算に必要な数字は、企業が公表している財務情報（有価証券報告書や貸借対照表、損益計算書）などから入手します。各企業のホームページをはじめ、会社四季報や日経会社情報、Yahoo！ファイナンスなどからも入手できます。

では、順番に計算式を追ってみます。

※実際には、紹介する図版4-07よりももっと複雑で専門的な計算式もたくさん存在していますが、基本はこの考え方に沿っています。

①事業価値の見積もり

まずは、企業の事業価値、「稼ぐ力」を見ていきましょう。計算のベースになるのは、事

4-07 会社の価値を計算してみよう①

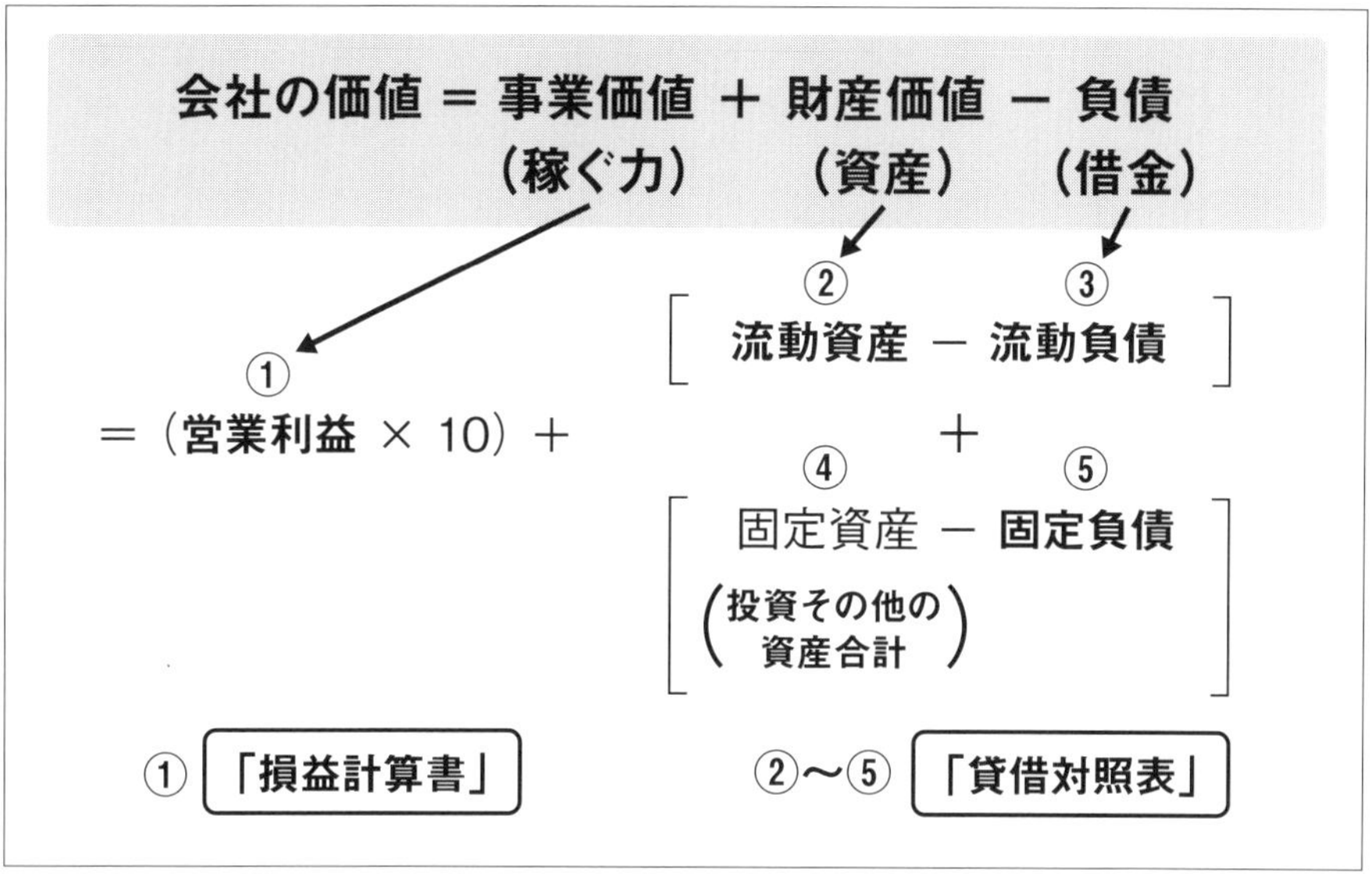

業活動によってもたらされる「営業利益」です。図の計算式では、簡単に「営業利益×10倍」で計算していますが、実は、「事業価値をどう見積もるのか？」というのは、頭を悩ませる問題でもあります。

というのは、株価はすでに稼いだ利益だけでなく、これから稼ぎそうな分も織り込んでいくからです。「今後も稼ぎそうだ」という見方が強まれば、株価が先に反応して上昇していきます。

もちろん、将来の営業利益がどうなるのかは分かりませんので、「これまでの営業利益の伸びのペースが今後も続くだろう」と仮定します。

②資産価値の見積もり

次は、企業の資産価値を計算します。

図の計算式では、「流動資産＋固定資産」

※様々な計算方法があるのですが、例えば、営業利益を足元の数字だけでなく、直近数年分の平均で計算するなど、ちょっと工夫するのもアリです。

の部分が該当します。ちなみに、「流動」とはお金に替えやすい（換金性が高い）ものという意味で反対に固定は換金性が低いものになります。よって、現金などが流動資産、土地や建物などの不動産などが固定資産といったイメージです。

※実際の計算では、固定資産のうち、「投資その他の資産合計」を使って計算することが多いです。

③「事業価値と資産価値の合計」から負債（借金）を引く

そして、事業価値と資産価値の合計から借金（負債）を引いて、「企業価値」を求めます。負債についても、早めに返済しなければならない「流動負債」と、そうでない「固定負債」があります。

※なお、流動負債については余裕を持たせるために1・2倍にして計算するなど、少し多めに見積もることもあります。

④発行済み株式数で割って「1株あたりの企業価値」を求める

最後は、これまでの計算で導き出された企業価値を発行済み株式数で割って、1株あたりの企業価値を求めます。

これでようやく、企業価値と株価の比較が可能になります。企業価値よりも株価が小さければ割安、株価が大きければ割高と判断できます。実際にいくつかの銘柄で計算してみると理解が早まります。

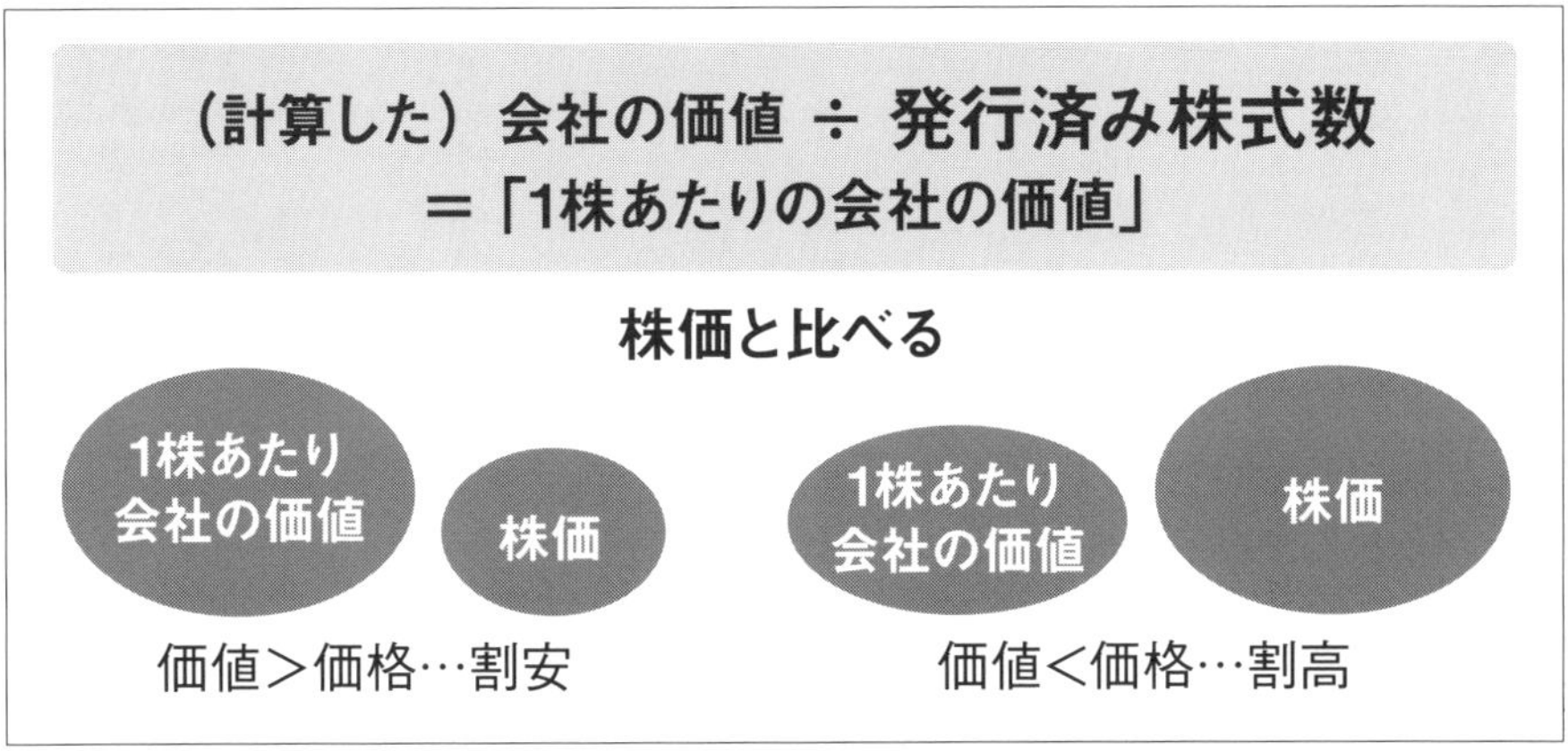
（計算した）会社の価値 ÷ 発行済み株式数
＝「1株あたりの会社の価値」
株価と比べる
1株あたり会社の価値
株価
価値＞価格…割安
1株あたり会社の価値
株価
価値＜価格…割高

プラスαの「アナリスト目線」を持つには？

また、余力があれば、稼ぐ力の背景についても考えてみましょう。「何で稼いでいるのか？」、「何故稼げているのか？」、「いくら稼ぎそうなのか？」、「これからも稼ぎ続けられそうなのか？」といった視点です。これらはアナリストに近い目線といえます。

例えば、とある商品が大ヒットしたとすると、その商品を販売している企業の株価は上昇しやすくなりますが、その理由は「稼ぐ期待が高まるから」です。ただ、アナリスト目線で捉えると、流行の期間や、競合の登場で競走が厳しくならないかなど、冷静に判断することができるようになります。

企業価値を計算する考え方と、稼ぐ力の背景に対するアナリスト目線を持つことで、銘柄への理解が深まり、アナリストレポートなどの読み方も変わってきます。

06

応用編

超シンプルなロスカットの2％ルール

ロスカット（損切り）とは、株式取引の見込みが外れて評価損が発生してしまった時に、取引を手仕舞いして損失を確定させることです。その目的は、さらなる損失の拡大を防ぐことです。

とはいえ、いざロスカットしようと思ってもなかなかできないのが人情です。取引を手仕舞わない限り、「いずれ株価が動いて評価損が消え、ひょっとしたら利益が出るかもしれない」期待と可能性が残るからです。可能性がある以上、わざわざ損失を確定しなくても良いですし、ロスカットを避けたいのは自然な感情です。

それでも、「決断できないなら、逆指値注文などのネット証券の注文機能を活用しましょう」といった具合に、半ば機械的もしくは強制的にでもロスカットは欠かせないとされています。

特に、信用取引においては日々コストも発生します。そのため、ズルズルと取引を長引かせるよりも、早めにロスカットを行って、次回以降の取引に集中したほうが、結果的に早く損失を取り戻せるかもしれません。

ロスカットは、「次の取引に繋げるための上手な撤退戦」というわけです。

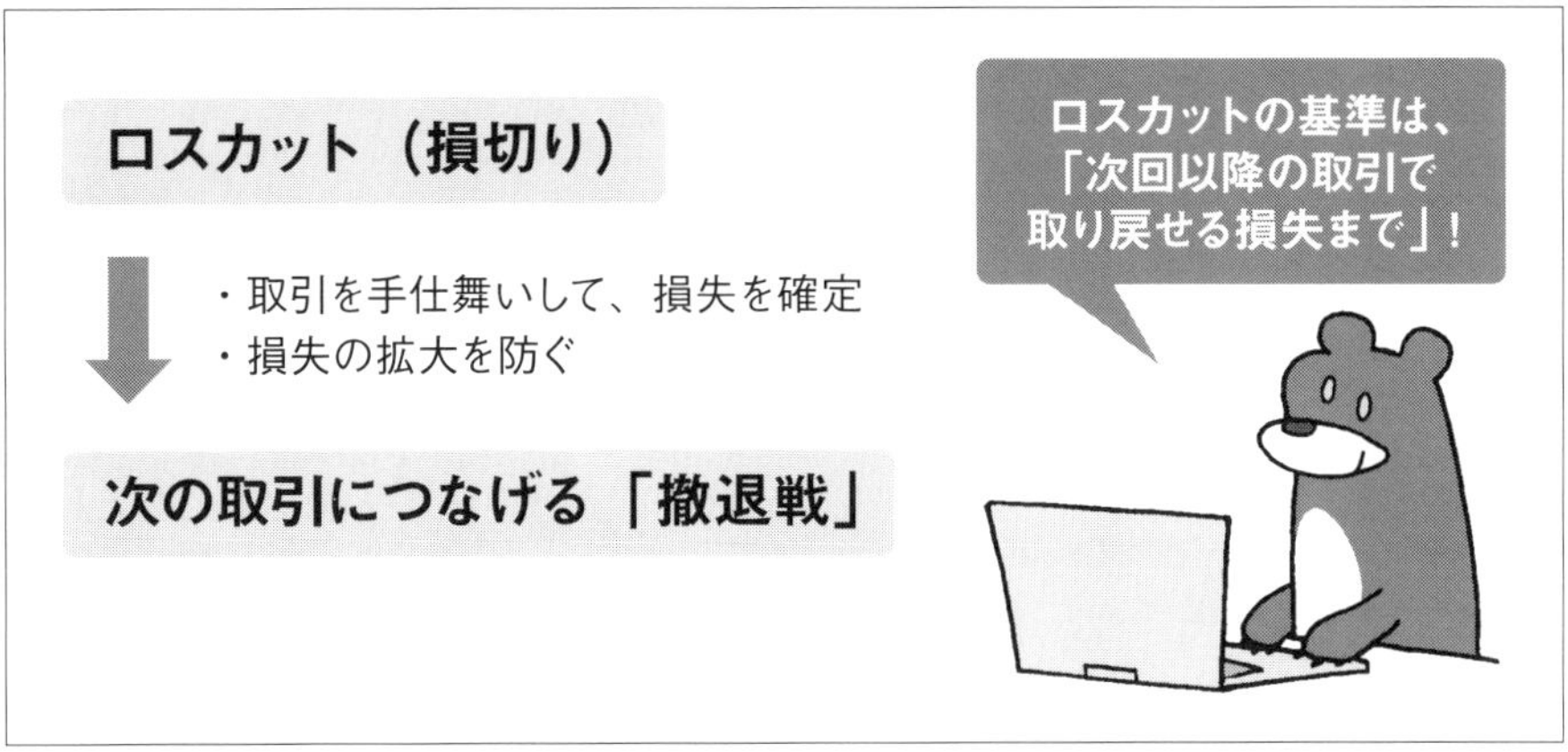
ロスカット（損切り）
・取引を手仕舞いして、損失を確定
・損失の拡大を防ぐ
次の取引につなげる「撤退戦」
ロスカットの基準は、
「次回以降の取引で
取り戻せる損失まで」！

ロスカットの基準をどうするか？

となると、どこでロスカットするかの判断基準は、「次回以降の取引で取り戻せる損失まで」ということになります。

ちなみに、信用取引においては「2％ルール」というロスカットルールが有名です。

これは、「評価損が建玉価格の2％を超えたら、建玉を返済する」という単純なルールなのですが、先ほどの「次回以降の取引で取り戻せる損失まで」の考え方に沿ったものです。2％程度の損失ならば、ロスカット後の取引で比較的簡単に取り戻せるだろうというわけです。1％の利益でも2回の取引で損失をカバーできます。もちろん、値動きが大きな銘柄についてはロスカットの基準を引き上げても良いかもしれません。

逆に、「1回の取引で見込める利益」の感覚が掴めれば、ロスカットもうまくなっていくといえます。

07 相場を動かすきっかけとなるイベントの考え方とは？

応用編

相場や株価を動かすきっかけになるものを「材料」といいますが、短期的な影響にとどまるものや中長期に渡ってトレンドを作るようなもの、市場全体に影響を与えるものや個別銘柄に影響を与えるものなど様々です。信用取引では、株価指数に連動するようなＥＴＦ（上場投資信託）などを除き、基本的には個別株を取引しますので、企業から発せられる情報やニュースのチェックは欠かせません。ここではその主なものについて整理します。

企業業績・決算

企業から発せられる情報で何といってもいちばん注目されるのが、決算発表です。ただし、決算発表を行った企業の株価の動きを見ると、好業績なのに株価が下がることもあれば、赤字決算なのに株価が上がる場合もあり、決算発表後の株価の動きは読みにくく、多くの投資家の頭を悩ましています。

その理由としては、決算発表までに「売上や利益は大体このぐらいだろう」という業績に対する見通しや思惑が織り込まれるからです。業績予想は企業自身の事前予想をはじめ、会社四季報や日経会社情報、アナリストレポートや、Ｙａｈｏｏ！ファイナンスなど色々あり

- **企業業績・決算**
- **増配**
- **自社株買い**
- **新商品や新サービスの発表**
- **M&A（企業合併や買収）**

ます。

こうした事前予想は「(市場) コンセンサス」と呼ばれるのですが、決算発表後の株価はこのコンセンサスと実際の業績との比較に左右されることになります。大まかに、「予想よりも良かった」、「予想よりも悪かった」、「予想通りだった」の３つのパターンに分けられます。

予想よりも良かった……株価がサプライズで上昇しやすい
予想よりも悪かった……株価がさらに下落しやすい
予想通りだった……株価が材料出尽くしで下落しやすい

経験則では右記のようになり、売られることが多いイメージです。ただ、決算発表のタイミングで新たな経営方針など「プラスαの情報」が出ることもあり、「今回は予想以上に業績が悪かったが、今後の業績改善が期待できる」と判断されれば株価が上昇することも起こり得ます。

増配

企業が配当金額を増やすことを増配といいます。株式投資では、配当金による利益は「インカムゲイン」と呼ばれ、「配当利回り」に注目して取引する投資家も少なくなく、増配の発表は比較的素直に好感され、株価が上がりやすい傾向にあります。

配当金の原資は企業が稼いだ利益です。その利益の一部を直接配って投資家に報いていることになりますが、その一方で、利益を投資に回して企業を成長させることも投資家に報いる手段でもあります。利益の使い方の問題といえます。

自社株買い

自社株買いとは、企業自身が自社の株を市場から買い取ることです。これも株価が上がりやすい材料になります。自社株買いによって市場に出回る株数が減ると、1株あたりの企業価値や利益が大きくなり、その分だけ株価が上がると考えられるからです。また、「企業が自社の株を買うぐらい株価が割安である」というメッセージでもあります。

新商品や新サービスの発表

企業による新商品や新サービス開始の発表も株価にとってプラスになりやすい材料です。企業が「稼げそう」という期待が高まるからです。

ただし、その後の株価上昇の持続力に差がある材料でもあります。というのも、期待が高まって株価上昇が一巡した後の市場は、「いつから稼げるのか?」、「どのくらい稼げるのか?」、「企業全体の売上や利益にどの程度貢献するのか?」などを冷静に判断していくことになるからです。

M&A（企業合併や買収）

企業どうしの合併や買収が発表されると、ダイナミックで華々しい材料として受け止められ、株価も短期的にプラスに反応しやすいのですが、時間の経過と共に好感されることがあまり多くありません。合併にしても買収にしても、その発表の際には「シナジー効果（相乗効果）」というキーワードがよく登場します。

もちろん、市場シェアを取るために好調な企業どうしが合併するのであれば、合併によるさらなる成長が期待され、株価も持続的に上昇しやすいと考えられます。

ただし、実際のところ、お互いに課題を持つ企業どうしが業務の効率化や事業基盤の共有化を目的として合併することが多いですし、「救済合併」という言葉の通り、結果として好調な企業がお荷物になりそうな企業を抱える格好の合併も珍しくありません。

確かに、合併によって業務効率化やコスト削減の効果は期待できますが、上昇トレンドを描くほどの買い材料にはなりにくいといえます。

同様に、買収についても「かかったコストを賄えるだけのメリットがあるのか？」などを見極める必要があります。ちなみに、買収については、「買収する側の銘柄は売り、買収される側の銘柄は買い」という経験則があります。

信用取引においては、まずは発表直後は上昇しやすいので、買い建てで仕掛け、その後は売りに転じるという投資戦略が考えられます。

08

応用編

短期間の投資スタイル デイトレードとスイングトレード

先ほどは稼ぎ方をベースに、ファンダメンタルズ分析とテクニカル分析のウエイト配分で投資スタイルを整理しましたが、他にも投資期間による区分があります。とりわけ、短期間の投資スタイルを「デイトレード」とか「スイングトレード」と呼んだりします。

意外と難しい？ デイトレード

デイトレードは日計（ひばか）り取引ともいいます。1日の取引時間の中で何度も売買を繰り返し、「回転で稼ぐ」手法です。そのため値動きの良い銘柄が好まれます。

また、基本的に翌日まで株や建玉を持ち越しません。そのメリットは、取引時間終了後の動き、例えば夜間の海外株市場や突然のニュースなどの影響を受けないことです。その反面、頻繁に売買を行うため、手数料などのコストの意識が重要です。特に信用取引では買い建ての金利や、売り建ての貸株料が1回転ごとに発生しますので注意が必要です。

絶えず動く株価を見つめながら取引を行うため、平日の昼間に仕事をしている方が実践するのは難しいスタイルといえます。

また、デイトレードを実践するには、常に相場を見る必要があるという時間的な難しさだ

※日をまたぐことで価格の影響を受けることを「オーバーナイトリスク」といいます。

投資対象銘柄は値動きの大きさ、取引量を重視
トータルで利益となるように売買

デイトレード

- 1日の取引時間の中で何度も売買……「回転」で稼ぐ
- 「オーバーナイトリスク」がない
- コストへの意識が重要……信用取引の金利や貸株料は1回転ごとに発生

スイングトレード

- 取引期間は数日間〜数週間
- 「オーバーナイトリスク」を負う
- 短期的なトレンドの発生を捉える手法……トレンドが継続すれば利益増も

けでなく、取引タイミングの判断も難しい面があります。図版4-12に主なデイトレードの手法を載せましたが、見慣れない言葉もちらほらと見受けられます。

注文株数と値段の状況を表している「板」情報画面から売りや買いの強さを読みとったり、出来高を加味した平均株価であるＶＷＡＰや、前日の終値や高値（安値）などを値動きの目安としたり、取引開始から一定時間経過後に発生したトレンドに乗ろうとしたりと、デイトレードならではの判断ポイントがあり、それらに慣れる必要があります。

そこそこの短期間で取引するスイングトレード

スイングトレードの取引期間に明確な定義はありませんが、大体数日間から数週間を指すことが多く、短期間の投資に分類されます。「デイトレードほどではないが、そこそこ短期間のサイクルで取引を繰り返す」といったイメージです。

スイングトレードは日を跨いで株や建玉を保有します。つまり、デイトレードとは異なり、オーバーナイトリスクがあるわけですが、逆をいえば、取引終了後に良いニュースが出て、翌日の株価が急騰して取引が始まった時の利益を享受できることになります。

デイトレードよりも取引期間が長く、絶えず相場に張り付いている必要はありませんが、こまめな株価や評価損益の状況はチェックする必要があります。

また、取引期間の定義が比較的広いため、ほぼデイトレードに近いスタイルのスイングトレードもあれば、短期的なトレンドに乗るスタイルのスイングトレード、ある程度のファンダメンタルズ分析を行って、企業の価値と株価のズレが修正される動きを捉える中長期投資に近いスタイルのスイングトレードもあります。

理想は「トレンド発生を捉えるスイングトレード」？

信用取引は短期間の勝負を目指しますので、デイトレードもしくはスイングトレードで活用されることが多くなります。

短期間の投資スタイル、とりわけデイトレードは取引を繰り返して利益を積み上げていきますので、取引1回の損益にこだわり過ぎず、トータルで利益が出るように考えることが大事になります。

- 「板」状況、「歩み値」を読む
- 「VWAP」のブレーク、支持・抵抗
- 前日高値（安値）の更新、支持・抵抗
- 寄付から一定時間後の値幅更新（Opening Range Breakout）
- 「OOPS（ウップス）」、「ADXギャッパー」

スイングトレードも基本は同じ考え方ですが、もう少し付け加える必要があります。例えば、短期的なトレンド発生を予想して新規建てをしたが、その後のトレンドが中期的に継続したことで利益確定の水準を引き上げたという場合は、結果的に建玉の保有期間が長くなります。投資家にとって非常に嬉しいシチュエーションですが、スイングトレードの期間の幅が広いのは、このようにうまくトレンドに乗ることができたケースがあるためです。

となると、スイングトレードで仕掛けたいのは、株価が動き出してトレンドが発生するタイミングになります。トレンドの発生や転換を捉えるのはテクニカル分析の得意分野ですので、自然とテクニカル分析のウエイト配分が大きくなります。

column

相場を読み解くシンプルな見方

本編では相場を分析するアプローチとして、ファンダメンタルズ分析やテクニカル分析を紹介しましたが、そのほかにも知っておきたい相場の見方があります。それは以下の2点です。

①株価は将来を先取りして織り込む
②マネー（資金）が向かう先は「儲かるところ」か「安全なところ」

期待や不安などを織り込んでいる

まずは①についてです。「株は経済の先行きを映す鏡」という相場格言があるように、株価は将来を先取りして織り込む傾向があります。「景気が良くなりそうだ」、「企業業績が伸びそうだ」という見通しが強まれば、実際にそれらが実現する前に株価が反応して先に上昇していきます。

「発表された企業決算が良い結果なのに株価が下がってしまった」というのはよく見られる光景です。大抵の場合、すでに好業績を株価が織り込んで上昇していて、それが事実として公表されたのをきっかけに「材料出尽くし」となって、利益確定の売りに押されるといった具合です。反対に、「業績はイマイチだろう」と予想されていたのが、実際は好調だった場合にはサプライズとなり、決算発表を境に株価が上昇していきます。

株価が織り込むのは「期待」や「不安」など様々ですが、基本的に予測可能なものになります。

市場を取り巻く環境をどう見るか

そして②ですが、「リスクオン」とか「リスクオフ」と呼ばれるものになります。市場を取り巻く環境が良ければ安心して投資できますので、リスクが比較的高いとされる株式など「儲かるところ」に資金が向かいます。リスクオフはその逆で、不安が高まることで現金で保有したり、資金が国債や金などの安全資産に向かったりしやすくなります。

第5章

テクニカル分析で掴む売買ポイント

応用編

01

テクニカル分析の考え方①そもそも何を意味しているのか？

いざ、テクニカル分析を使ってみよう、という時に真っ先に頭に浮かぶのが、いわゆる「チャート」と呼ばれる図です。ここからは、そのチャートの考え方と見方について説明していきます。

古来、チャートとは船で航海するための指針となる「海図」を意味していました。海図といっても、用途に応じてたくさんの種類があり、航海の計画を立てるのに使うものや、実際の航海に使うもの、港に入る時に使うものなどがあります。

投資の世界におけるチャートも、相場を渡り歩くための指針として役立つほか、海図の種類と同じように、様々なテクニカル分析手法が使われています。

テクニカル分析のベースは「売買の記録」

基本的なチャートに描かれているのは、「売買の記録」です。価格（株価）や出来高（取引量）の時間的推移を記録したものになります。

こうした単なる売買の記録から、株価の値動きのパターンや傾向、方向性、相場の強さなどを読み取って、今後の予測や取引のタイミングを探るのがテクニカル分析です。別の言い

5-01 テクニカル分析の考え方

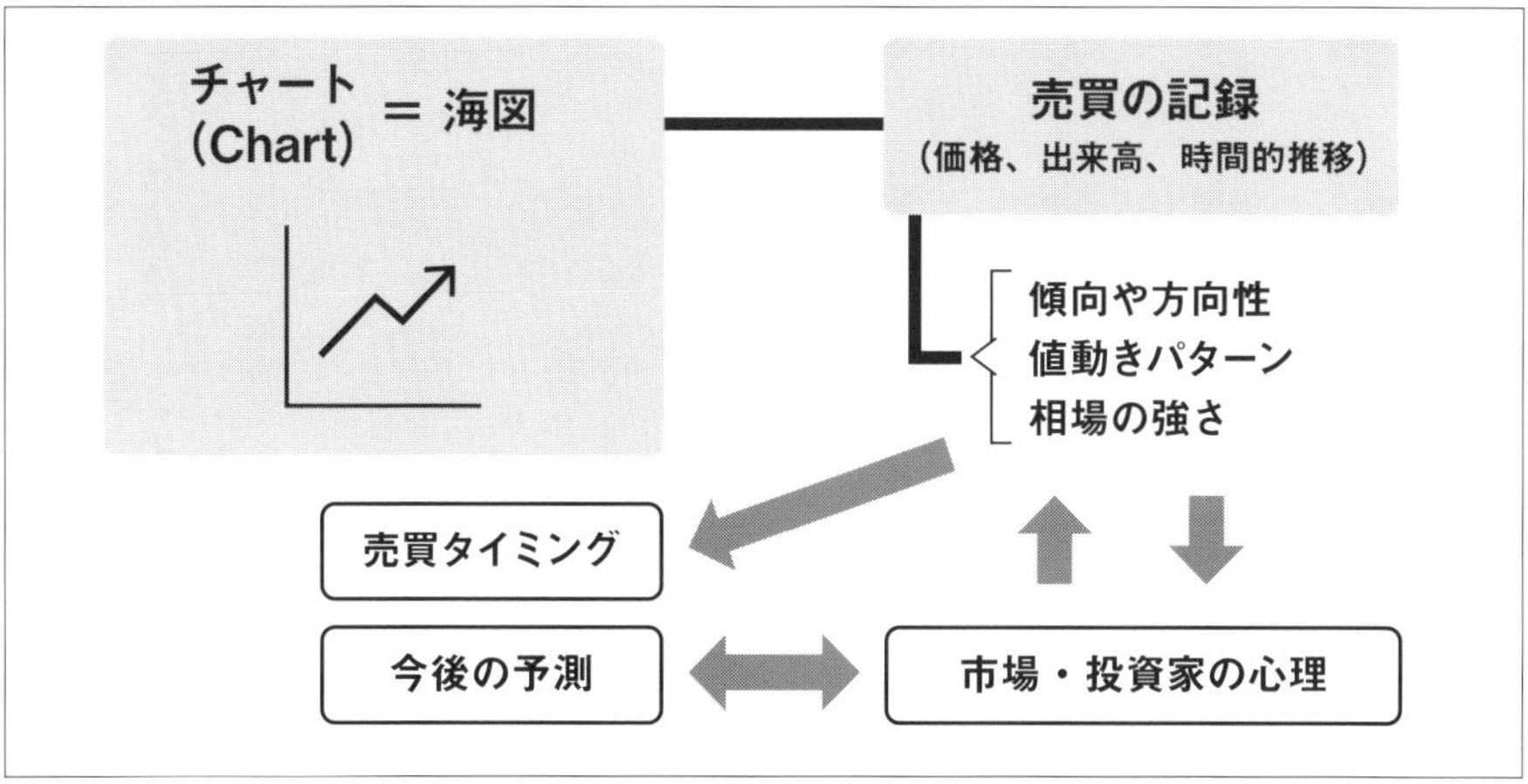

方をすれば、テクニカル分析は市場から得られる情報（記録）のみを投資判断に利用するわけです。

そのため、「果たして使えるのか?」という、そもそも論がついて回ることとなり、テクニカル分析に対して否定的な意見も多くあります。

とはいえ、記録された売買の背後には様々な投資家の思惑が存在しています。株価は「すべての情報が反映されて取引された結果」という考え方がテクニカル分析の前提にあります。「株価は常に正しい」という相場格言も、こうした考えに基づいています。

これまで述べてきたように、テクニカル分析といえば図やグラフを用いた分析をイメージしがちです。最近では、大量の売買データをコンピュータで計算して取引戦略を作り出すといった手法も増えていますが、売買の記録が分析のベースになっている点においては、テクニカル分析の1つともいえます。

応用編

02

テクニカル分析の考え方②
株価が上がる確率は分からない

前項でも触れましたが、テクニカル分析で使われるチャートが表しているのは売買の記録の推移です。同じように、過去の記録を元にして「これからどうなるのか？」を予想するものとして天気予報があります。ちなみに、天気図を英語でいうと「ウェザー・チャート」です。

情報を受けてからの判断が重要

天気予報も気圧配置などの状況や過去のデータを元に今後の天候を予想しますので、テクニカル分析とかなり似ている部分があるといえます。そして、共通して重要なのが「情報を受けてからの判断」です。

皆さんは降水確率が何%以上で傘を持って外出しますか？

一般的には30%以上の方が多いようですが、人によっては50%以上や20%以下という方もいますし、30%では折りたたみ傘、50%以上で大きい傘を持つというように判断される方もいると思います。

また、同じ30%でも外回りの仕事をされる方とそうでない方では判断が異なってくるかもしれません。つまり、最終的な判断は情報（予報）と自分の状況との比較によるのです。

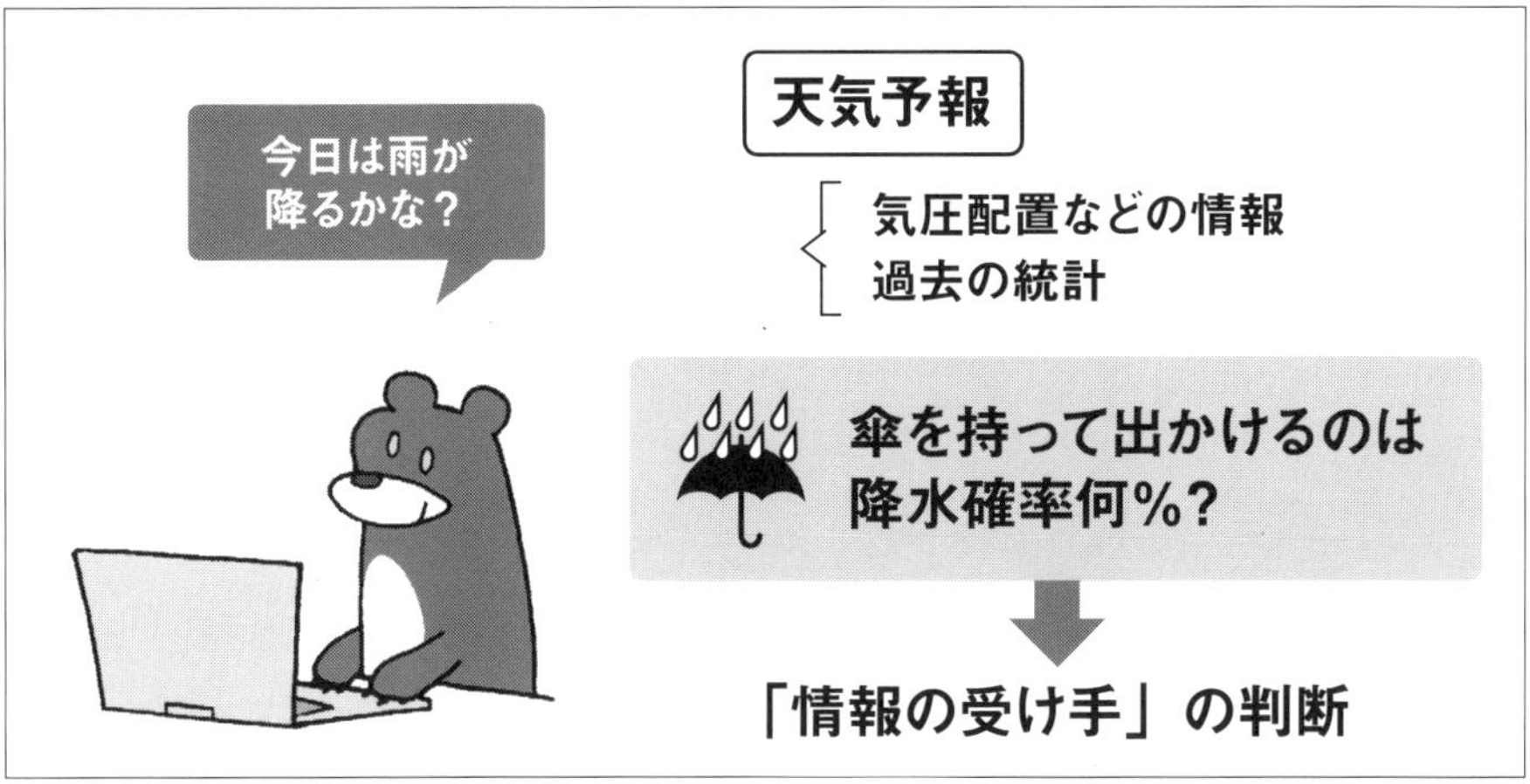
今日は雨が
降るかな？
天気予報
気圧配置などの情報
過去の統計
傘を持って出かけるのは
降水確率何%？
「情報の受け手」の判断

テクニカル分析も同様に、短期的な売買サインが出現しても、投資スタンスが比較的長い方はそのサインを見送ることになります。繰り返しになりますが、自分の投資スタイルが把握できていないと、とにかく出現した売買サインに目を奪われ、結果的に振り回されてしまいがちになります。

客観的な確率が出せない

そしてもう1つ、重要なことがあります。それは、天気予報の降水確率のように、「株価が上がる確率は何%」という予測ができない点です。

気象データは自然界の客観的事実で成り立っていますが、テクニカル分析の対象となる取引の記録は人間の思惑や感情が入っているためです。さらに、「上がる確率70%」といってしまうと、多くの人が買いを入れるようになり、結果的に確率自体が70%以上に高まってしまうことになってしまいます。

※やや難しい言葉で表すと、「予測の自己実現性」と呼んだりします。

03 船頭多くして船山に登る？「売買サインの迷子」にならない

テクニカル分析には様々な種類があり、多くの証券会社の情報ツールでは何十種類ものテクニカル分析手法を利用することができます。使える分析手法の種類の多さが証券会社の情報ツールの評価項目の1つにもなっていたりします。

何といっても、テクニカル分析における最大の利点は売買サインです。「指標がこうなったら買い（売り）」というのを教えてくれますが、それだけにテクニカル手法の数だけ売買サインが存在することになります。

「こちらのテクニカル指標では売買サインが出ていないが、別の指標ではサインが出現している」といったことは頻繁にあります。

目的を持って指標を使い分けよう

確かに、売買サインを知らせてくれるのは魅力的ですし、テクニカル分析を解説した書籍やWEBサイトの多くも、売買サインやポイントがどこにあるのかを中心に説明されています。

そのため、投資家が陥りやすいのは、「とにかくテクニカル分析で売買サインが出現した

5-03 どのテクニカル指標を参考にすべき？

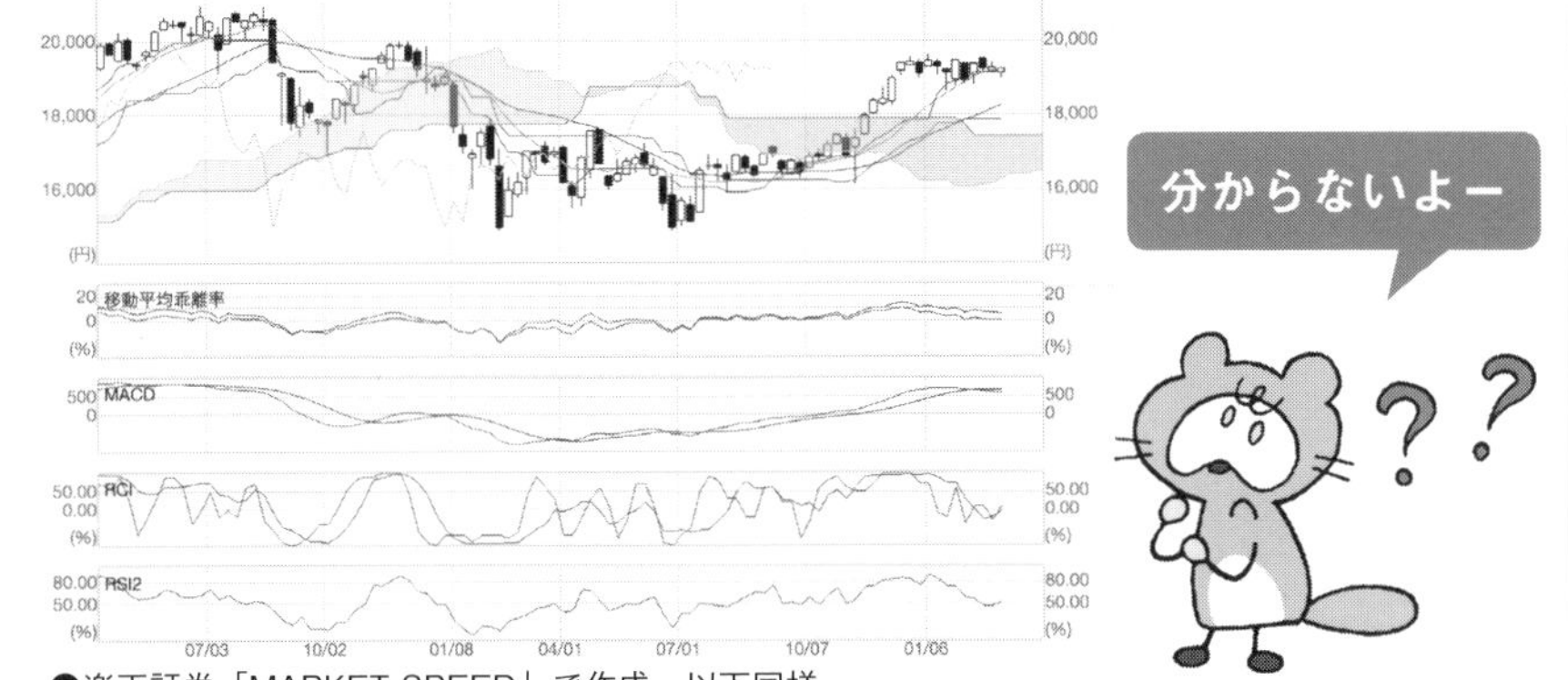

●楽天証券「MARKET SPEED」で作成、以下同様

ものを探すことに躍起になってしまう」という罠です。その結果、図版5-03のように1つの画面にたくさんのテクニカル分析指標が表示され、わけが分からなくなってしまう事態になってしまいます。

テクニカル分析が示す売買サインには、それぞれのテクニカル指標の考え方に基づいた根拠があります。

例えば、株価のトレンドを掴むことに主眼を置いたテクニカル指標でも、「トレンドに乗って取引するのか？」、「トレンドが変化するところで取引するのか？」によって売買のタイミングやサインも異なります。

そのため、自分が使っているテクニカル指標がどんな考え方で何を分析しようとしているのかをしっかりと理解する必要があります。こうすることで、テクニカル指標が示す売買サインの意味も自然と分かるようになりますし、迷うことも少なくなるはずです。

04

テクニカル分析の種類と学び方

「テクニカル分析を学びたいのだが、どこから手をつけて良いのやら……」という方は意外と多いようです。証券会社の情報ツールでチャートを表示させようものなら何十種類も用意されているため、学ぶことがたくさんありそうで心が折れてしまいそうになります。

手当たり次第に色々なテクニカル分析指標を学ぶというのも効率が悪いので、その前にどんなテクニカル分析指標があるのかを、ざっくり分類すると頭の中が整理しやすくなります。

図版5-04にあるのは、主なテクニカル分析指標を分類したものの一例になります。定義によって分類の仕方は異なりますが、テクニカル分析手法は、「トレンド系」、「オシレーター系」、「需給系」の3つに分けることができます。

「トレンド系」……相場の方向性（トレンド）やその強さ、方向性の変化を探るもの
「オシレーター系」……いわゆる「買われ過ぎ」や「売られ過ぎ」とその水準を探るもの
「需給系」……株価に影響を与えそうな需要と供給の変化を探るもの

5-04 主なテクニカル指標の分類

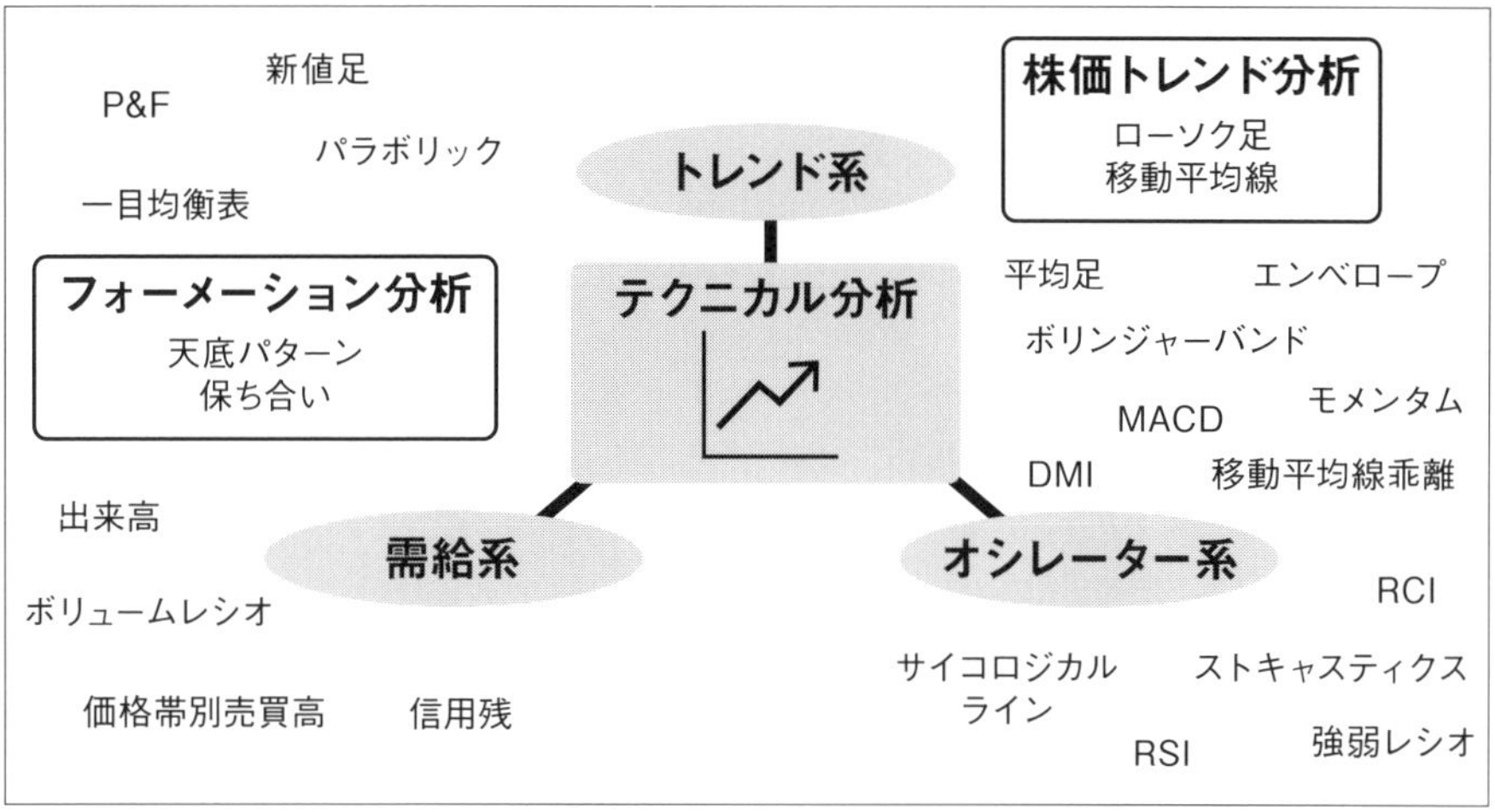

「トレンド分析」から始めてみよう

この3つの分類の中で優先すべきなのは「トレンド系」です。当たり前ですが、株式投資では株価の動きが損益を左右するので、株価の動きそのものを分析することから始めるのが自然だからです。その中でも、いわゆるチャートの基本とされる、「ローソク足」、「移動平均線」、「出来高」が最初の出発点になります。

この本でもここを出発点として、その後はチャート全体の形から判断するパターン分析、そして、個人投資家に人気でよく使われるテクニカル指標のいくつかを紹介していきます。

安心してください。プロと呼ばれる人たちでも実際に使っているテクニカル分析の指標はそう多くはありません。自分の投資スタイルに合っているもの、使いやすいものを絞りこんで使っています。

05 チャートの基本3要素「ローソク足」「移動平均線」「出来高」

いよいよ、ここからはチャートの読み方について見ていきます。チャートといえば図版5-05をイメージされる方も多いかと思いますが、事実、この図が一般的なチャートとされ、テクニカル分析のベースになります。この基本となるチャートですが、主に3つの要素で構成されています。「ローソク足」、「移動平均線」、「出来高」です。

① ローソク足

白色と黒色の箱と線で描かれているものがローソク足です。ネーミングは見た目のまんま、ローソクのように見えるからですが、株価の動きを表しているチャートの主役です。ローソク足の意味と見方は後ほど詳しく説明していきますが、白色の線は「陽線（ようせん）」、黒色の線は「陰線（いんせん）」と呼ばれます。

② 移動平均線

「平均」という言葉が入っている通り、株価の動きを平均化して表したものです。平均化する期間を短期・中期・長期に分けて、チャート上に1本から3本表示させます。

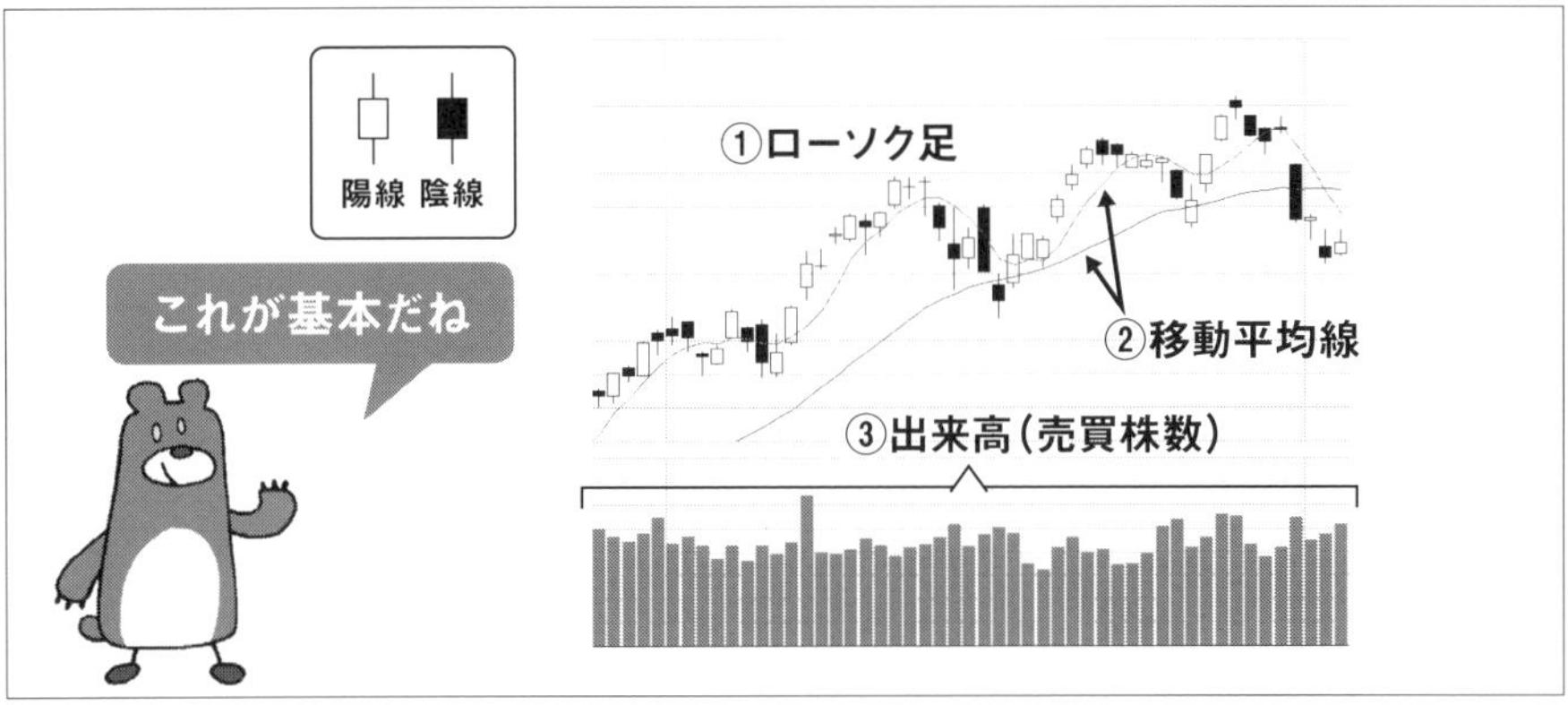

日常生活でも、「平均と比べてどうなのか？」といったように、基準を設けて判断することは多くありますが、株価もそれと同じで、移動平均線をチャート上に描くことで、相場の状況を把握しやすくなります。

③ 出来高（売買株数）

株式の取引量を示しています。取引量が多いということは、たくさんの投資家に注目されている人気の証でもあります。また、株価が継続的に上昇したり、下落する際には出来高も一緒に増加したりする傾向があり、出来高と株価の動きを併せて見ていくことでトレンドの判断に使うこともできます。

この基本の3要素を出発点にして、様々なテクニカル指標を学んでいくことになるのですが、実はこの3つだけでもかなり相場で「戦う」ことができます。もちろんそのためには理解を深める必要がありますので、これからしっかりと見ていきたいと思います。

06

ローソク足の読み方を知ろう

機関投資家やトレーダーから個人投資家まで、株式投資の経験者ならば、「ローソク足を見たことがない」という人はいません。そのくらい有名なのがこのローソク足です。

ローソク足は江戸時代の日本で生まれたとされますが、今や海外でもごく当たり前のように使われています。というのも、株価の動きを記録する方法としてはシンプルな上に、かなりの優れモノだからです。

ちなみに、海外ではローソク足のことを「キャンドルスティック」と呼んでいるそうです。

※海外ではローソク足に似ているものとして「バーチャート」というものがあります。

ローソク足が表すのは「4つの値段」

ローソク足の見た目は、四角い箱と、上と下に伸びた線で形成されていますが、最大の特徴は、「一定期間の値動きを1本の線で表すことができる」点です。具体的に1日の取引時間における株価の値動きで見てみましょう。図版5-06に例を載せました。

国内株市場の取引時間は、午前9時に始まり、途中昼休みを挟んで午後3時に終了しますが、取引開始時の株価は「始値（はじめね）」、取引終了時の株価は「終値（おわりね）」と呼ばれます。この始値と終値の関係性を、ローソク足の四角い箱が表しています。

5-06 ローソク足とは？（日足）

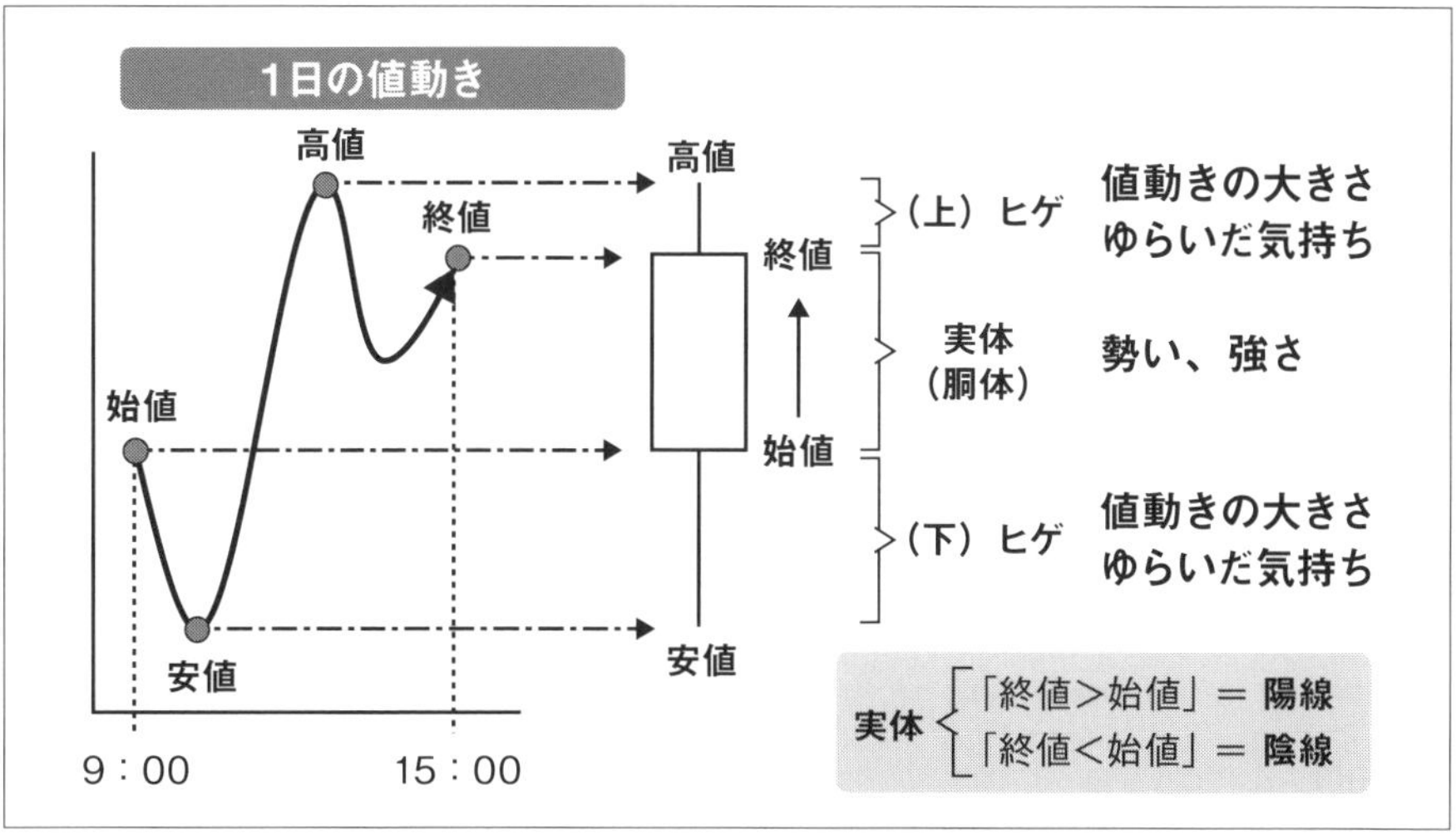

この日の取引が「終値＞始値」ならば白色の箱、「終値＜始値」ならば黒色の箱を描きます。この箱は「実体（じったい）」とか「胴体（どうたい）」と呼ばれています。そして、実体が白色の線が「陽線」、黒色の線が「陰線」になります。

ほかにもまだ、1日の取引で知りたい値段があります。それは「高値」と「安値」です。この2つの値段は、ローソク足の実体から上下に線を伸ばして描かれます。この線を「ヒゲ」といいます。

つまり、ローソク足は一定期間の**「始値」**と**「終値」**、**「高値」**と**「安値」の4つの値段**が1本の線にギュッと凝縮されているのです。

※「4本値（よんほんね）」といいます。

ローソク足の実体とヒゲが意味するもの

ローソク足が示す4本値ですが、朝、取引

が始まる前までの状況が考慮されて決まったのが「始値」、取引時間中に様々な思惑が働いてついた値段が「高値」と「安値」、そして、結局いくらなのかその日の結論を出すのが「終値」というイメージです。

この考え方からすると、始値と終値の関係が非常に大事になってきます。だからこそ、ローソク足では箱型の実体で表され、白色と黒色の色分けまでして強調しているのです。そして、高値と安値は終値決定までに揺らいだ気持ちの表れと考えることができます。

このことから、ローソク足の実体が意味しているのは、「値動きの勢いや強さ」、ヒゲが意味するのは、「迷いや揺らいだ気持ち」になります。

ですので、実体が長いローソク足は相場が強い時に出現しやすく、ヒゲが長い線はそれだけ揺らいだ気持ちが大きく、相場の転換期や迷いが生じている時に出現しやすいといえます。そのため、ローソク足は、実体やヒゲの長さの組み合わせによっていろんな意味を持ちます。

ローソク足は様々な時間軸に対応している

先ほどは1日の値動きを元にローソク足を作成しましたが、これは「日足（ひあし）」と呼ばれます。

また、日足のローソク足が月曜日から金曜日まで5日間分集まると1週間になりますが、この5日間の4本値で作るローソク足が「週足」になります。そして同じ要領で週足が数週間分集まって「月足」、そして月足が12カ月分集まって「年足」というように、ローソク足

5-07 ローソク足の時間軸

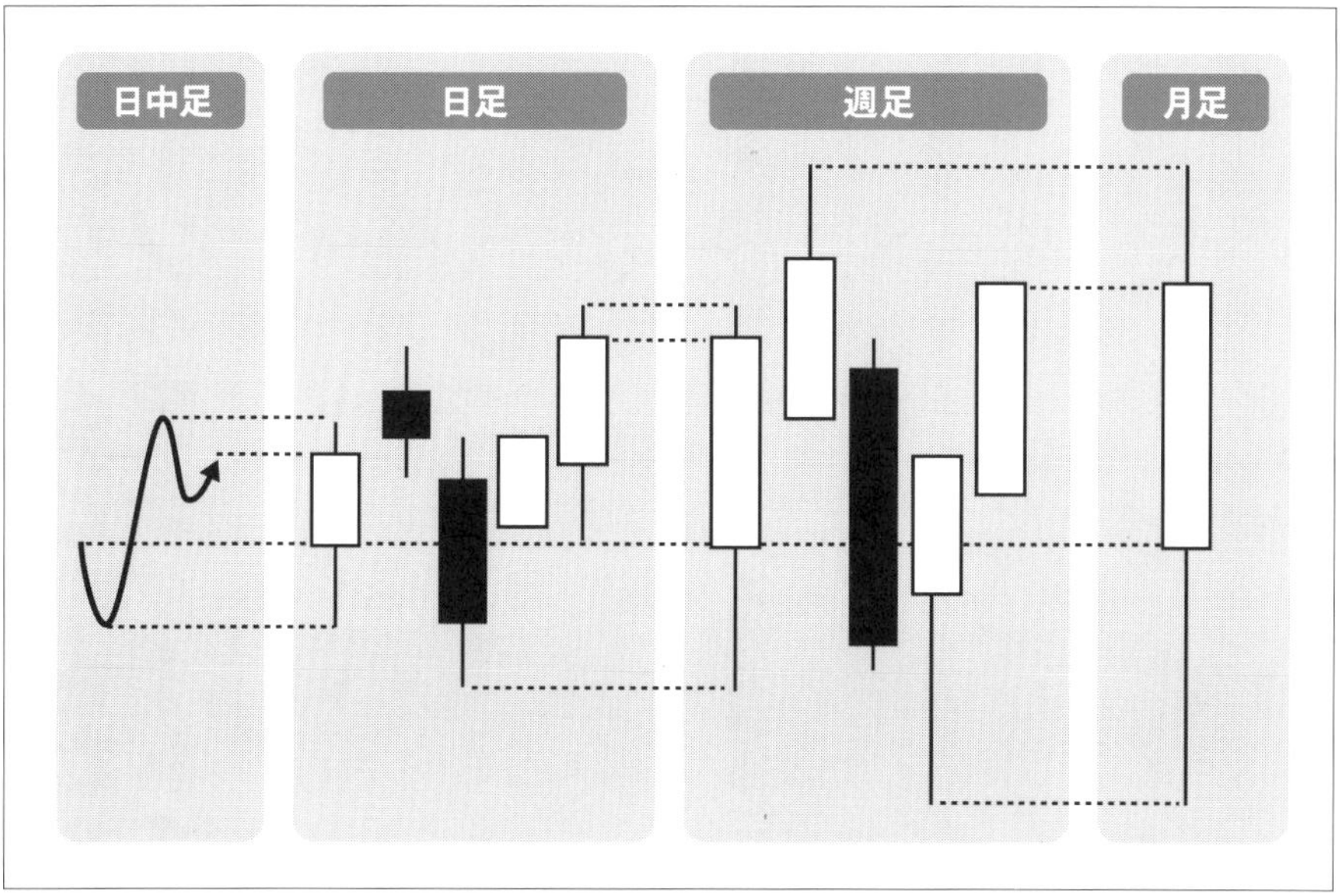

は時間軸を変えて描くことができます。

もちろん、5分間とか10分間といったように時間軸を短くすることも可能です（これは「分足」といいます）。

一般的によく使われているのは日足と週足のチャートです。また、意外かもしれませんが、普段は分足チャートを使っているデイトレーダーも、週足チャートをチェックしている方が多いのです。というのも、中期的な相場の基調が日々の値動きにも影響を与えやすいからです。「今日の株価は上がっているけど、中期的な相場基調は弱いので、早めに取引を終了させよう」といった具合に、期間の短い取引でも投資判断に役立ちます。

07 大きな視点と小さな視点でローソク足チャートを捉えよう

先ほどはローソク足について説明してきましたが、あらためてチャートを眺めてみると、ローソク足の意味と値動きの状況は理解できても、実際の相場状況の判断や、取引に活かすにはどうしたら良いのかについて、まだいまいちピンと来ないかもしれません。

ローソク足チャートの読み方については、ちょっとしたコツがあります。それは「大きな視点」と「小さな視点」の2つで眺めてみることです。

チャート全体の形で捉える「大きな視点」

細かいローソク足の動きは無視して、ざっくりとチャートの形を見るのが「大きな視点」です。まずは、大まかなトレンドの状況を確認します。図版5-08のチャートでは楕円の枠がトレンドの状況になります。特に難しくはありません。過去のトレンドの長さや傾きを見たりします。

次に、天井や底になりやすい形や、もみ合いが続く形がないかを探します。詳しくは後ほど説明しますが、過去の経験則から「チャートがこんな形になったら相場が天井をつけて下がりやすい」といったような、「相場あるある」のパターンがいくつかあります。

5-08 ローソク足チャートを捉える２つの視点

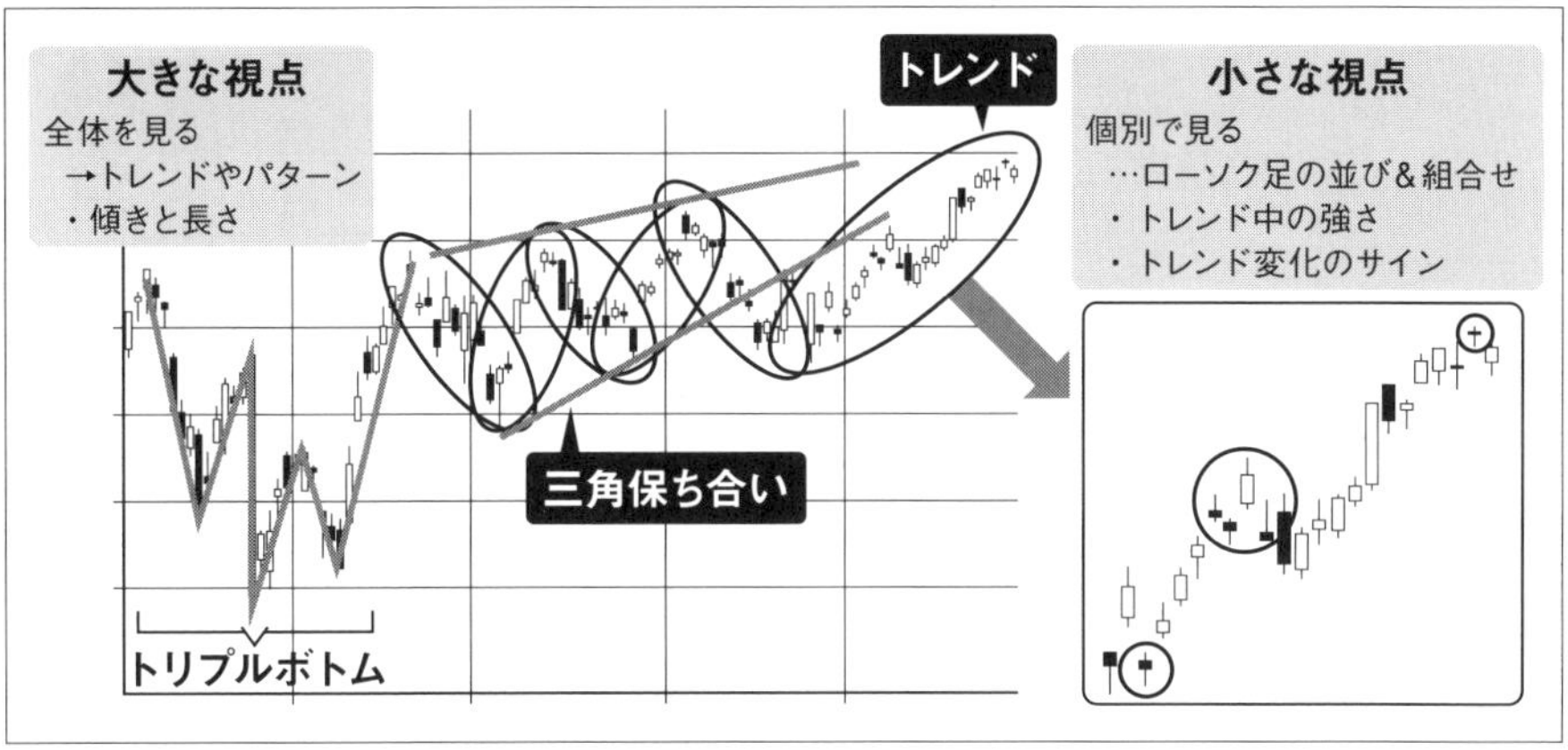

例えば、図版5-08のチャートに記載している「トリプルボトム」や「三角保ち合い」がそのパターンに該当します。

これを「パターン分析（フォーメーション分析）」といいます。

トレンドの強さや変化の兆しを探る「小さな視点」

一方の「小さな視点」ですが、こちらはトレンド発生中のローソク足の形や組み合わせを見ていきます。

ローソク足は実体の大きさやヒゲの長さの組み合わせ次第で、値動きの強さやムードを感じとることができますが、例えば、上昇トレンド発生中に迷いや、勢いの鈍化を示すローソク足が出現していると、「そろそろトレンドに変化があるかも」と判断することができます。

つまり、トレンド発生中の強さや変化の兆しを探るのが小さな視点です。

08

応用編

パターン分析で分かること 大きな視点の「相場あるある」

ここで説明するのは、前項の「大きな視点」の続き、すなわち「パターン分析（フォーメーション分析）」です。

パターン分析はさほど難しくありません。先ほども述べたように、「相場あるある」のパターンを覚えて、その形が出現していないかどうかを当てはめるだけになります。パターン分析は、簡単であるがゆえに多くの人に意識されやすく、その結果としてまた同じパターンを繰り返すといったイメージです（もちろんハズレもあります）。

また、大まかにチャートの形状を見るため、日々の売買というよりは、やや期間が長めの取引向きです。

「天底パターン」と「保ち合い」

まず覚えるべきなのは、「株価のトレンドが転換するパターン（天底パターン）」と、「株価がもみ合い、抜け出すパターン（保ち合い）」の2種類になります。

トレンドの転換パターンは、相場の天井圏や底値圏を見極めることです。有名なのは、図版5-09にもあるように、ダブルトップ（二番天井）やトリプルトップ（三尊天井）、ダブル

5-09 代表的なパターン

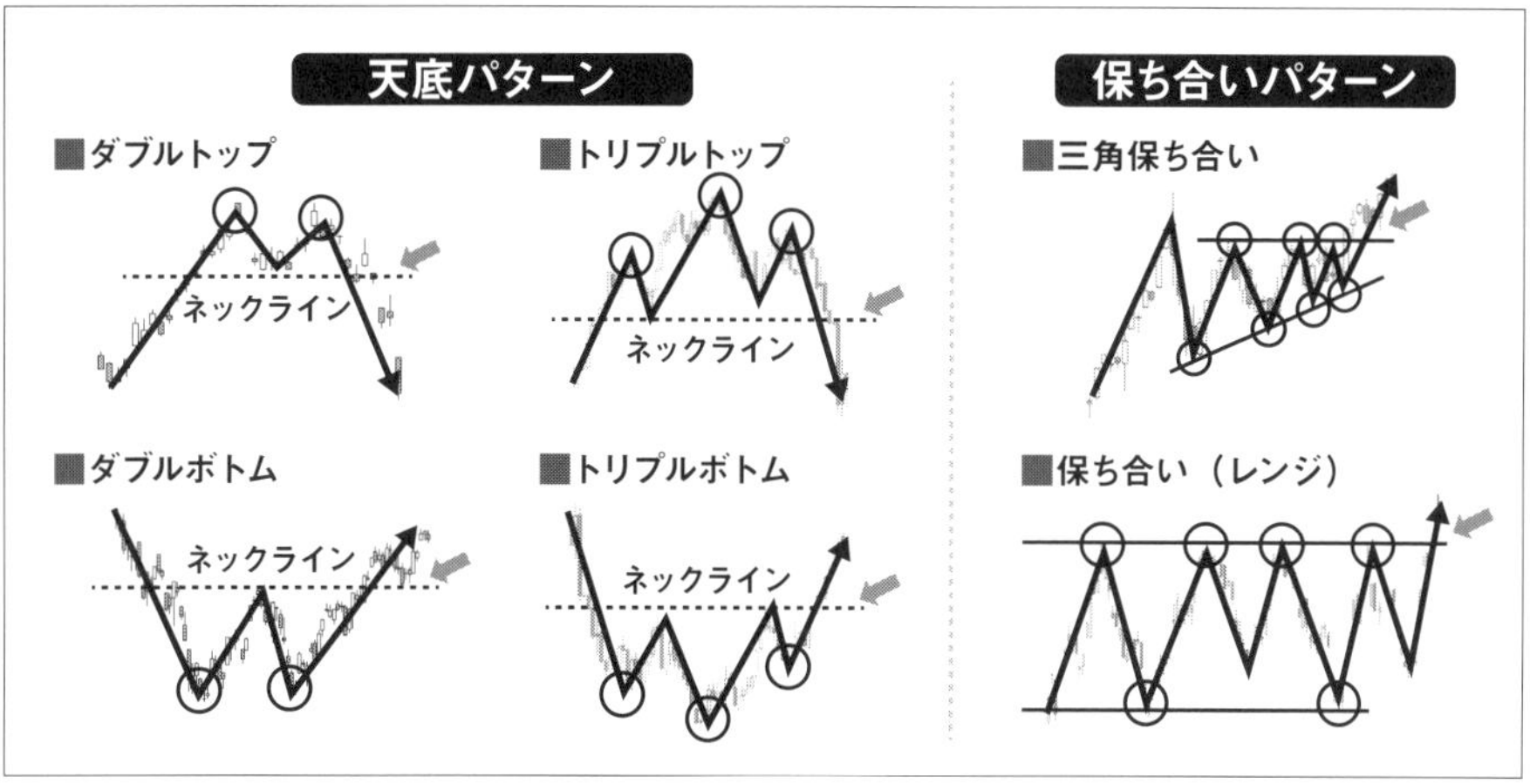

ボトム（二番底）、トリプルボトム（逆三尊底）などが挙げられます。「二度三度、高値や安値を更新しようとしたが達成できなかったため、相場の勢いが弱まってトレンドが転換するかも」という考え方です。

また、高値や安値のトライの際に、山と谷を形成します。図版5-09にもある通り、売買のタイミングは、株価が山や谷の「ネックライン」を抜けたところになります。

一方、保ち合いのパターンは、トレンドが一服した時に現れる形です。一服後、再びトレンドが継続するのか、それとも反転するのかを、図版5-09のように、株価が上値と下値の線を行ったり来たりしながら次の展開を伺っている状況です。

特に、「三角保ち合い」のように、値幅が次第に狭まるのは市場のエネルギーが溜まりやすく、保ち合いを抜けた方向に株価が大きく動く可能性があるため、ここが売買のタイミングになります。

09
「小さな視点」で変化の兆しを見逃さない

「大きな視点」のパターン分析の次は、「小さな視点」に話が移ります。小さな視点のポイントはローソク足の形と並び方です。

小さな視点でチャートを見る目的は、トレンド発生中の小さな変化に気付くことです。大きな視点でトレンドを確認したら、視点を狭めてローソク足の形や並び方に注目します。というのも、上昇トレンドが発生している最中に弱いローソク足が出たら、それが危険信号のサインかもしれないからです。まさに、「千丈の堤も蟻の一穴から」です。

ローソク足の「実体とヒゲの関係」を掴む

ローソク足は実体とヒゲの組み合わせで、強い線や弱い線といった意味を持ちます。図版5-10にその主な組み合わせ例を載せました。まずはトレンド発生中にこれらのローソク足の形があるかを探してみてください。**その中でも、実体が短くてヒゲが上下に長い線は、その形から「十字線」と呼ばれ、特に注意が必要とされています。**

実は、1本のローソク足だけでなく、2本や3本以上のローソク足の並び方で判断する方法もあります。有名なものに「酒田五法」というのがありますが、1冊の本が書けてしまう

※十字線の中でも始値と終値がほぼ同じ線は「寄引同値線」といって特に注目されます。

分量ですので、細かい説明は専門書に譲ります。

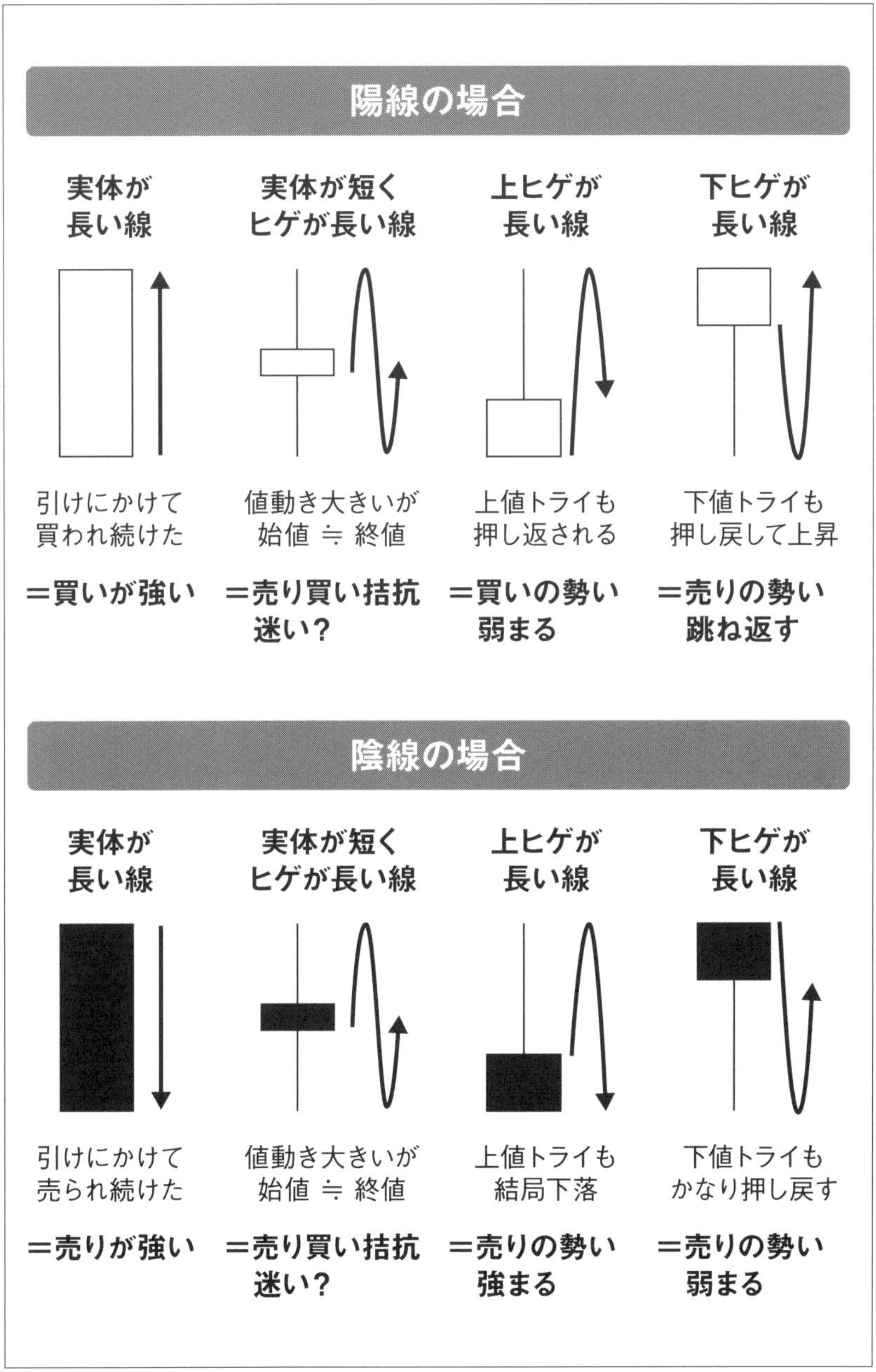
陽線の場合
実体が長い線
引けにかけて買われ続けた
＝買いが強い
実体が短くヒゲが長い線
値動き大きいが始値 ≒ 終値
＝売り買い拮抗 迷い？
上ヒゲが長い線
上値トライも押し返される
＝買いの勢い弱まる
下ヒゲが長い線
下値トライも押し戻して上昇
＝売りの勢い跳ね返す
陰線の場合
実体が長い線
引けにかけて売られ続けた
＝売りが強い
実体が短くヒゲが長い線
値動き大きいが始値 ≒ 終値
＝売り買い拮抗 迷い？
上ヒゲが長い線
上値トライも結局下落
＝売りの勢い強まる
下ヒゲが長い線
下値トライもかなり押し戻す
＝売りの勢い弱まる

10

応用編

ルールは意外と自由！トレンドラインを描いてみよう

トレンドラインをチャート上に描くことは、テクニカル分析で欠かせない作業といえます。証券会社の情報ツールでも自由にトレンドラインを描ける機能があります。

ただし、初心者の方にとってトレンドラインを描くのは意外とハードルが高いようです。トレンドラインを描くのに厳密なルールはなく、本当は自由に描いて良いものです。トレンドラインを描く理由は、チャートを読みやすくするための補助線として使うからです。

といっても、あまり役に立たないトレンドラインを描いても意味がありません。簡単なトレンドラインの描き方については次の２つだけです。

①トレンドラインは高値どうし、安値どうしを結んで描く
②とにかく描けるだけ描いて、使えそうなものを残す

一般的には、上昇局面でのトレンドラインは安値どうし、下落局面でのトレンドラインは高値どうしを結んで描くというのがセオリーなのですが、上昇局面であっても、安値どうしだけでなく、高値どうしを結んだトレンドラインも描いてみましょう。

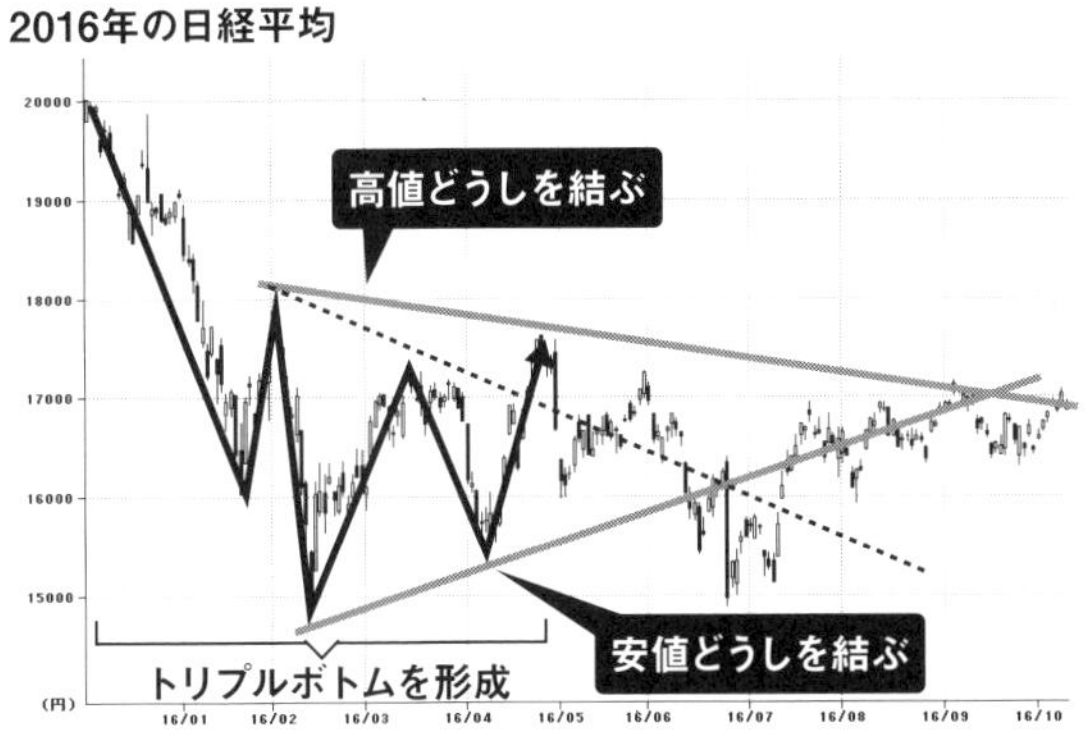

（例）パターン分析とトレンド分析の組み合わせ

トリプルボトム形成時の高値どうしと安値どうしの線を結んだトレンドラインを描くと、その後の株価がネックラインや、トレンドラインを意識して動いていることが分かる

そうすることで、上昇トレンドが一定の値幅のレンジで推移しながら形成されていることが分かるなど、新たな発見があるかもしれません。パターン分析のところでも登場した、保ち合い相場も高値どうし、安値どうしを結んだ線で描かれています。

もし、描いてみて使えそうになければ削除すれば良いだけです。

実体で描く？ヒゲで描く？

トレンドラインを描くにあたって悩むのが、「ローソク足の実体を結んで描くのか、ヒゲを結んで描くのか」ということです。ローソク足のヒゲは「揺らいだ気持ち」を表していますが、それも含めて相場ですので、取引スタイルが短期的ならばヒゲを結んでトレンドラインを描いたほうが良いと思います。中長期の取引スタイルであれば、取引時間中の値動きよりも終値のほうが重要になってきますので、実体を結んで描くのが良いでしょう。

応用編

11

移動平均線を見る時に押さえておきたいポイント

移動平均線はテクニカル分析の中でも、まず知っておかなければならない指標の1つです。テクニカル分析を指南する書籍やWEBサイトでも、ローソク足と並んで最初のほうに紹介されています。

確かに、テクニカル分析を用いて取引をしている人で移動平均線を見ていない方はいませんし、また、移動平均線の考え方が他のテクニカル分析に応用されているものも少なくありません。

移動平均線は、一定期間の株価の終値の平均値を計算し、その値をつなぎ合わせて線にしてチャート上に描かれます。もっともよく使われている25日移動平均線を例にするならば、直近25日間の終値の平均を毎日計算して、その結果を線でつないでいくわけです。

つまり、過去25日間における平均株価の推移を示しています。

移動平均線の短期・中期・長期とは？

「自分のとったテストの点数が平均点よりも高かった」といったように、日常生活においても、物事を計るモノサシとして平均を使うことがよくありますが、移動平均線もそれと同じく株価と比較して用いられます。

移動平均線では、「短期」、「中期」、「長期」のモノサシが使われます。図版5-12に載っている移動平均線も3本で描かれています。

日足の場合、先ほどの25日移動平均線は約1カ月平均の「中期」の線になります。「短期」の線は5日移動平均線で約1週間平均です。そして「長期」の線は約3カ月平均の75日移動平均線となります。

週足の場合も、日足と同じ要領で、「短期」線は13週移動平均線（約3カ月間）、「中期」線は26週移動平均線（約半年間）、「長期」線は52週移動平均線（約1年間）になります。

5-12 期間別で見た移動平均線

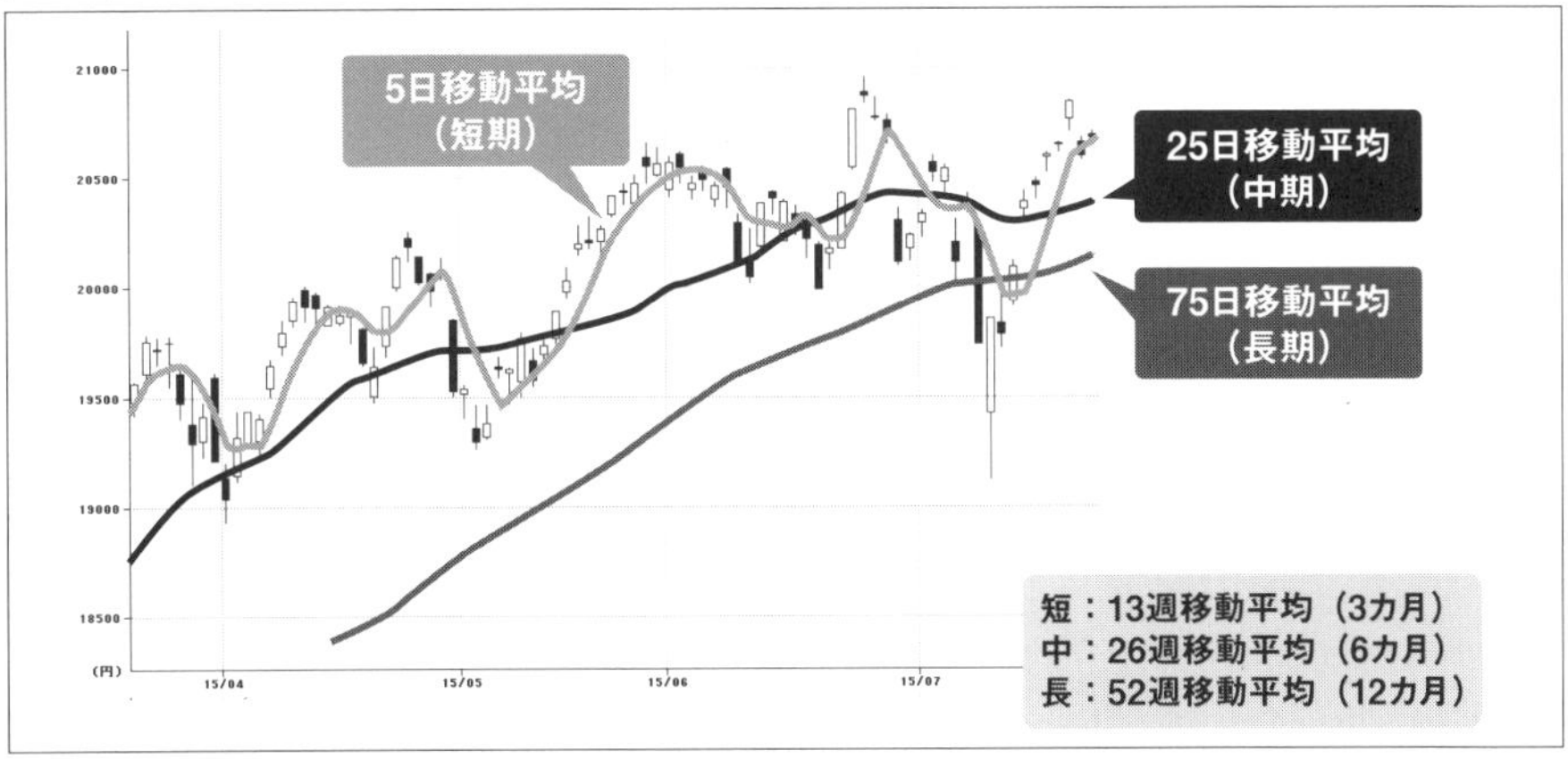

移動平均線の5つのポイント

移動平均線は一定期間の平均株価の推移を表しているだけなのですが、この単純な指標は色々な顔を持っています。ざっくり整理すると次の5つの顔になります。

①値動きの中心線

移動平均線は平均株価の推移ですので、一定期間の値動きの中心線となります。先ほども触れたモノサシの役割です。

②トレンド

株価は日々上げ下げを繰り返しながらトレンドを形成していきますが、移動平均線で値動きを滑らかに描くことでトレンドを掴みやすくなります。移動平均線の向きが上向きならば上昇トレンド、下向きならば下降トレンドです。また、移動平均線の傾きはトレンドの強さも表します。傾きが急角度になるほど、トレンドが強いとされます。

③クロス

株価と移動平均線、もしくは移動平均線どうしの関係を見ていきます。例えば、株価が移動平均線を下から上方向に抜ける（クロスする）というのは、株価が値動きの中心線を超えて上昇していることを意味するので、トレンドが上向きに転じたのではないかと判断することができます。

また、移動平均線どうしでも同じことがいえます。トレンドが発生する際、短期と中期の移動平均線では、短期の方が先に反応します。下落から上昇トレンドに転じる際、短期の移動平均線が先に反応して、中期の移動平均線を上抜け（クロス）します。これを「ゴールデンクロス」といいます。下落トレンドに転じる際も、短期の移動平均線が中期の移動平均を下抜け（クロス）しますが、こちらは「デッドクロス」と呼ばれます。

5-13 移動平均線のポイント

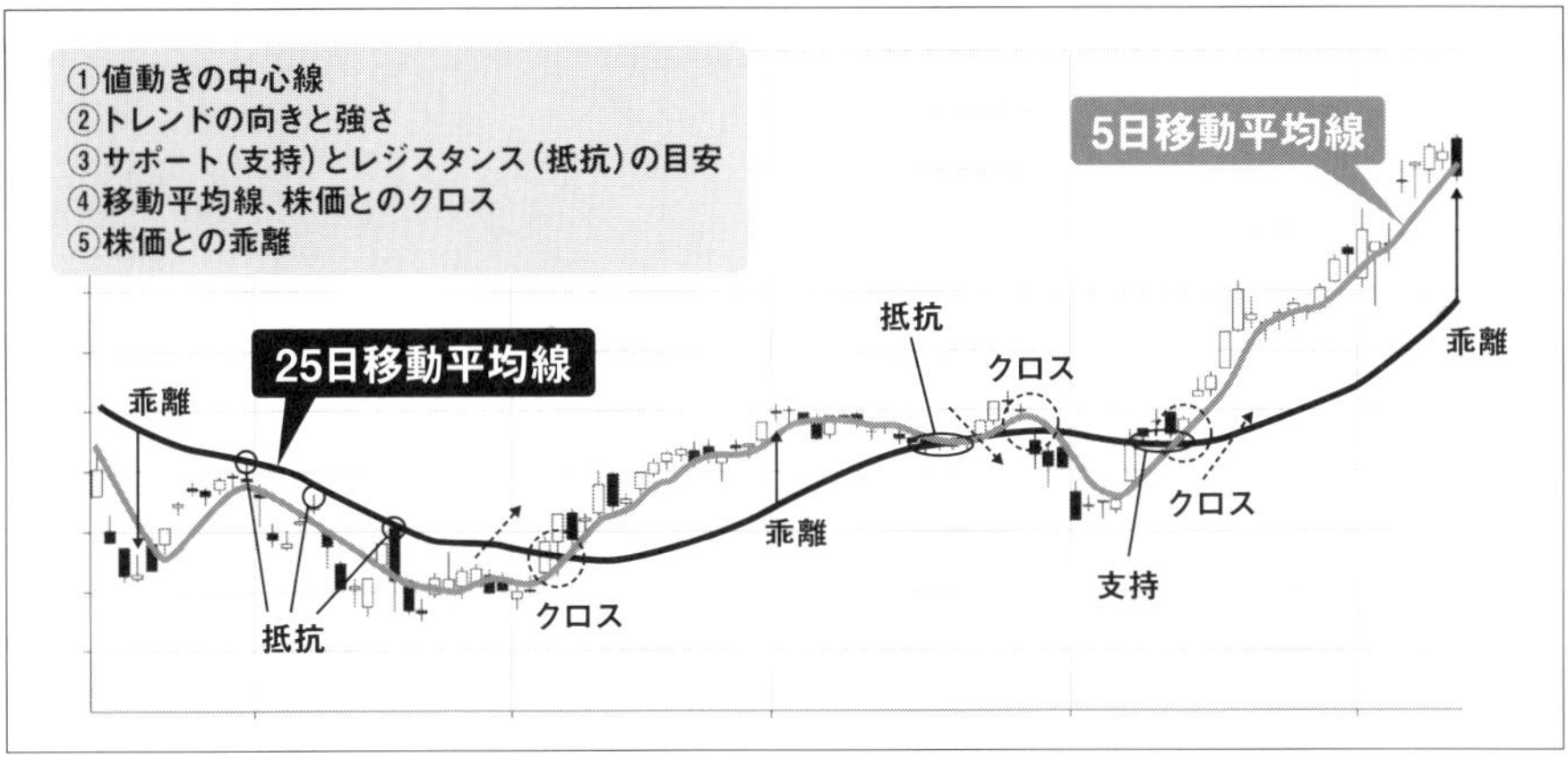

「ゴールデンクロスは買い」と「デッドクロスは売り」といったように、両者は売買サインとしてとても有名です。

④乖離

株価の動きが強い時、株価は移動平均線から離れていくことがありますが、これが「乖離」です。値動きの中心線である移動平均線からの乖離が大きくなると、「さすがに行き過ぎだろう」という見方が増えて、乖離が修正される可能性が高くなります。ですので、相場の過熱感を探る使い方になります。

⑤サポート（支持）とレジスタンス（抵抗）の目安

「株価がどこまで下がるのか？」という時に、「値動きの中心線である移動平均線が下げ止まりの目安になるのではないか」という読み方です。この場合、移動平均線が下値のメドとなり、サポート（支持）として意識されます。反対に株価が上昇する際には、移動平均線が上値のメドとして意識され、こちらはレジスタンス（抵抗）になります。

12

応用編

移動平均線を使ったトレード例①トレンド発生の初期段階を捉える

ここでは移動平均線を売買ポイントとして利用する取引例を紹介します。

この取引で注目するのは3カ月の平均です。3カ月といえば、日足なら75日移動平均線、週足なら13週移動平均線となり、中期間の移動平均線です。

この移動平均線が下向きから上向きに変わったというのは、中期間のトレンドの底打ちや反転の兆しとなる可能性が出てきます。

次は株価に注目します。中期的に低迷していた銘柄の株価は、移動平均線を下回っていることが多い傾向にあります。移動平均線が上向きに代わり、その後、株価がこの移動平均線を上抜けたところが、買いを入れる取引ポイントになります。

というのも、上向きになった移動平均線をさらに株価が上抜くというのは、買いの勢いが強まっているからと判断できるからです。

ねらいはトレンド発生の初期段階

この取引手法は、「中期（3カ月）の移動平均線が下向きから上向きに変わる」、「株価が移動平均線を上抜く」の条件を満たした銘柄に買いを入れるという、極めてシンプルなもの

5-14 3カ月間の移動平均線に注目（75日or13週）

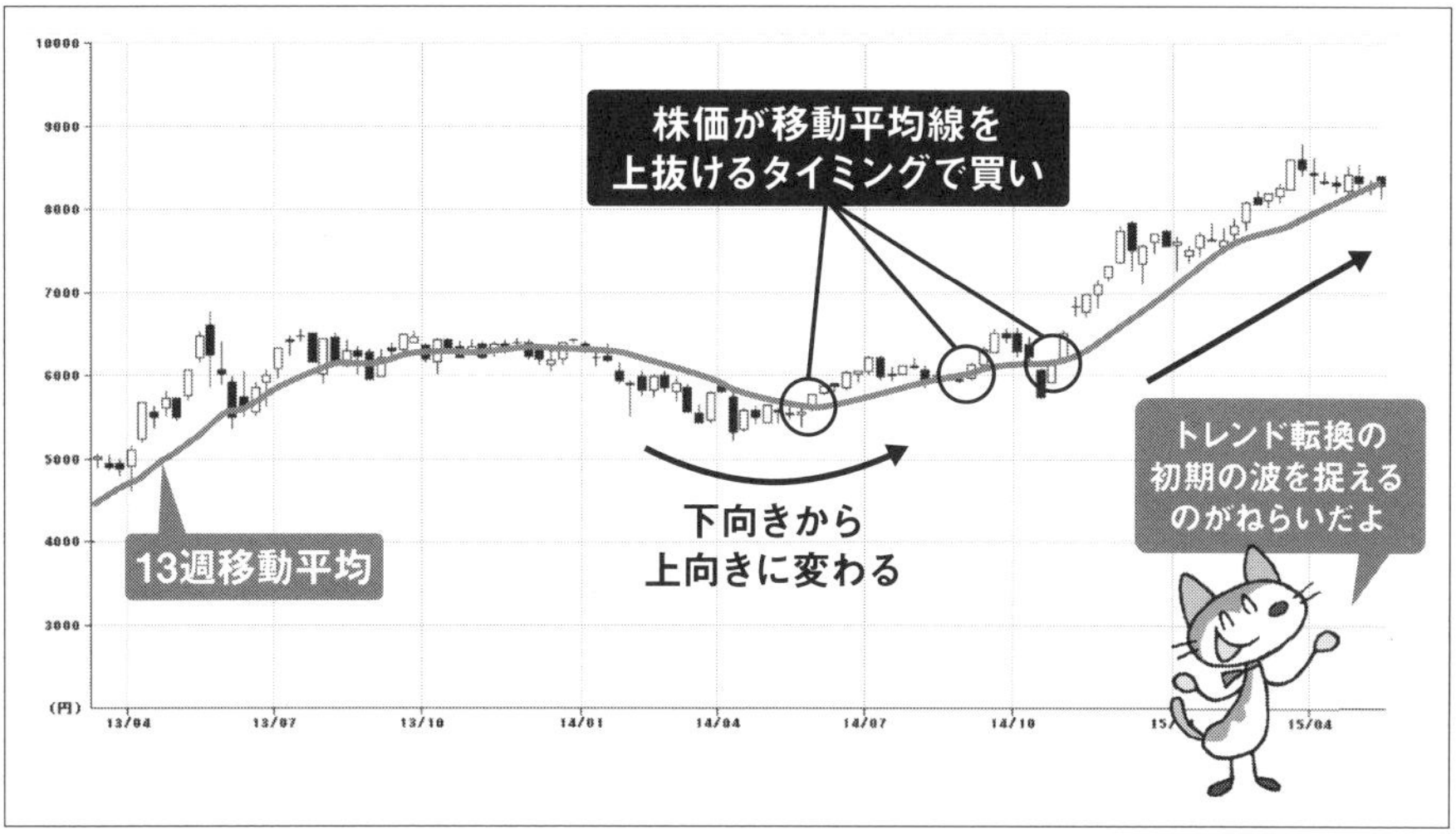

なのですが、そのねらいは、「トレンド発生の初期段階を捉える」ことです。

　もちろん、トレンド発生の初期は、トレンド転換に対してまだ懐疑的な投資家も多く、買いを入れても、中々思うように株価が上がらずにもたつくこともあります。ただし、初期の段階で買いを入れているため、少し我慢が必要になるかもしれませんが、いざトレンドに勢いが出た際には抜群の投資タイミングとなり、いちばん「オイシイ」時期の利益が得られる可能性があります。

　さらに、この取引手法のもう1つのポイントは、中期的な移動平均線が上向きになっていることです。仮に株価が下がったとしても、上向きの移動平均線がサポートとなって、相場が崩れる可能性を低下させ、仮に損切りすることになっても、損失額を比較的抑えられることが見込まれます。

13 応用編

移動平均線を使ったトレード例②株価と移動平均線との乖離を利用

移動平均線を使った取引例をもう1つ紹介します。ここで注目するのは、移動平均線のポイントで触れた「乖離」です。

復習になりますが、移動平均線は指定した期間の値動きの中心線です。

株価が移動平均線と離れている（乖離している）状態というのは、値動きの中心と比べて株価が行き過ぎているということになり、いずれこの乖離状態は修正されることが見込まれます。そこに売買のチャンスがありそうです。

では、「株価が移動平均線とどのくらい乖離しているのか？」ですが、「移動平均線乖離率」というそのまんまのテクニカル指標があるのでこれを利用します。

銘柄ごとの「クセ」を見抜く

図版5-15に載せているチャートは上段が株価、下段が移動平均線乖離率です。図では75日移動平均線を使っていますが、25日移動平均線でも構いません。

ポイントになるのは、その銘柄の株価が「どこまで行き過ぎると修正されるのか」のクセやパターンを見抜くことです。

5-15 株価（上段）と移動平均線乖離率（下段）のクセに注目

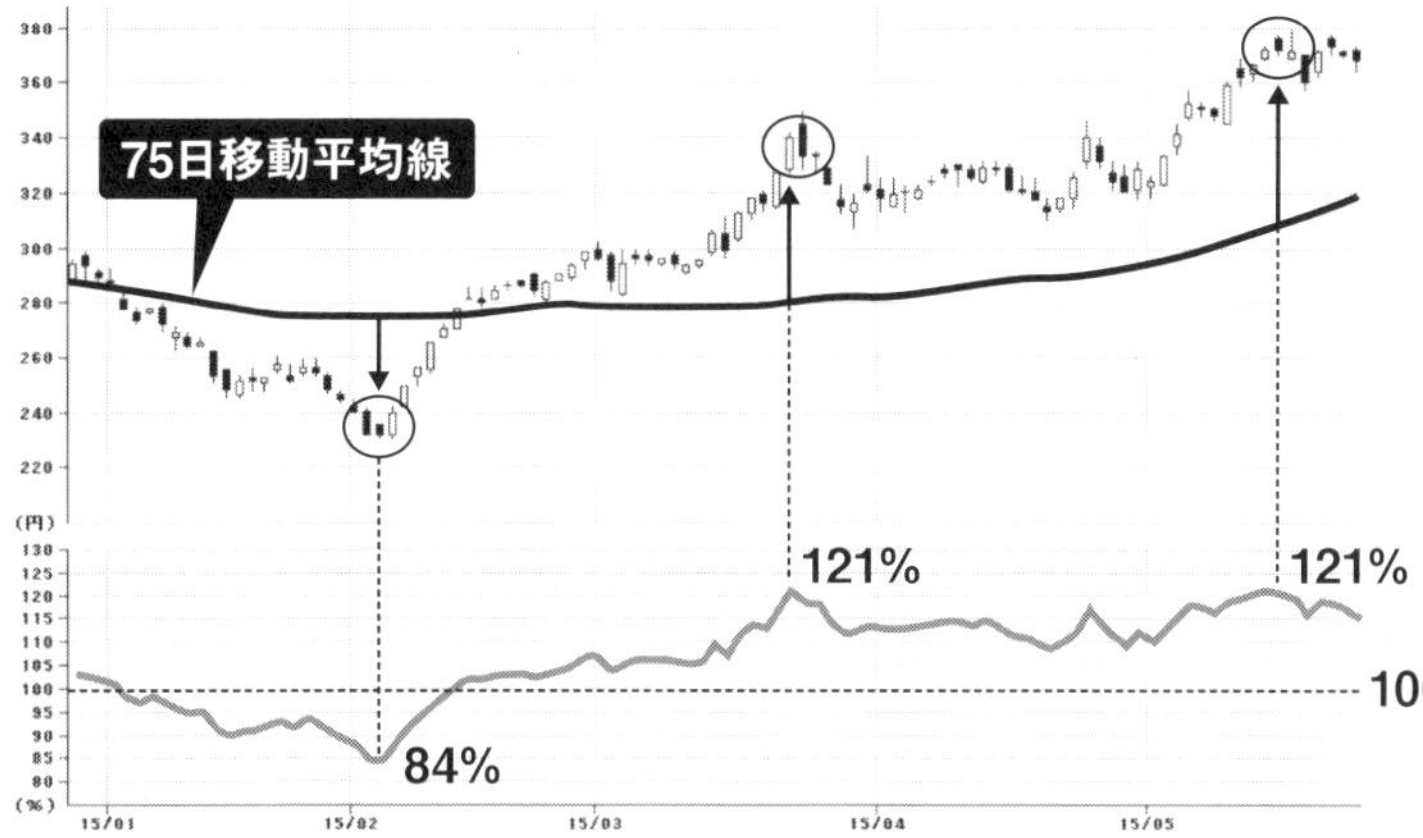

（マーケットスピードを元に筆者作成）

このチャートでは、マイナス方向に16％乖離すると修正、プラス方向では21％乖離すると修正されていたことが分かります。特にプラス方向については、2回続けて21％乖離で修正されているため、「この銘柄の株価は移動平均線から21％乖離したら修正されるクセを持っているのでは？」と考えることができます。

この取引手法の注意点は、「どこまで修正されたか？」も併せてチェックすることです。この図の過去2回の動きを見ると、21％乖離で始まった修正が、最初が10％乖離まで、その次が15％乖離までの修正で止まっていました。こうすることで、どのくらいの利益が見込めるかの目安をつけることができます。

また、トレンドが強い場合には株価に歩調を合わせて移動平均線も上向きになることもあり、乖離の修正が進まないケースもありますので、移動平均の傾きも見る必要があります。

応用編

14

出来高の動きは人気化のバロメーター

テクニカル分析といえば、これまでにも紹介してきた、ローソク足や移動平均線など、価格の動きをベースに分析する手法が中心になりますが、広い意味では、株式の取引量である売買高（出来高）も分析の対象になります。

テクニカル分析で出来高を考慮する背景として、「出来高は株価に先行する」という考え方があります。細かい話は省きますが、価格と出来高の関係を図版5-16に簡単にまとめました。

株価が上昇していても、出来高がだんだん少なくなっていけば、「買いの勢いが弱まっており、そろそろ天井が近いのではないか？」と見ることができます。反対に、価格が下落していても出来高が減っていれば、「そろそろ底が近いのではないか？」と考えることもできます。

一般的に、出来高が多ければ取引が活発で、その銘柄が人気化しているといえます。つまり、出来高の動きを人気化のバロメーターとして見るわけです。

例えば、証券会社の情報ツールなどで、「売買高急増銘柄ランキング」といった情報を見ることができますが、これも売買高が急増している銘柄は人気化しているという考え方が背

●「出来高は株価に先行する」という考え方

価格	出来高	相場の強さ
上昇	増加	強い（上昇続く？）
上昇	減少	弱い（天井近い？）
下落	増加	強い（下落続く？）
下落	減少	弱い（大底近い？）

●出来高＝多くの取引による株価は信頼度が高い＝人気化

●流動性の問題…買いたい時、売りたい時に取引可能

景にあります。実際にこの出来高の情報は、デイトレーダーが銘柄選びをする際の参考に使われています。

出来高が多いと株価の信頼度も高まる？

ここで思い出していただきたいのは、信用取引の役割です。

信用取引は「仮需」を生み出し、株式の取引量を増やすことで、公正な株価の形成に貢献するというものです。さらに、公正な株価を元に描かれたチャートに対する信頼度も高まることになります。

もっとも、出来高の動きだけでピンポイントの売買タイミングを捉えるのは難しい面があるため、出来高は補助的な分析に使われることが多いですが、おろそかにできない重要な指標であるといえます。

15

トレンドに乗る売り仕掛けのポイント

分かっていても難しいのが「トレンドに乗って」売買することです。特に売買を仕掛けるポイントをどう判断したら良いのかは迷います。

ここでは、できるだけシンプルで簡単な方法を、売り仕掛けを例に紹介します。

トレンドが一服している期間に注目

図版5-17のチャートを見ると、株価が25日移動平均線を下回ったあたりから、下落トレンドが始まりました。ですので、株価の25日移動平均線の下抜けが最初の売り仕掛けのポイントになります。これに関してはあまり難しくないと思います。

その後、株価の下落が一服し株価が反発する局面を迎えます。上ヒゲによって一時的に25日移動平均線を上抜けしたものの、終値ベースでは回復できず、「相場の基調は弱いな」と判断することができますので、売り仕掛けのポイントを探ることになります。

売り仕掛けポイントを探る条件は2つあります。1つ目は「戻り高値の更新が止まった時」で、2つ目は「下落が止まったところを基準に、安値どうしを結んだ線を描き、この線を株価が下抜けた時」です。

5-17 売り仕掛けのポイント

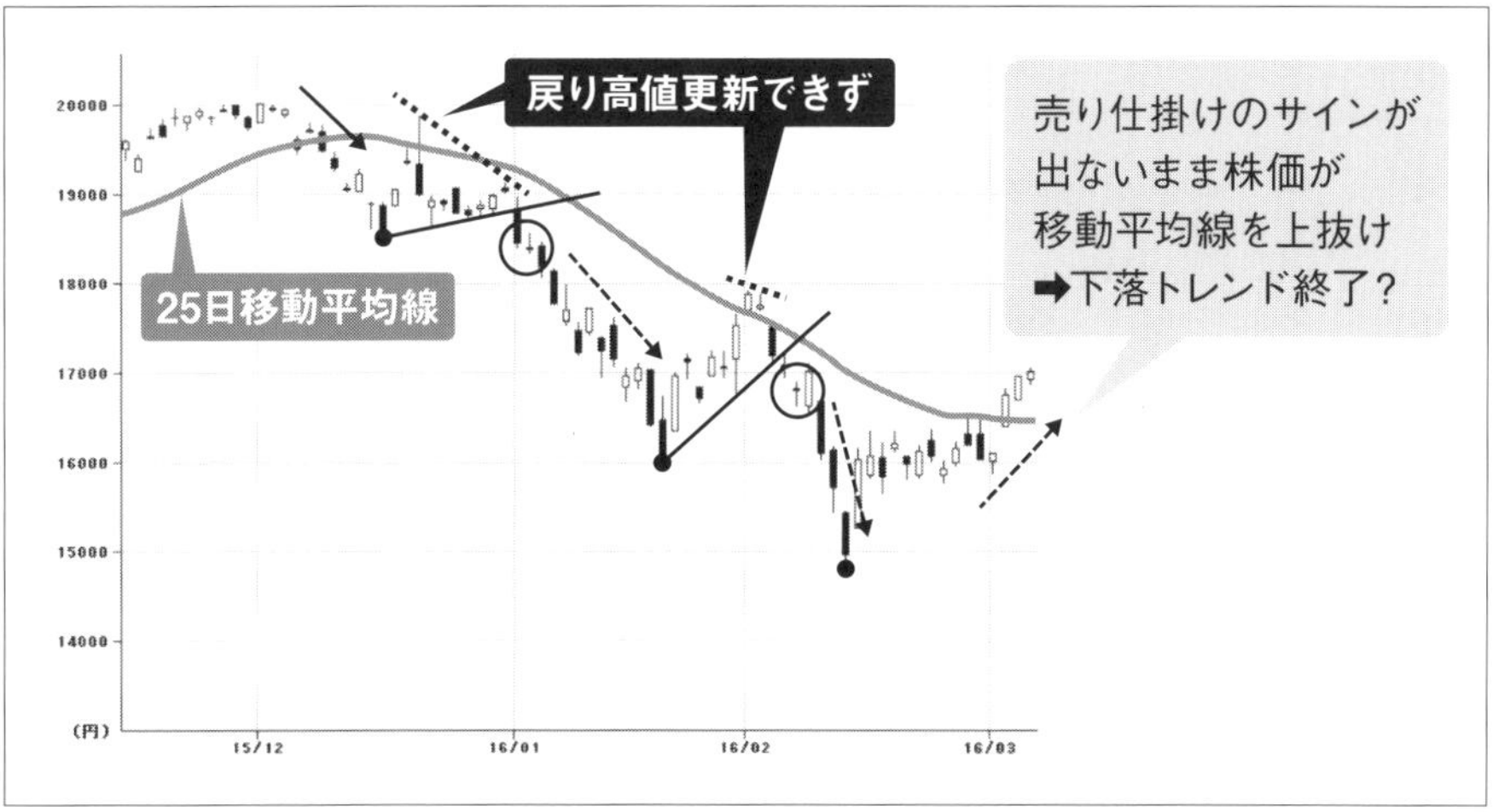

この2つの条件を満たしたところで売り仕掛けをします。チャートではマルで囲んだところです。これによって、再び下落トレンドにうまく乗ることができました。

そして、再び株価が下げ止まって株価が反発しましたが、その後の要領は先ほどと同じです。2つの条件を満たしたために、また売り仕掛けをして下落トレンドに乗れました。

ただし、最後の下落の後の戻り局面では、2つの条件を満たせず、株価も25日移動平均線を上抜けてきたため、下落トレンドが終了した可能性が出てきました。

トレンドは上値と下値を切り上げ(切り下げ)ながら形成されますが、この性質を利用したのが今回紹介した仕掛けポイントです。また、補助的に25日移動平均線を使って中期的なトレンドに変化はないかを確認しています。

また、買い仕掛けの場合はこの逆になります。

16

「順張り」と「逆張り」どっちが良い？

信用取引は、買いからも売りからも取引を始めることができます。取引の自由度が高まった分、「取引は順張りと逆張りのどちらのスタンスが良いのか」で悩む方も多いようです。

トレンドに乗るかそれとも逆らうか

「順張り」とはトレンドに沿って売買することで、「相場の勢いに乗ろう」という投資スタンスです。もちろん、取引してすぐにトレンドが終了してしまったり、反転してしまったりすることもよくあります。「高値掴み」という言葉もよく聞かれます。

一方の「逆張り」はトレンドに逆らって売買することです。「そろそろ相場も天井（底）だろう」と近いうちにトレンドが反転するのをねらうスタンスです。こちらは、思惑が外れてトレンドが継続してしまうことがあります。

「順張りと逆張りのどちらが良いか？」というのは、投資スタンスというよりも、トレンド見極めの問題の気もしますが、あえて優先順位をつけるのであれば順張りが優先です。

図版5-18に、「トレンド発生中に順張りと逆張りをしたらどうなるか」のシナリオを描いてみました。確率的に利益が出るシナリオは順張りのほうに軍配が上がります。逆張りはト

レンドが転換しないと利益が出ません。

5-18 順張りと逆張り

順張り

・株価の方向（トレンド）に沿って取引
・さらなる上昇や下落を期待　「相場の勢いに乗ろう」
・トレンドが短期で終了、タイミングが天井や底でトレンドが反転してしまうおそれ
※「高値掴み」など

逆張り

・トレンドに逆らって取引
・トレンドの転換を期待　「そろそろ天井(底)だろう」
・トレンドが継続してしまうおそれ

トレンド発生中

	順張り	逆張り
トレンド継続（強）	○○	××
トレンド継続（弱）	○～△	△～×
トレンド転換	×	○

17

応用編

「順張り」と「逆張り」はどうやって使い分ける？

前項では順張りと逆張りのどちらを優先したら良いかを中心に説明しましたが、そもそも、両方をうまく使い分けることができれば、あらゆる相場局面が売買チャンスとなり、収益の機会も増えることになります。

とても虫が良い話にも聞こえますが、その可能性について探ってみましょう。

テクニカル指標の組み合わせがポイント

順張りと相性が良いのは、トレンドの発生やトレンドに乗るテクニカル指標です。一方、逆張り向きのテクニカル指標は、相場の過熱感を示すものやトレンドの転換を探るものになります。

前項でも触れましたが、基本は順張りが優先です。そのため、順張りと逆張りの上手な使い分けには、順張りでトレンドに乗りつつ、一時的な調整局面や反転場面での逆張りというのがポイントになります。

これまでに学んできたことを思い出すと、「移動平均線」や、「トレンドに乗る仕掛けのポイント」が順張り向け、「移動平均線乖離率」あたりが逆張り向けのテクニカル指標として

5-19 順張りと逆張りの使い分け例

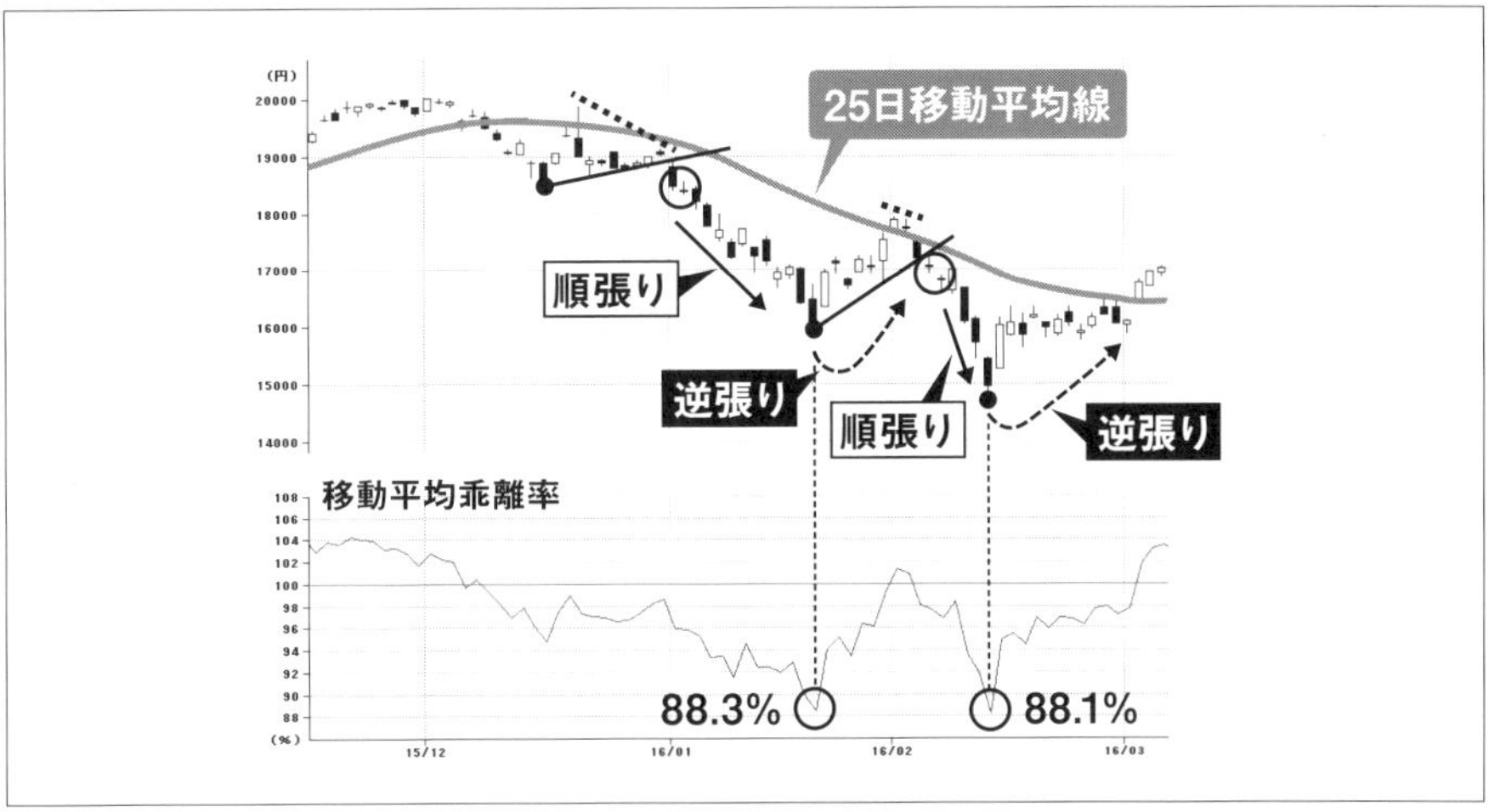

使えそうです。実際の例を図版5-19に掲載しました。

まず、仕掛けポイントでトレンドに乗って、順張りの売り建てポジションを取ります。その後、移動平均線乖離率で行き過ぎ水準から反転したところで売り建てを返済すると同時に、逆張りの買い建てをします。そして、移動平均線が株価の戻りの抵抗になるかを想定しつつ、再び下げ始めたら、逆張りの買い建玉を返済し、順張りの売り建てをします。

このように、少し取引が忙しくなりますが、うまくハマれば効率的に利益を得ることが可能です。ちなみに、順張りから逆張りに、逆張りから順張りにといった具合に、ガラリとポジション変えることを「ドテン」といいます。

また、トレンドに乗る順張り指標と、トレンドに抗う逆張り指標を組み合わせるのは、テクニカル分析の王道でもあります。

18

応用編

よく使われるテクニカル指標①RSIで相場の強さを知る

「RSI」は個人投資家の間でも人気のあるテクニカル指標です。その理由としては、売られ過ぎや買われ過ぎといった、相場の過熱感を比較的簡単に知ることができる点にあります。

RSI（Relative Strength Index）は、日本語で「相対力指数」といわれています。

言葉の通り、何かの相対的な力を示している指数であるようだと推測できますが、RSIが示しているのは、「（株価の）上げ幅」の強さです。

日々、株価は上げ下げをしていますが、「直近○日間の値動き幅ので、上昇した値幅の割合は何％なのか？」というのがRSIの意味です。

ですので、RSIの計算式は、

○日間の上げ幅合計÷（○日間の上げ幅合計＋○日間の下げ幅合計）×100

になります。○日間は日足ベースだと、一般的に14日間で計算することが多いです。また、RSIの値は上昇幅の割合ですから、0～100％の範囲で推移します。つまり、RSIの値が大きいほど相場が強く、反対に小さいほど相場が弱いというわけです。

5-20 RSI（相対力指数）の一例

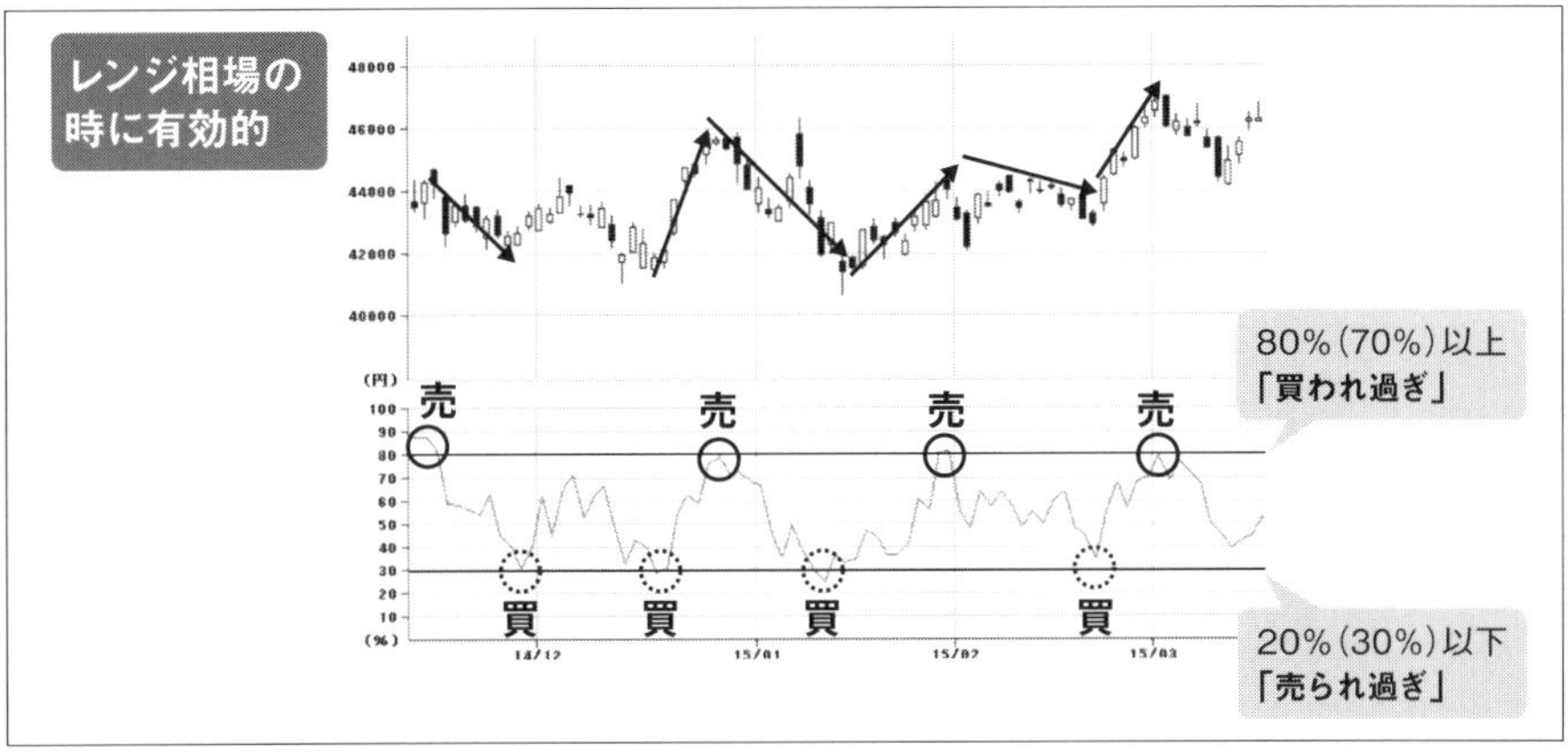

ＲＳＩの売買サインと注意点

そのＲＳＩが示す相場の強さや弱さの目安ですが、70～80％を超えてくると強過ぎ、20～30％を下回ると弱過ぎとされます。

例えば、ＲＳＩの値が80％を超えて強過ぎということは、「近いうちに下落するだろう」と判断することができるために売りサインとなります。同様にＲＳＩが20％を下回って弱過ぎる状態だと、株価の反発が期待できる買いサインになります。

このように、ＲＳＩが示す売買サインは逆張り指標といえます。

また、ＲＳＩは上昇幅の割合（％）のため、計算期間を超える上昇トレンドが続くと、株価は上がっているのに、ＲＳＩは１００％近くで変わらずという状況になるため、**強いトレンドが発生している時には使えないという弱点があります。**

※ただし、保ち合い相場などでは、かなり頼もしい指標になります。

19

応用編

よく使われるテクニカル指標②
RSIの「逆行現象」

RSIがレンジ相場で有効なのは先ほど説明した通りですが、では、「トレンドが発生している時に全く使い物にならないのか？」というと、必ずしもそうではありません。

実は、「逆行現象」というサインが出ていると、トレンドの転換を暗示することがあります。

逆行現象とは、株価とRSIが反対方向に動く現象のことです。

図版5-21のチャートの真ん中あたりに出現しているのが逆行現象です。株価が高値を更新しているのとは反対にRSIが下降しています。その後の株価は下落に転じています。まさに、逆行現象がトレンド転換を暗示したわけです。

「逆行現象」はもう1つある！

逆行現象について、話はここで終わりません。同じく左図チャートの左側にも逆行現象が出現しているのですが、その後の株価は上昇が続いています。つまり、逆行現象には「トレンドフォロー型」のパターンもあります。

どちらの逆行現象なのかを見分けるポイントですが、株価が高値（安値）を更新している最中、つまりトレンド発生中に出現した逆行現象は「トレンド転換型」、そうでなければ「トレンドフォロー型」になりやすい傾向があります。

RSIの「逆行現象」

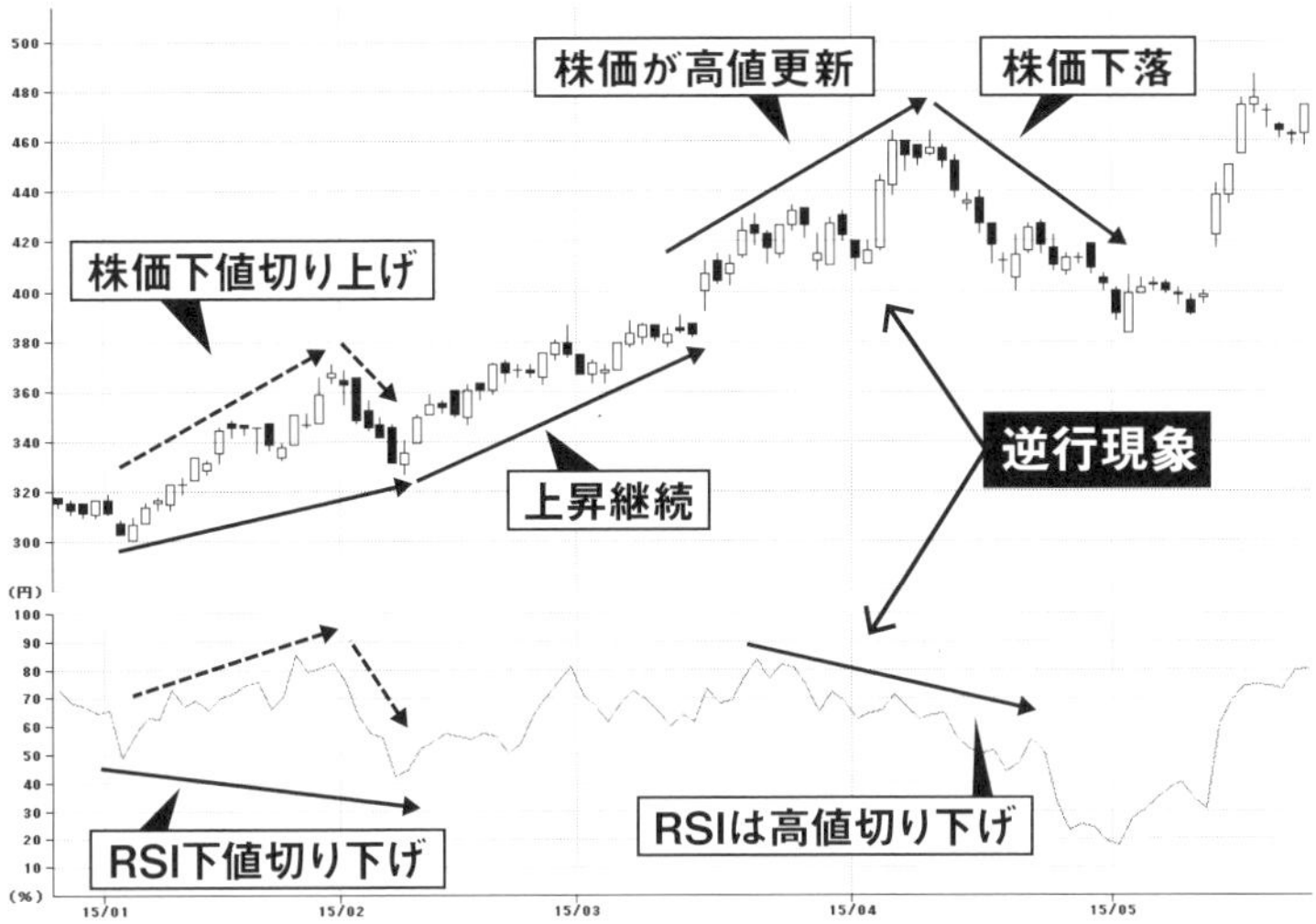

「逆行現象」のパターン

トレンド転換型	トレンドフォロー型
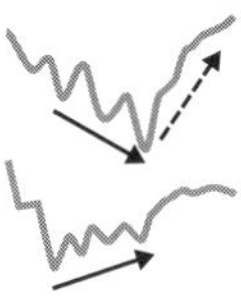 ・株価が安値を更新 ・RSIが下値を切り上げる	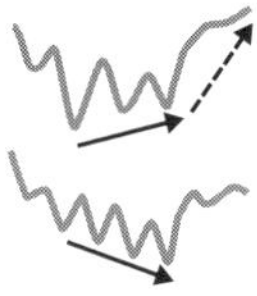 ・株価が下値を切り上げる ・RSIが下値を切り下げる
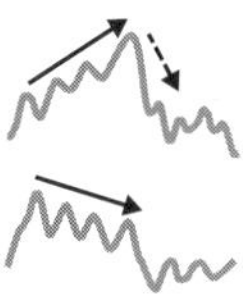 ・株価が高値を更新 ・RSIが上値を切り下げる	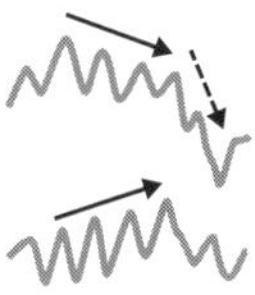 ・株価が上値を切り下げる ・RSIが上値を切り上げる

20

応用編

よく使われるテクニカル指標③ボリンジャーバンドでばらつきを見る

ボリンジャーバンドもよく使われるテクニカル指標になります。ローソク足のチャート上に5本の線で描かれています。

ボリンジャーバンドの5本の線のうち、真ん中にあるのは移動平均線です。この移動平均線を挟んで上下に2本の線で描かれるのが基本形になります。

移動平均線から1つ上の線が「プラス1σ（シグマと読みます）」、さらに上の線が「プラス2σ」です。反対に移動平均線から下2本の線は、それぞれ「マイナス1σ」、「マイナス2σ」といいます。

受験の偏差値と同じような概念

ボリンジャーバンドは、統計学の「標準偏差」、「正規分布」という考え方をベースに作成されます。「偏差」という言葉が出てくると、受験生時代の偏差値を思い出しますが、全く的外れではなく、実をいうと、偏差値をボリンジャーバンドに当てはめてみると意外と理解できたりします。受験生は入試本番前に模擬試験を受けたりします。模擬試験の結果でもある偏差値は、受験生の分布が多い偏差値50を中心に、偏差値40～60の範囲で受験生全体の約68・

5-22　ボリンジャーバンドの一例

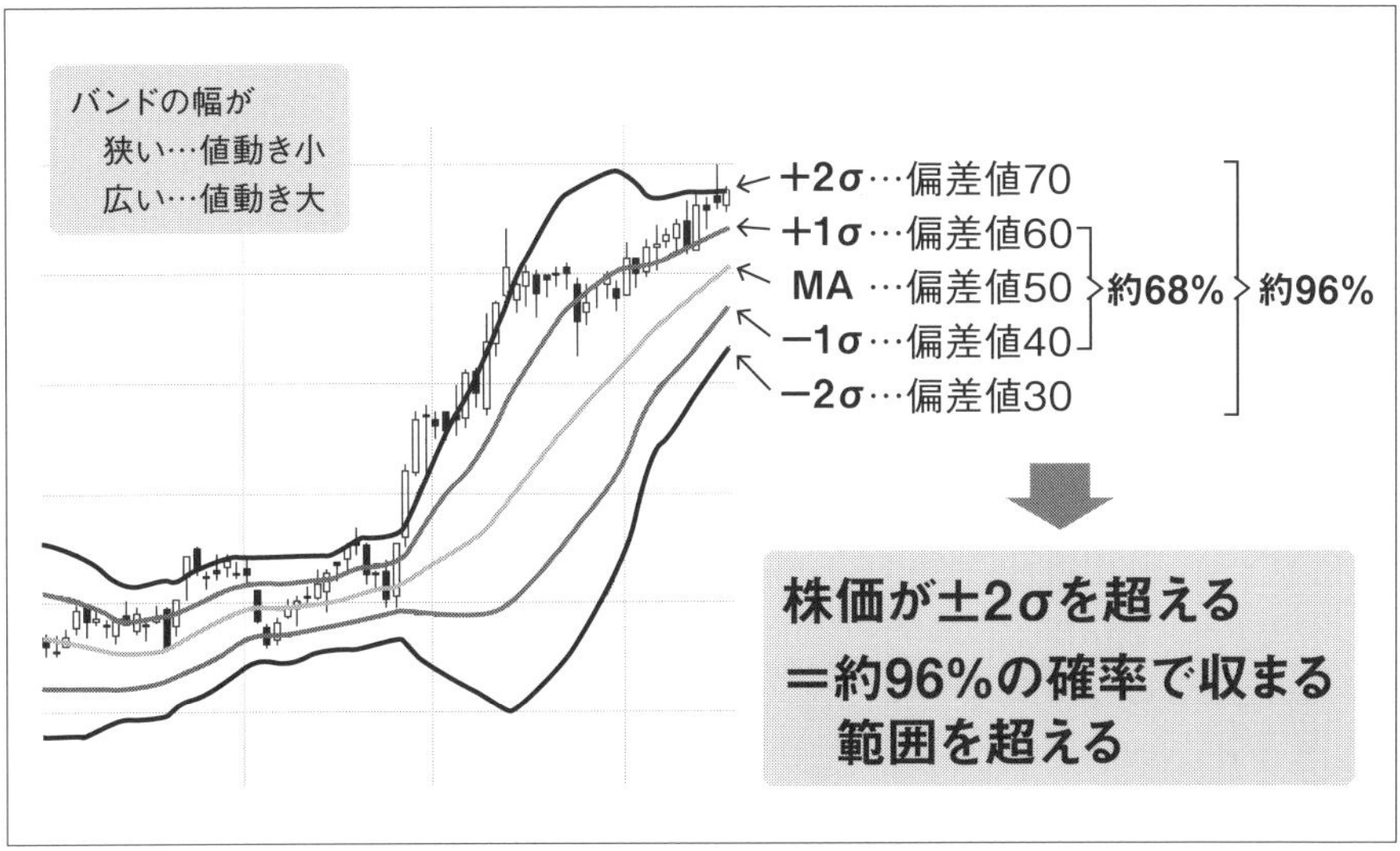

3％、偏差値30〜70の範囲まで広げると約95・5％が収まります。

ボリンジャーバンドも同じような考え方で、偏差値40〜60にあたるマイナス1σ〜プラス1σの範囲で株価の約68・3％、偏差値30〜70にあたるマイナス2σ〜プラス2σの範囲で約95・5％が確率的に収まります。

例えば、株価がプラス2σを超えた場合、「本来95・5％の確率で収まる範囲を超えそうだから、株価は上がり過ぎじゃないか」と判断することができます。この場合、ボリンジャーバンドは逆張りの指標として使われることになります。

その一方で、「収まるべき範囲を超えたということは、これまでとは違う新たな相場局面に入ったのかも」と判断することもできます。こちらはトレンドの発生に乗る順張りスタンスでの指標の使い方になります。

つまり、ボリンジャーバンドでは、株価がプラス2σを超えた際に、逆張りと順張りの両方の見方ができてしまうわけです。では、「どっちで判断すればいいのか?」ですが、その判断材料の1つとして、ボリンジャーバンドの幅（広がり）と傾きを見ていきます。

ボリンジャーバンドの幅と傾きに注目

結論からいってしまうと、ボリンジャーバンドの幅が比較的一定で、傾きもあまり出ていない時は、レンジ相場と見ることができるため、逆張りで判断します。反対に、ボリンジャーバンドの幅が狭くなっていれば、新たなトレンドが発生する可能性が高く、順張りで判断するのが一般的です。

ボリンジャーバンドの幅は、株価の値動きの大きさ（ボラティリティ）を表しています。値動きが大きいとバンドの幅が広がり、値動きが小さくなればバンドの幅が狭くなります。

その中でもバンドの幅が特に狭くなることを「スクイーズ」というのですが、このスクイーズの状態から発生するトレンドは強いといわれています。バンドの幅が狭くなるのは値動きが小さくなっている、つまり、相場の膠着感が強まって大きく動くエネルギーを蓄えている状態と見ることができるからです。

そのため、株価がプラスマイナス2σに来た際にまず確認するのはバンドの幅です。バンドの幅がスクイーズの状態であれば、トレンド発生の期待が高まります。こうしたバンド幅

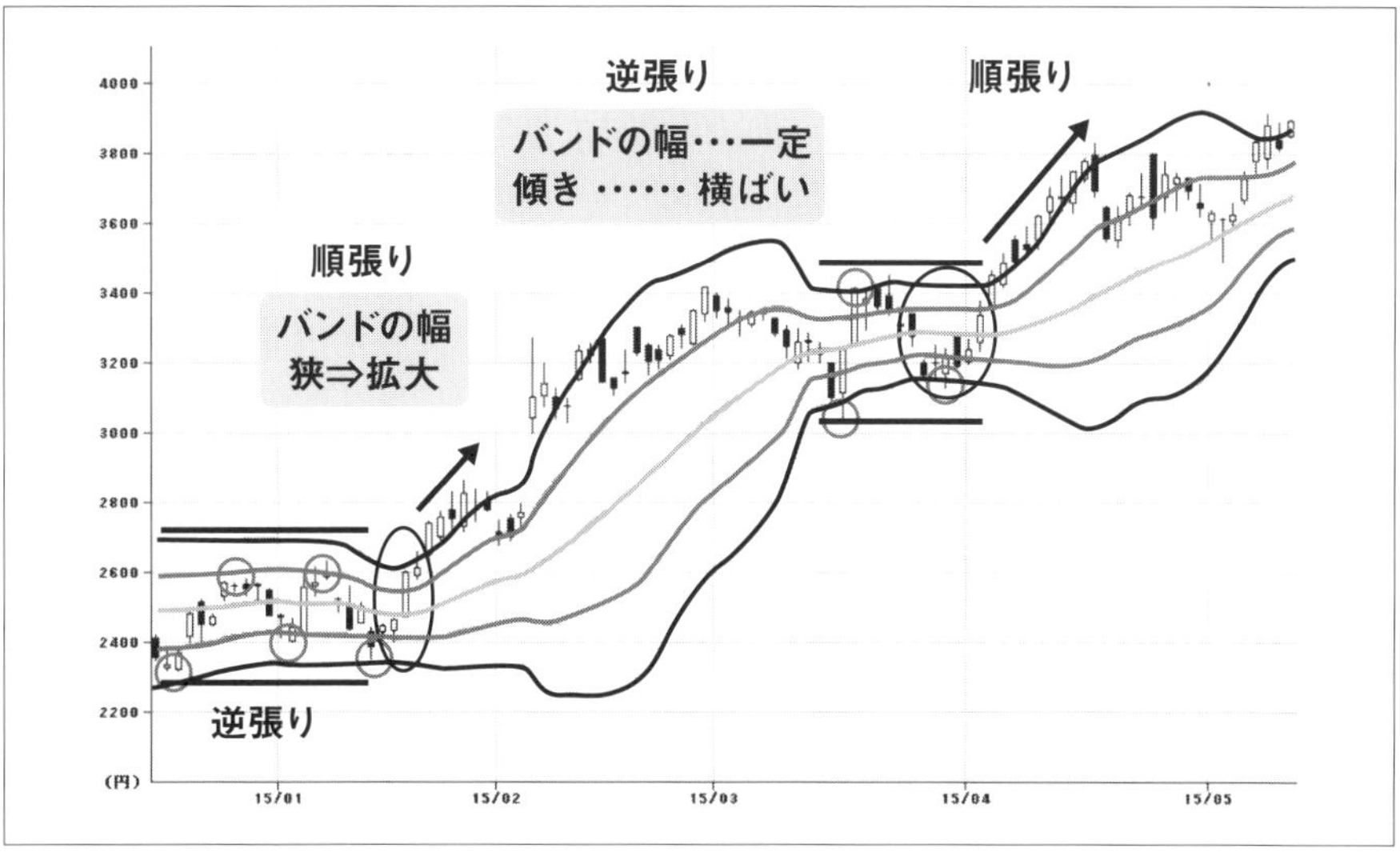

のスクイーズから拡大をねらった順張りトレード手法が「ボラティリティ・ブレークアウト」です。

ちなみに、スクイーズからブレークアウトし、バンドの幅が拡大する状態を「エクスパンド」といいます。

逆張りでは使わないほうが良い？

ボリンジャーバンドの生みの親であるボリンジャー氏自身は、「逆張りで使うべきではない」と述べていることもあり、元々は順張りの指標で使われるものなのかもしれません。ただし、ボンジャーバンドはレンジ相場での逆張りの使い方も割と有効なため、汎用性の高いテクニカル指標といえます。

21 よく使われるテクニカル指標④ ボリンジャーバンドのバンドウォーク

ボリンジャーバンドには、まだ別の見方があります。それは「バンドウォーク」と、「ボラティリティブレークアウト」での最初の利益確定ポイントです。

バンドウォークとは、ボリンジャーバンドがスクイーズの状態から新たなトレンドが発生し、そのトレンドが継続中の時に現れる形です。上昇トレンドであれば、株価がプラス2σとプラス1σの範囲で推移している状態です。下落トレンドならばマイナス2σとマイナス1σでの推移です。図版5-24にもある通り、5本のバンドも同じ方向を向いています。

バンドウォークの状態は強いトレンドと見ることができるため、継続中は相場の上方向をにらみつつ、押し目買いを入れる投資戦略がセオリーになります。

ボラティリティブレークアウトでの最初の利益確定ポイント

また、前項で触れた「ボラティリティブレークアウト」ですが、読み通りにトレンドが発生してうまく利益が出た場合に、どこで「ひとまず利益確定」をしたら良いのでしょうか?

その1つの目安として、トレンドが発生しているのとは反対側のバンドに注目します。トレンド発生時はプラスマイナス2シグマのバンドは拡大する動きを見せますが、しばらくす

|5-24| バンドウォークでトレンドに乗る

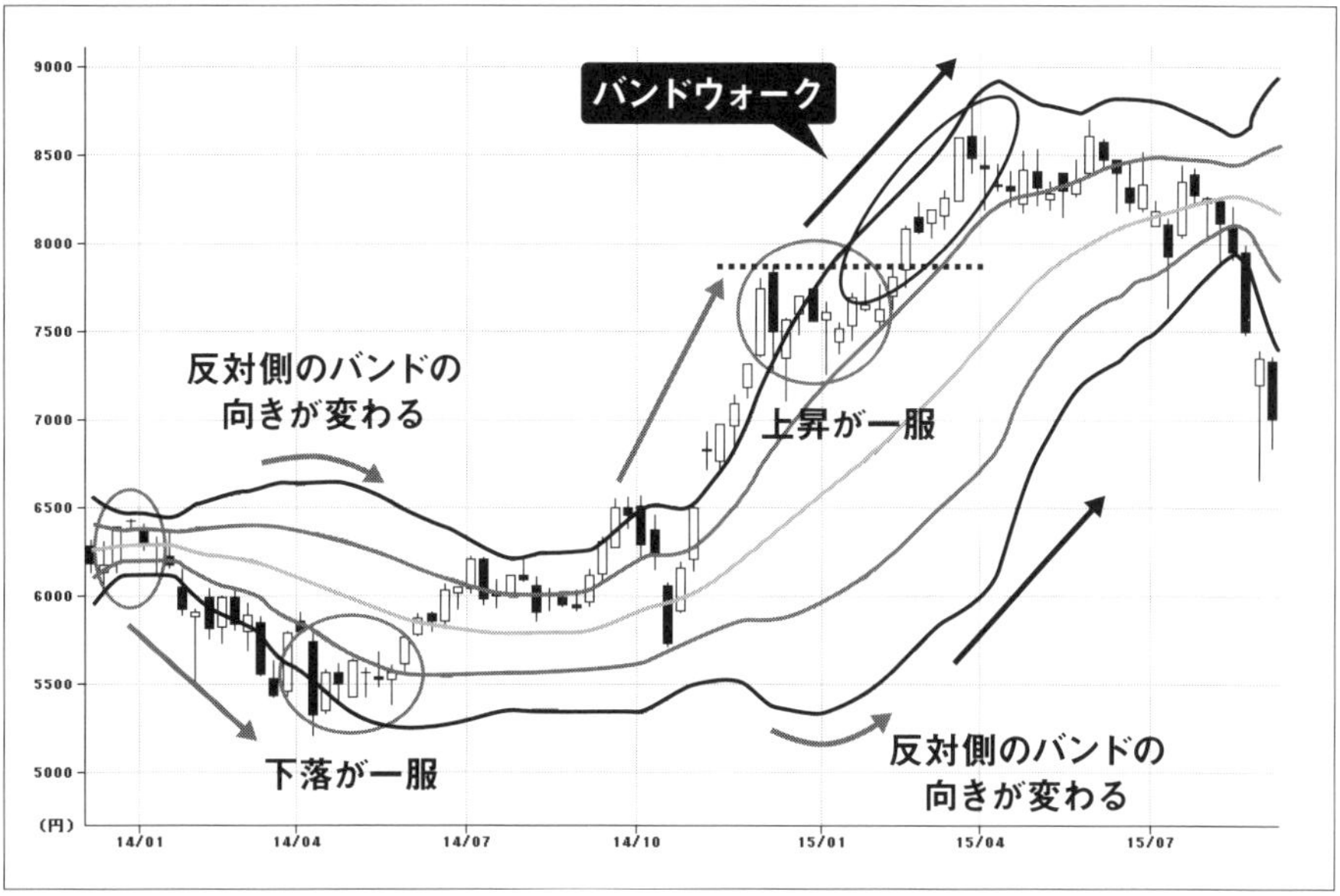

ると、反対側のバンドの向きがクィっと変わるタイミングがあります。ここが最初の利益確定のポイントとして捉えます。

このチャートを見ても、反対のバンドの向きが変わったところで株価のトレンドが一旦止まっています。ただし、このままトレンドが反転するとは限りません。反対側のバンドの向きが変わるということは、このまま「バンドウォーク」の状態に向かう可能性があるためです。

チャートの真ん中では、ブレークアウトからトレンドが発生し、反対側のバンドの向きが変わってしばらくもみ合いが続いた後、再び株価が上昇し始め、バンドウォークに至っています。

応用編

22 よく使われるテクニカル指標⑤ 移動平均線どうしの価格差を表すMACD

次に取り上げるのはMACDです。個人投資家の間でも「マックディー」と呼ばれるほど、大変人気のあるテクニカル指標です。

MACDは日本語で「移動平均収束発散法」と呼ばれています。MAは移動平均線、CはConvergence（収束）、DはDivergence（拡大）を表しています。MACDは短期と中期の2本の移動平均を使って計算されますので、「2本の移動平均線の価格差の縮小と拡大を表す」指標という意味です。

厳密にいうと、MACDで使われるのは、いわゆる（単純）移動平均線ではなく、直近の価格に比重を置いた**「平滑移動平均線」**になります。例えば、何日も前の株価よりも、1日前の株価のほうが今の株価に影響を与えますが、この点を考慮して計算されたものが平滑移動平均線です。

これにMACDの移動平均線である「シグナル」も合わせて表示されます。

MACDの読み方は難しくない

MACDの読み方は、2本の移動平均線の価格差であることさえ押さえておけば難しくは

※EMAといいます。

●２本の（平滑）移動平均の「差（乖離線）」の推移
●使い勝手が良い？…トレンド系、オシレーター系の両方の性格
●移動平均は「EMA（平滑移動平均線）」を使う

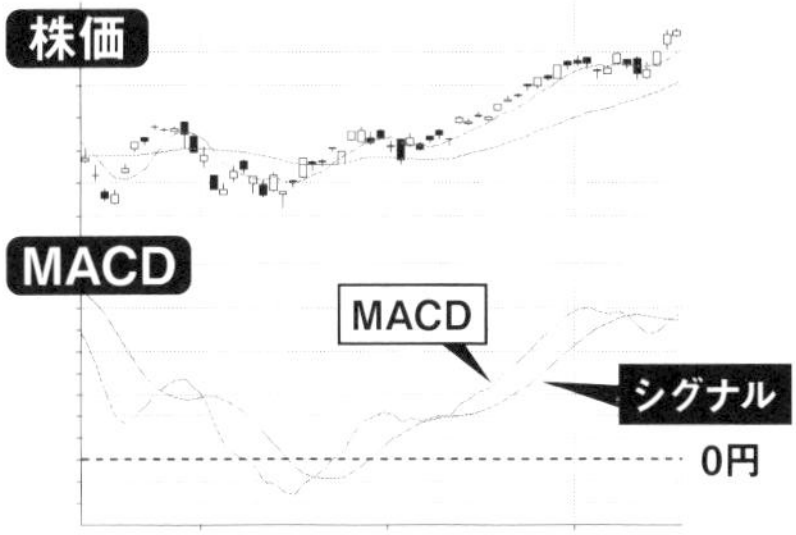

計算式

MACD 12日EMA − 26日EMA

シグナル MACDの9日MA（移動平均線）

MACDの数値

・**大きい**…移動平均線の価格差拡大（トレンドの発生）
・**0円**……価格差がない（移動平均線のクロス）

ありません。

MACDが0円なのは、価格差がない、つまり、移動平均線どうしがクロスしていることになります。また、相場にトレンドが発生している時は期間の短い移動平均線が先に反応して動きますので、MACDの値がプラス方向に大きくなれば強い上昇トレンド、マイナスの方向であれば下落トレンドが強いことを意味します。ですので、MACDが0円を跨いだ時や、MACDの値が上下に拡大し始めた時がトレンドの発生と考えることができ、順張り的な売買サインとなります。

また、MACDの値が大きくなり過ぎる状態は、2本の移動平均線の乖離も大きいため、そろそろ修正が近いのではと判断し、MACDの値がピークアウトしたところを逆張り的な売買サインとして使うこともできます。MACDはシンプルながら、順張りと逆張りの両方で使える便利な指標です。投資家に人気があるのもうなずけます。

23

応用編

よく使われるテクニカル指標⑥ トレンドの継続が見やすくなる平均足

ここで紹介する「平均足」は、これまでに紹介したRSIやボリンジャーバンド、MACDに比べると認知度は低いかもしれませんが、意外と使っている人が多いテクニカル指標です。実際にチャートに平均足を表示させると、ローソク足とあまり変わらない印象を持ちます。それもそのはずで、ローソク足と平均足との違いは、始値と終値の描き方になります（高値と安値は同じです）。

図版5-26にも載せましたが、平均足の始値は「前日の始値と終値の平均」、終値は「当日の4本値の平均」になります。つまり、「当日の値動きの平均株価が、前日の値動きの中心の株価と比べてどうなのか？」を平均足は表しているのです。ちょうどローソク足と移動平均線との中間の性格を持っているといえます。

平均足の特徴

平均足の始値は、必ず「前日の実体の半分」になります。つまり、平均足にはローソク足のような「窓空け」がありません。こうすることでローソク足よりもトレンドの継続が見やすくなります。

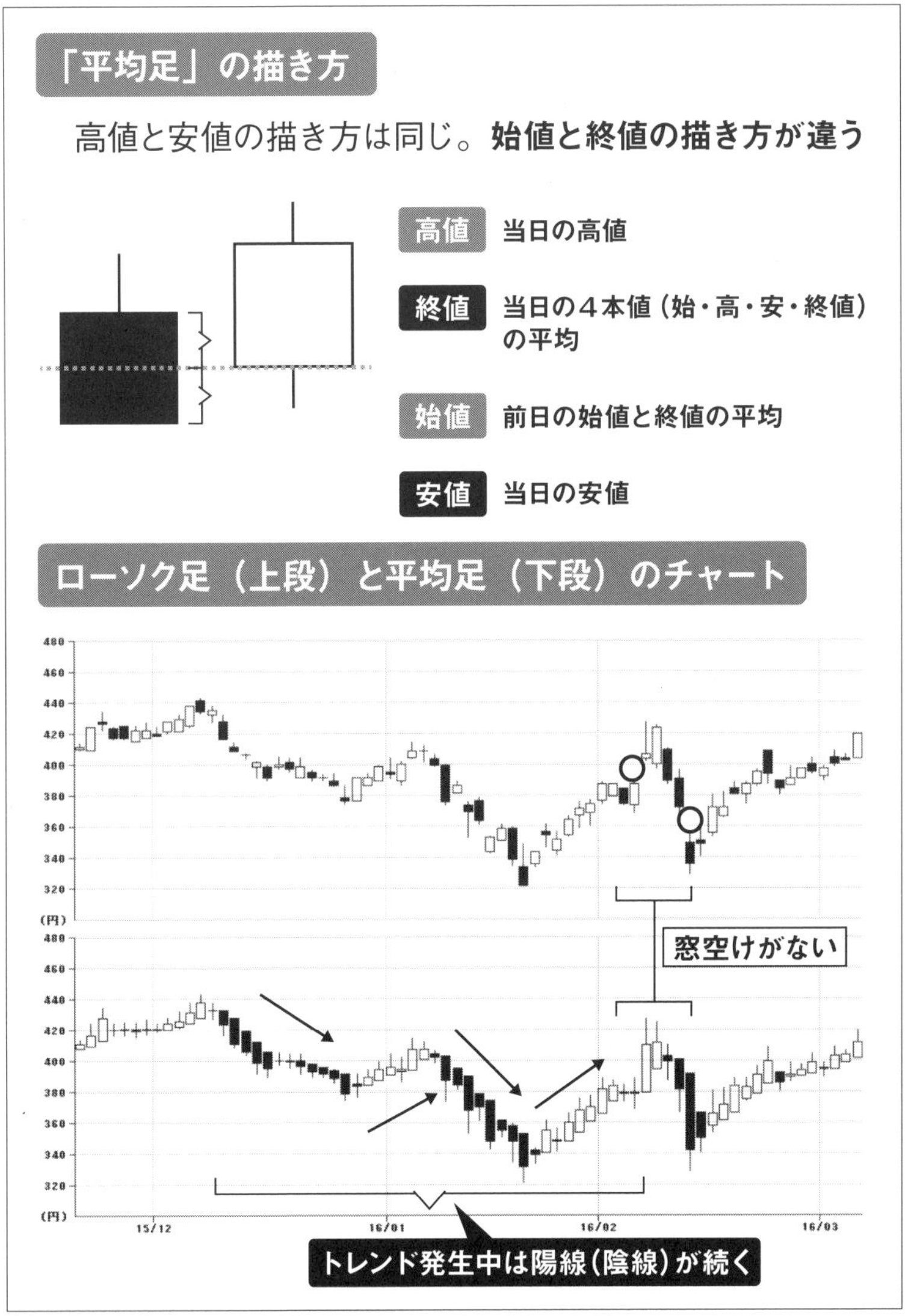
「平均足」の描き方
高値と安値の描き方は同じ。始値と終値の描き方が違う
高値 当日の高値
終値 当日の４本値（始・高・安・終値）の平均
始値 前日の始値と終値の平均
安値 当日の安値
ローソク足（上段）と平均足（下段）のチャート
窓空けがない
トレンド発生中は陽線（陰線）が続く
15/12
16/01
16/02
16/03
(円)

左図でも、トレンド発生中は陽線もしくは陰線が続いていることが分かります。そして、平均足の陽転（陰転）がトレンド転換のサインになります。

24

応用編

よく使われるテクニカル指標⑦平均足とMACDの組み合わせ

前項の平均足では、平均足の陽転（陰転）がトレンド転換のサインと紹介しましたが、平均足は前日の値動きとの比較で描かれているため、サインの出現が早過ぎてしまうという欠点があります。

ただし、その欠点は別のテクニカル指標を組み合わせることでカバーすることができます。ここではMACDとの組み合わせで見ていきます。

組み合わせの方法はとても簡単です。平均足の陽転（陰転）が出現したら、「MACDとシグナルがクロスするかどうか」を確認するだけです。クロスを確認したら、取引を仕掛けます。

「ダマシ」が減らせる

図版5-27のチャートで確認すると、平均足の転換は割と頻繁に出現していますが、その後、MACDとシグナルのクロスが出現するとトレンドが転換していることが分かります。

注目はチャートの左端です。平均足が転換したものの、MACDとシグナルはクロスになっていません。その後の株価は上昇トレンドが継続したため、「ダマシ」が回避できました。

MACDとシグナルのクロスは売買サインとして正直いまいちな面があるのですが、平均足との組み合わせで使えるサインとなり、お互いの弱点をカバーしているといえます。

5-27 平均足の転換とMACDのクロスでトレンドの変化を掴む

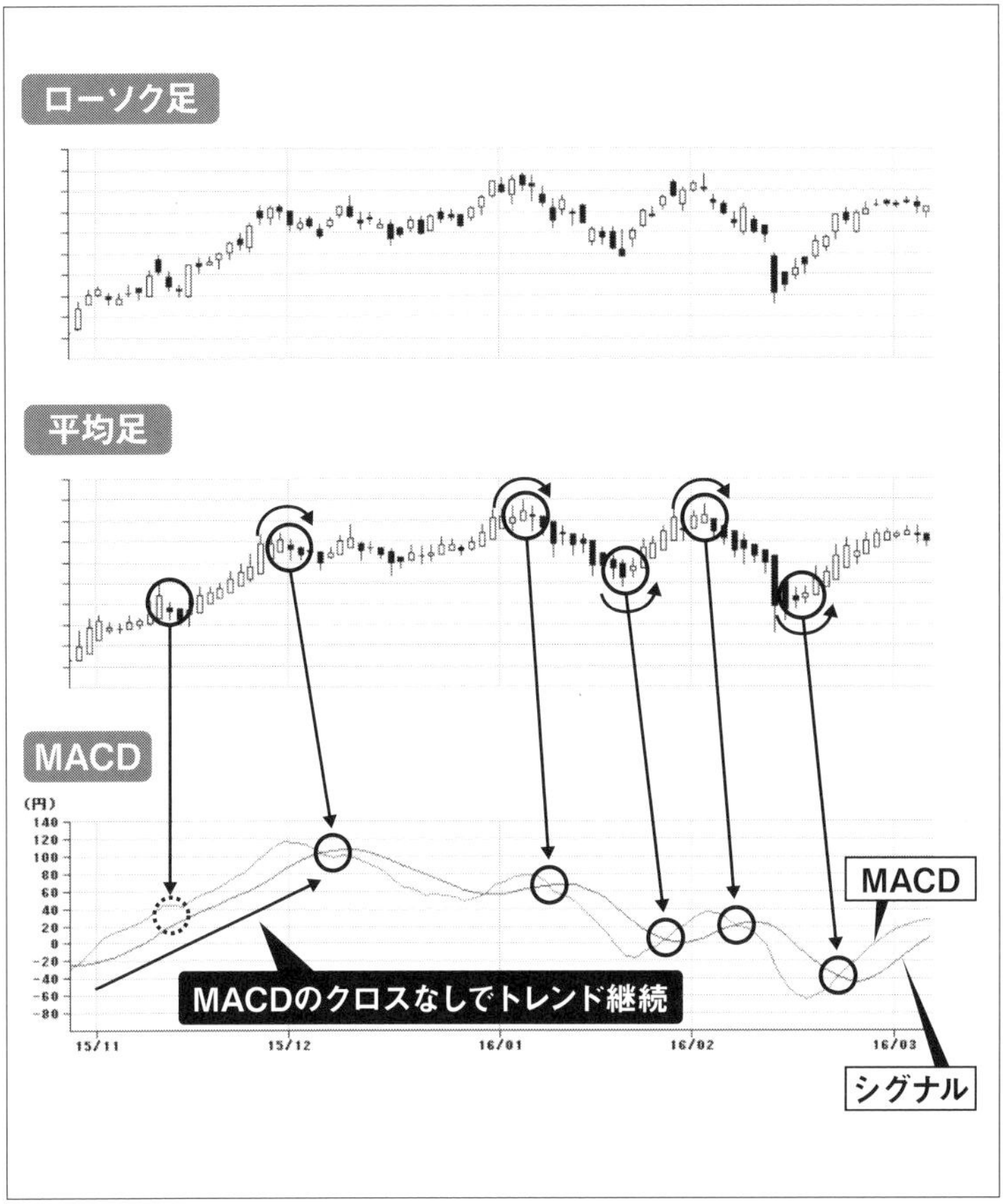

25 ローソク足の「窓空け」とは？

ローソク足チャートを眺めていると、図版5-28のようにローソク足の間隔が空いている箇所を時々見つけることができます。これは「窓空（まどあ）け」と呼ばれ、チャート分析のポイントのひとつとして注目されます。

「窓空け」とは、ローソク足が重ならない状態で、ぽっかりと空間ができている状態のことで、日足チャートならば、前日から値段が飛んで当日の取引が行われたことを意味します。なお、ローソク足の実体の間隔が空いていても、ヒゲが重なっていれば窓空けとはいいません。

窓を空ける背景は、取引終了後に発生した状況の変化です。取引終了後に発表された企業決算の内容がサプライズだった、日本時間の夜間に行われた米国などの海外株市場が大きく動いた、突発的なニュースや出来事が発生したことなどが挙げられます。

「窓空け」の意味と読み方

当然ですが、窓によって空けられた空間は、その価格帯での売買がありません。

5-28 「窓」のイメージ

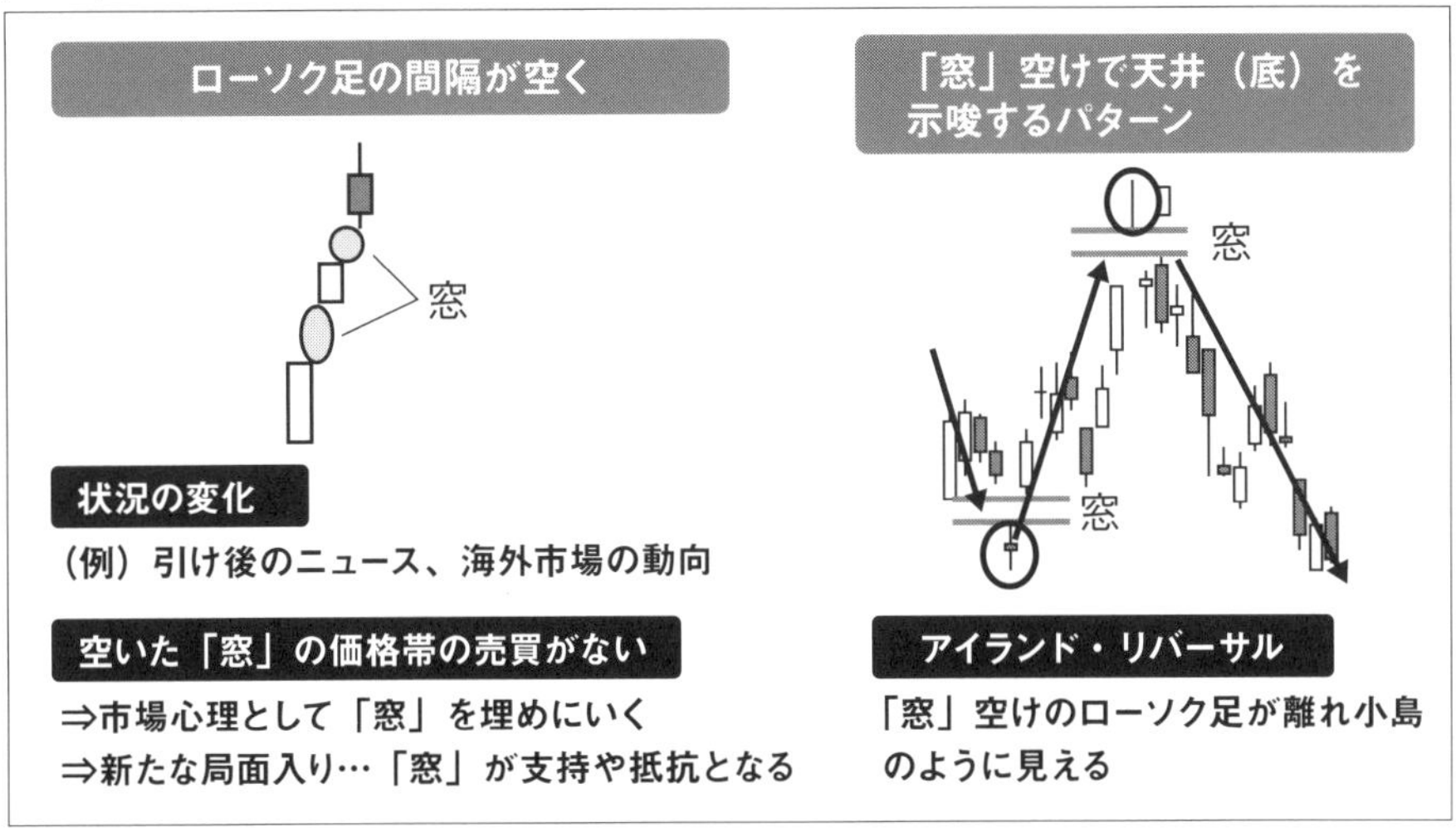
ローソク足の間隔が空く
窓
状況の変化
（例）引け後のニュース、海外市場の動向
空いた「窓」の価格帯の売買がない
⇒市場心理として「窓」を埋めにいく
⇒新たな局面入り…「窓」が支持や抵抗となる
「窓」空けで天井（底）を示唆するパターン
窓
窓
アイランド・リバーサル
「窓」空けのローソク足が離れ小島のように見える

一般的に株価は継続的に上昇・下落していくものとされています。投資家としては、「昨日はこの株価で買えた（売れた）のに、突然買えなく（売れなく）なった」というのは少し気持ちが悪いというわけです。そのため、市場心理としては、空いた価格帯での売買を成立させようと動きやすくなります。これを「窓埋め」といいます。

その一方で、窓空けの背景は状況の変化ですから、「これまでの相場環境から新たな局面に入ったのではないか？」と見ることもできます。この場合、窓が空いた方向にトレンドが発生することになりますが、経験則では窓埋めに向かうことの方が多いです。

ちなみに、図版5-28は「アイランド・リバーサル」と呼ばれるパターンで、窓空けの動きが相場の天井や底を示すものとして有名です。

column

プロと個人投資家との違い

株式取引において、個人投資家と機関投資家などのいわゆるプロとでは何が違うのでしょうか？　投資金額の規模が違うというのは容易に想像がつきますが、それ以外には、「情報入手」と「分析に掛けることができる労力」という大きな違いがあります。

充実してきた情報源

ひと昔前と比べて、個人投資家が企業の情報を入手するための環境は、格段に良くなっています。古くからある『会社四季報』をはじめ、マネー雑誌、企業のホームページ、取引しているネット証券の情報ツールなどを利用できるからです。

一方、プロと呼ばれる投資家達は独自に情報を仕入れることができます。企業を訪問したり、経営者にヒアリングしたり、企業がアナリスト向けに開催する説明会に参加したりしています。そこから得られる情報は、個人投資家が知る情報よりも質が高く、入手するまでのスピードも早いといえます。

さらに、プロは銘柄を分析して投資することを生業にしていますので、当然ながら、情報収集や分析に費やすことのできる時間は、昼間仕事をしていることが多い個人投資家と比べて圧倒的に多いです。そのため、個人投資家がファンダメンタルズ分析の分野だけでプロに勝つのは難しい面があります。

個人投資家は不利？

だからといって、個人投資家がプロに勝てないというわけではありません。テクニカル分析は個人投資家にとって、ファンダメンタルズ分析の不利な部分を補ってくれるものので、プロと戦えるための武器になります。というのも、業績と株価の動きは常に同じとは限らないからです。また、資金量が多いために取引の小回りが効かないプロとは違い、個人投資家は売買を頻繁に行うことが可能だからです。

第6章

現物派も是非知っておきたい信用取引データ

応用編

01

信用取引の残高を把握して出口戦略を練ろう

何らかの材料をきっかけに株価が大きく動く時、ほとんどの場合、その銘柄の取引量（売買株数）も増加していきます。とりわけ、信用取引の売買は「仮需」と呼ばれ、株価形成に大きな影響力を持っています。

そのため、現物取引派という方でも、信用取引の動向を把握することで上手に利益を出すことも可能になります。そこで、この章では信用取引にまつわるデータを読み解いていきます。

信用取引の建玉が将来の反対売買圧力？

株価の上昇に合わせて、信用の買い建てが増えることは人気化の現れでもありますが、その一方で、急激な信用建玉の増加は将来の相場の転換につながることが多くあります。

というのも、信用取引（制度信用取引）では原則として、**期限である6カ月以内**に建玉を返済する必要があり、新規建て時は買いであっても、返済時は売りになるからです。つまり、信用建玉が増えるほど、将来の反対売買への圧力として意識されやすくなります。

また、建玉の増え方もポイントです。建玉が徐々に増加すれば、期限も順次迎えることになりますから反対売買の圧力はさほどではありませんが、短い期間に一気に増加すると期限

※返済最終日のことを「絶対期日（ぜったいきじつ）」といいます。

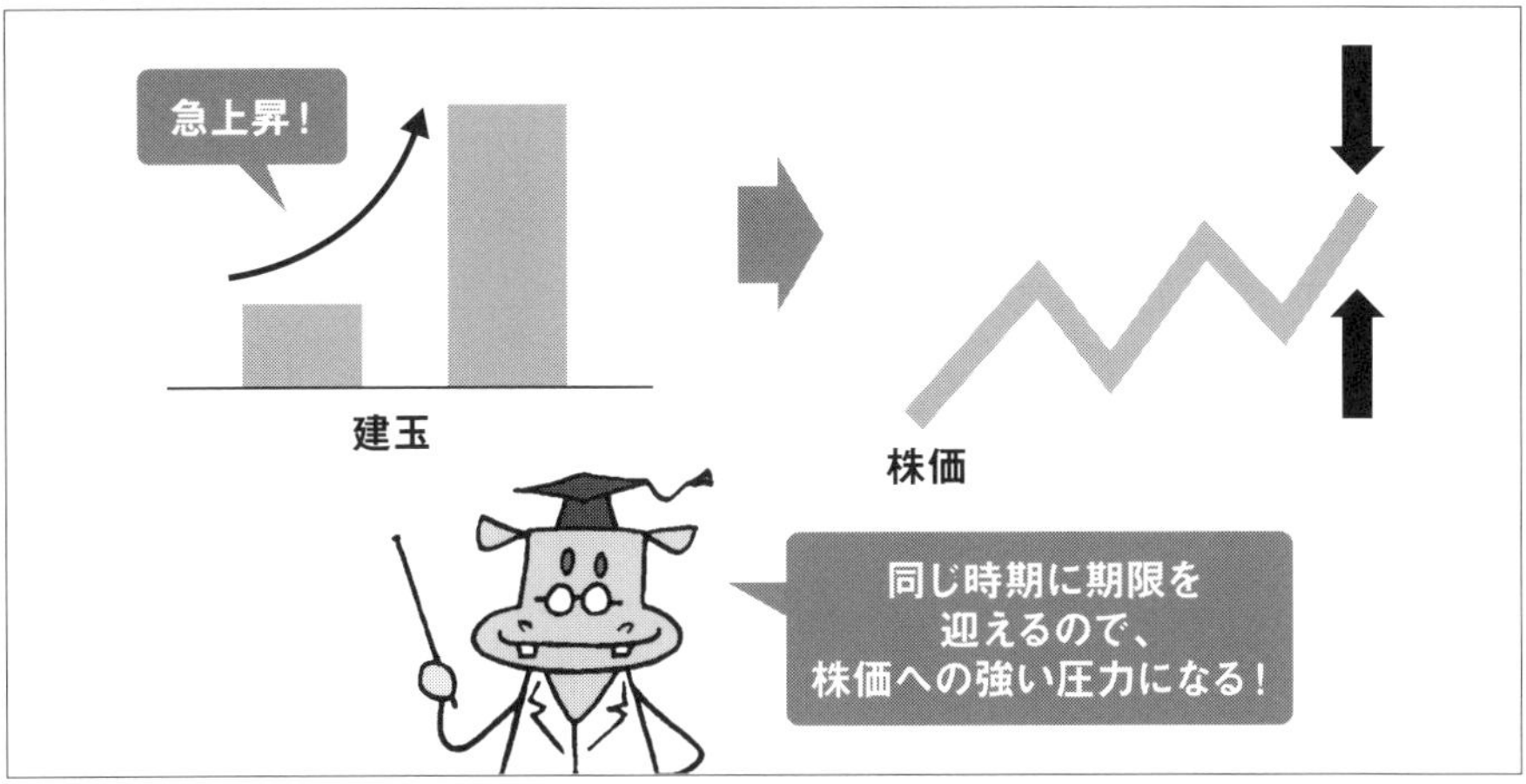
急上昇！
建玉
株価
同じ時期に期限を
迎えるので、
株価への強い圧力になる！

も同じタイミングになるため、圧力は強くなります。

「建玉の急増は近い将来の反対売買となって株価の重石になる」というのは、古くから信用取引のセオリーのようになっています。

今日の友が明日の敵に

換言すれば、ほぼ同じ時期に新規建てした仲間は同じ時期に期限を迎え、返済する際にはライバルになります。まさに、「今日の友が明日の敵」というわけです。そのため、建玉の評価損益はもちろんですが、建玉増減の動向も返済のタイミングを判断する際の材料になります。

信用取引でまだ返済されていない建玉のことを「信用（取引）残高」といいます。この信用残高の状況を示すデータは定期的に公表されていますので、これを使わない手はありません。

次項で詳しく見ていきましょう。

応用編

02
信用取引残高の読み方を知れば鬼に金棒

信用（取引）残高のデータは3種類あり、それぞれ「信用残」、「貸借残」、「2市場残」と呼ばれます。これらの使い分けは、「正確な状況を知る」、「足元の動きをざっくり把握」、「市場全体の状況を掴む」というのがキホンです。

正確な状況が分かる「信用残」

正しくは「信用取引銘柄別残高」といい、取引所が毎週第2営業日の夕方（16時半ごろ）に公表しています。その主な内容は前週末時点における個別銘柄ごとの買い残高と売り残高、およびその増減です。

信用残は非常に正確なデータです。制度信用取引はもちろん、一般信用取引、証券会社内の「**店内食い合い**」分までも含めた全体の状況を、取引所が各証券会社に報告させているためです。ただし、週1回の公表と前週末分のデータのため、やや使いづらい面があります。

速報性の高い「貸借残」

正しくは「貸借取引残高」といい、証券金融会社が毎営業日公表しています。証券金融会

●**店内食い合い**
証券会社では、買い建ての株券を売り建てに貸し出す、売り建ての代金を買い建てに貸し出すといった具合に、内部で相殺することができます。もちろん、常に買い建てと売り建てが同数になることはほとんどなく、足りない分は証券会社自身で調達するか、証券金融会社から借りる（貸借取引）することになります。

❶ 信用残…正確な状況を把握 「信用取引銘柄別残高」➡ 週1回、第2営業日に取引所が公表
❷ 貸借残…速報性重視でざっくり把握 「貸借取引残高」➡ 毎営業日、証券金融会社が公表
❸ 2市場残…市場全体（東京・名古屋）の状況を把握 「信用取引現在高」➡ 週1回、第2営業日（速報版）・第3営業日（詳細版）取引所が公表

社は信用取引に必要な資金や株券を証券会社に貸し出しています（貸借取引）が、その状況を公表しているわけです。つまり、貸借残は証券金融会社が取り扱った分だけのデータになり、信用残高の全てではありません。ただし、何よりも日々公表されるのは大きな利点で、建玉増減の急変などを捉えることもできます。

ちなみに、貸借残の見方にはちょっとしたコツがあり、買い残高にあたるのが「融資」、売り残高にあたるのが「貸株」です。これは、買い建ての資金を融資し、売り建てのための株を貸すという証券金融会社の役割を示しています。

全体の状況が分かる「2市場残」

正しくは「信用取引現在高」なのですが、一般的には「2市場残」と呼ばれます。2市場（東京と名古屋）の信用取引全体の状況を示すデータで、毎週第2営業日の夕方に速報版、翌第3営業日に詳細版が取引所より公表されます。つまり、2市場残で市場全体の信用残高状況を把握することができます。

03 「倍率」に隠れた取引のヒント「信用倍率」と「貸借倍率」とは？

信用残高データを使った指標に、「信用倍率」、「貸借倍率」というのがあります。ここではその簡単な読み方について見ていきましょう。

需給のバランスを示す「取り組み」

通常は株価上昇に伴って買い残も増加していきますが、相場が過熱してくると、「そろそろ天井が近いだろう」ということで、売り残も次第に増え始めていきます。

これにより、買い残の返済売り圧力が高まっても、ある程度株価が下がったところでは売り残の返済買いが相場を支えることになり、需給と株価のバランスが保たれます。

こうした買い残と売り残のバランスのことを「取り組み」といいますが、この取り組み状況を表す指標が「信用倍率」と「貸借倍率」です。

信用（賃借）倍率をどう読み解く？

「信用倍率」と「貸借倍率」の違いは、信用残と貸借残のどちらで計算するかだけです。計算式も「買い残（融資残）÷売り残（貸株残）」と単純です。ちなみに、信用残高のデー

$$\left.\begin{array}{c}\text{信用}\\\text{（貸借）}\end{array}\right\}\text{倍率} = \frac{\text{買い残高（融資残高）}}{\text{売り残高（貸株残高）}}$$

倍率が
1倍より大きい … 買い残が多い
ちょうど1倍 … 売り買い同数
1倍より小さい … 売り残が多い

とっつきにくいけど、
一度覚えると
すごく便利！

（参考）日経新聞に掲載される信用取引データ

<2市場残>

2市場信用取引残高（確報）
（2月17日現在、一般信用と制度信用の合計、カッコ内は前週比増、▲減）

	株数（千株）	金額（百万円）
売り残	924,737	943,909
	(41,235)	(8,526)
買い残	2,860,512	2,413,948
	(31,942)	(78,766)
店内	372,827	
食い合い	(8,336)	
自己融資	2,086,157	1,680,309
	([illegible])	(58,432)
信用倍率	3.09	

▽2市場買い残の評価損益率（QUICK算出、▲は評価損）▲6・08%（前週は▲6・78%）

信用倍率

<貸借残>

◇貸借取引残高〈日証金〉
22日（速報、千株、百万円、Δは前日比増、▲は同減）

＜貸借銘柄＞	（貸株）申込	返済	貸株残	（融資）申込	返済	融資残
株数合計	39087	23483	361424	22856	52789	279303
金額合計	23929	26589	388981	18012	47620	219479
[illegible]		[illegible]	[illegible]		更新差金	▲108
貸株に対する融資の倍率			0.77			
[illegible]						
株数合計（融資）				5674	4148	115218
金額合計（融資）				2694	2598	55618
					更新差金	Δ102

貸借倍率

出所：日本経済新聞2017年2月23日朝刊マーケット総合1・2面

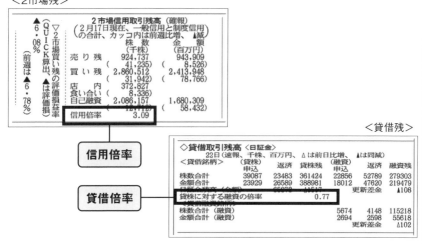

タは金額ベースと株数ベースで公表されますが、株数ベースで計算します。倍率1倍は買い残と売り残が同数であることを意味します。買い残が多ければ1倍より大きくなり、逆に売り残が多ければ1倍より小さくなります。特に、売り残のほうが多い状況を「売（う）り長（ながﾞ）」と呼びます。

信用（貸借）倍率を読み解くポイントは、時系列的にその推移をチェックし、信用取引の需給が改善傾向にあるのか、それとも悪化傾向にあるのかを判断することです。倍率が上昇傾向ならば需給悪化、低下傾向ならば需給改善といわれています。

例えば、買い残が多く、倍率が3倍の状況で株価が伸び悩んでいたとすれば、「積み上がった買い残が返済売り圧力となって、近い将来に株価が大きく下落するかもしれない」といった具合に判断したり、株価が下げ渋る中、倍率が低いままの状態が続いていた場合は、「今後、売り残の買い返済圧力で株価反発の勢いが加速するのでは？」と見たりすることもできます。

踏み上げと好取り組み

そのため、売り残が増加して倍率1倍に近くなる、もしくは1倍を下回る銘柄は、ちょっと珍しいということになります。こうした銘柄の株価が上昇すると、売り建てをしている人は損失が拡大してしまうため、一斉に買い返済注文を出すことで、さらに株価の上昇に弾みがつく格好になります。これを「踏み上げ」といいます。一方、買い方にとっては、低倍率の銘柄は「踏み上げ」につながる好取り組みと考えることができます。

※当たり前ですが、「信用（貸借）倍率」が使えるのは売り建てができる銘柄になります。買い建てオンリーの信用銘柄は買い残だけが積み上がるため、いざ株価が下がり始めると、売り残の買い返済サポートがない分、下げのピッチが早くなりやすいとされます。

とはいえ、「低倍率なら何でも好取り組み銘柄」というわけではなく、例えば、売り残は増加せず、積み上がっていた買い残が整理されたために倍率が低くなっただけというパターンは好取り組みではありません。ですので、倍率だけでなく、残高そのものの増減や株価との比較も把握していくことが重要になります。

例えば、買い残は増えているのに株価がさほど上昇していないという場合は、その後株価が上昇したとしても、買い残の「やれやれ」といった戻り待ち売りによって上げ幅が限定的になったり、数カ月前に急増した信用買い残の水準がいまだに続いているといった場合は、6カ月という期日前に大量の返済売りによって株価が下がってしまうことなどが考えられます。

企業業績や外部環境の変化とセットで見よう

株式取引は「今後、株価は上昇（下落）していくだろう」という多くの投資家の見通しによって売買が行われ、信用残の推移もこうした投資家心理の一面を表しているものです。

あくまでも株価を動かすのは業績や企業ニュース、外部環境の変化など、信用取引の需給だけではないため、必ずしも買い残が増えると株価が下がり、売り残が増えると株価が上がるとは限りませんが、積み上がった信用残が相場の動きを抑えたり、加速させたりする性質を持っていることは是非とも押さえておきたいポイントといえます。

04

「踏み上げ相場」とは何か？〜売り建てが苦しめられる？〜

信用（貸借）倍率について、倍率が1倍に近くなる、もしくは売り長となった銘柄は「好取り組み」と古くからいわれています。これは、好取り組みの銘柄は株価上昇に弾みがつきやすいという「買い建て側の目線」に立ったものです。

踏み上げ相場は最悪の状況

株が急騰すると、「そろそろ株価は下がるだろう」ということで売り建玉が増えます。その一方で「さらに上がる」と強気の買い建玉も増えています。相撲のように、売り方と買い方ががっぷり四つになっている、まさに好取り組みの格好です。

こうした中で、株価があまり下げず、逆に上がり始めると、売り建てをしている人は我慢しきれずに一斉に買い返済を出し始めます。これがさらに株価上昇を加速させることになり、こうした売り方にとって最悪の状況が「踏み上げ相場」です。

売り長の銘柄がねらわれる

踏み上げ相場とは、「すぐに株が下がると思って売り建てしたのに、株価が上がってしまっ

6-04 「踏み上げ相場」までの流れ

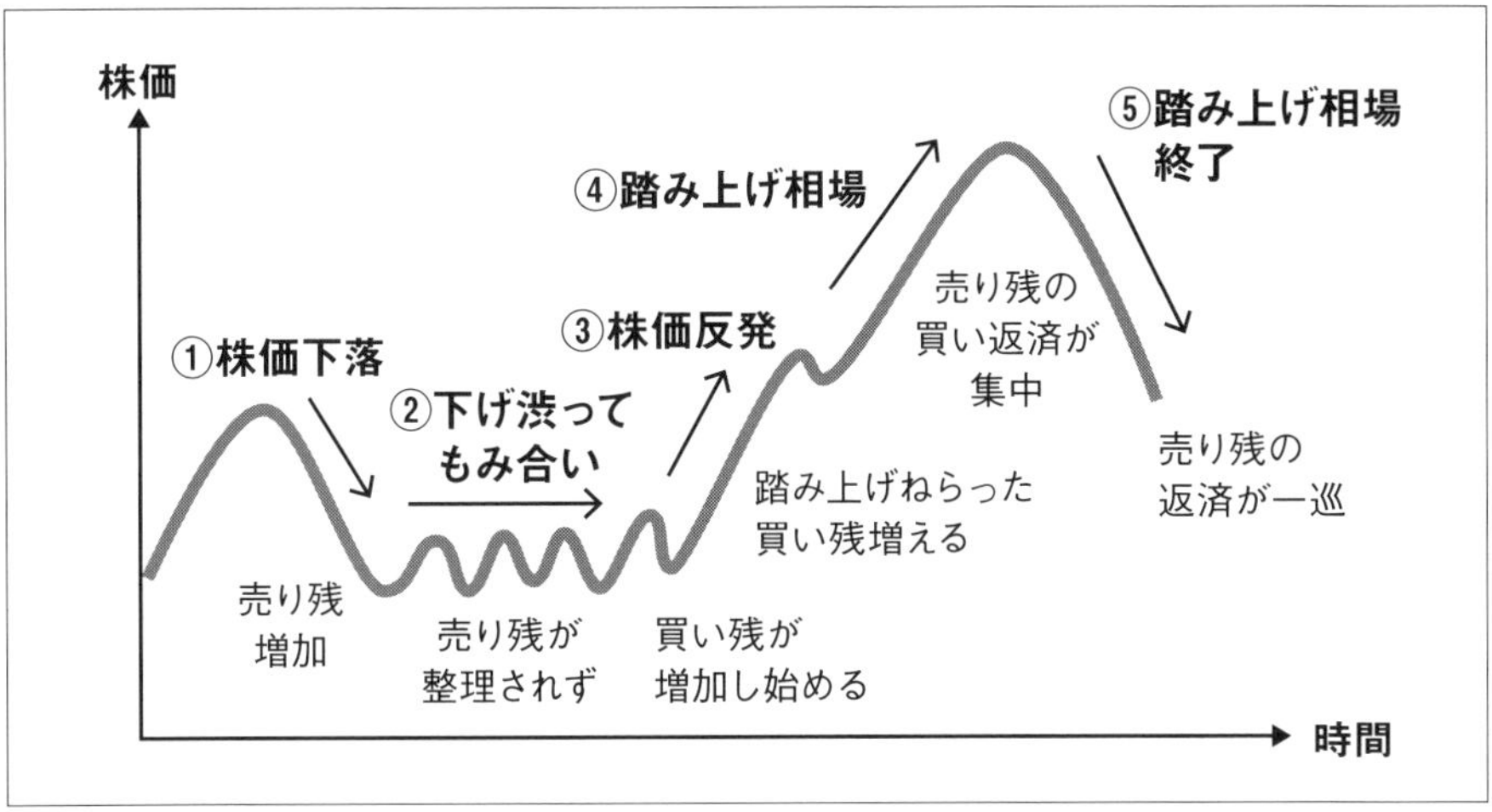

て、大きく損をしたくないから急いで買い戻す」動きです。そのため、踏み上げ相場は、株価の上昇とともに売り残高が急増した銘柄で起きやすい傾向があります。

そのため、踏み上げ相場をねらって、敢えて売り長の銘柄に買い仕掛けが入ることが良くあります。売り残が急増している銘柄や倍率の低い銘柄がターゲットになるのですが、こうした銘柄を探すのに使われるのが、信用残高や信用倍率などのデータなのです。証券会社での取引画面でも簡単にチェックできます。

踏み上げ相場は売り方の買い戻しという需給要因による株価上昇のため、売り残が整理されたら、相場も終わるという点には注意が必要です。売り残がなくなれば、次に急落が待っている可能性もあります。

※踏み上げ相場の反対を「投げ売り相場」といったりします。

05

応用編

カギは「株不足解消」と「逆日歩0円」逆日歩の発生は予想できる？

おさらいになりますが、逆日歩は証券金融会社が信用取引で貸し出す株券の不足状態（株不足）を解消するために行う入札によって決まります。入札自体が取引日の翌日に行われるため、取引した時点では逆日歩発生の有無や金額が分からず、少々厄介でもあります。

そのため、「逆日歩の発生を予想することはできないか？」というのが本項のテーマです。

逆日歩が発生しやすい銘柄とサイン

さすがに金額までの予想は難しいですが、逆日歩の発生については、ある程度の予想を立てることは可能です。

まずは、株券の調達のしやすさ、つまり、その銘柄の発行済み株式数です。実際に、発行済み株式数の少ない銘柄は株券の調達が難しくなる分、逆日歩が発生しやすく、その額も高くなりやすい傾向があります。また、売り建ての増加は、信用取引で貸し出すのに必要とされる株数の増加を意味しますので、証金残で売り残（貸株）が急増している銘柄や、貸借倍率の売り長銘柄なども株不足になりやすく、逆日歩が発生しやすいといえます。

さらに、逆日歩の発生と金額を決める入札状況もヒントになります。そのキーワードは、「株

- **発行済み株式数が少ない銘柄で売り残が増える**
- **急激に売り残が増加、信用倍率が急低下した銘柄**
- **信用倍率が「売り長」の銘柄**
- **直近の株不足解消が「満額」、「0円」**

不足解消（満額）」と「逆日歩0円」です。直近の取引でこれらの表示が出ていないかをチェックします。

「満額」とは、いったん株不足になったものの、その後の募集で株券が集まり、株不足が解消されたことです。また、「逆日歩0円」は、株不足によって入札が行われ、0円で決まったことです。

両者とも結果的に逆日歩はつかなかったことになりますが、株不足自体は発生していますので、この傾向が続けば、逆日歩が今後発生する可能性があると考えることができます。

ちなみに、日証金（日本証券金融）のホームページでは、直近5営業日の逆日歩や貸株・融資残高の状況を銘柄コードで検索することができるので便利です。これらに気をつけるだけでも思わぬ逆日歩を避けられる可能性は高まります。

応用編

06

相場の活況度合いが分かる「回転日数」とは？

ここでは建玉残高を使った「回転日数」という指標について見ていきたいと思います。

信用取引が活発になると回転日数は少なくなる

信用取引では回転売買が可能というメリットがありますが、実際のところ、デイトレーダーのように何回転も売買を繰り返している投資家もいれば、トレンドに乗って数日間かけて取引を1回転する投資家まで様々です。

新規建てから返済まで平均で何日ぐらいかかっているのかを知るための指標がこの回転日数になります。

回転日数は貸借残のデータを使って計算されます、計算式は図版6-06の通りですが、この計算式は、1日あたりの信用取引の売買（新規建てと返済合計）が、貸借残全体と比べてどのくらいの規模なのかを示しています。

つまり、1日あたりの信用取引が活発化すれば、計算結果の値（回転日数）は小さくなります。反対に、計算結果の数値が大きい、つまり1回転の日数が長ければ、売買はあまり活発ではないことになります。

6-06 回転日数の計算方法

$$回転日数 = \frac{(貸株残+融資残)\times 2}{新規の貸株と融資+貸株と融資の返済}$$

・「1日あたりの貸借取引量（分母）が、
　貸借残の規模（分子）と比べて何日分あるか？」を示した指標
・値が小さい（日数が短い）ほど売買が活発とされる

銘柄によって違うクセに注意

回転日数はあくまでもざっくりとした計算ですので、絶対的な投資判断ができるわけではありませんが、10日前後で相場が活況とされ、5日よりも短くなると過熱感が強く、相場の天井や底が近いのではという見方が一般的です。ただし、銘柄によって日数の長さにクセがありますので、注意する必要があります。

また、回転日数の値が大きい（取引が閑散である）と、建玉が含み損を抱えている、いわゆる「しこり玉」が多いのではと考えることもでき、今後、相場が動き始めた場合でも、しこり玉の返済圧力によって、株価の上値や下値が抑えられやすくなる傾向があるとされています。

このように、回転日数は相場の活況度合いや、しこり玉の多さを知る指標として用いられます。さらに、回転日数の変化を継続的にウオッチすることで、相対的に取引が短期化しているとか、長期化しているといった具合に、投資行動の傾向を把握することができます。

応用編

07

みんなに追証が発生!? 「信用評価損益率」とは?

信用取引には「信用評価損益率」と呼ばれる、(買い)建玉の評価損益に注目した指標が存在し、多くの投資家に使われています。その理由は、信用評価損益率と株価の推移のあいだに一定の相関関係があり、株式市場の天井や底を探るヒントになっているからです。

日経新聞に毎週掲載される

評価損益率は、正確には「2市場信用買い残高の評価損益率」といいます。言葉の通り、市場全体で信用買い建玉を保有している投資家がどのくらいの評価損益になっているのかをパーセント(%)で表しています。

原則として、毎週水曜日(第3営業日)に証券取引所が公表している「信用取引残高」の数値をベースに算出され、翌日の日本経済新聞朝刊に掲載されます。

早速、見てみましょう。図版6-07は日経平均(週足)と評価損益率(2市場)の推移を示したチャートです。

評価損益率は右目盛ですが、多くの場面で数値の範囲がマイナス5%〜マイナス25%となっていることが分かります。さらに過去に遡っても、概ねこの範囲内に収まっています。

6-07 信用評価損益率と日経平均株価の推移

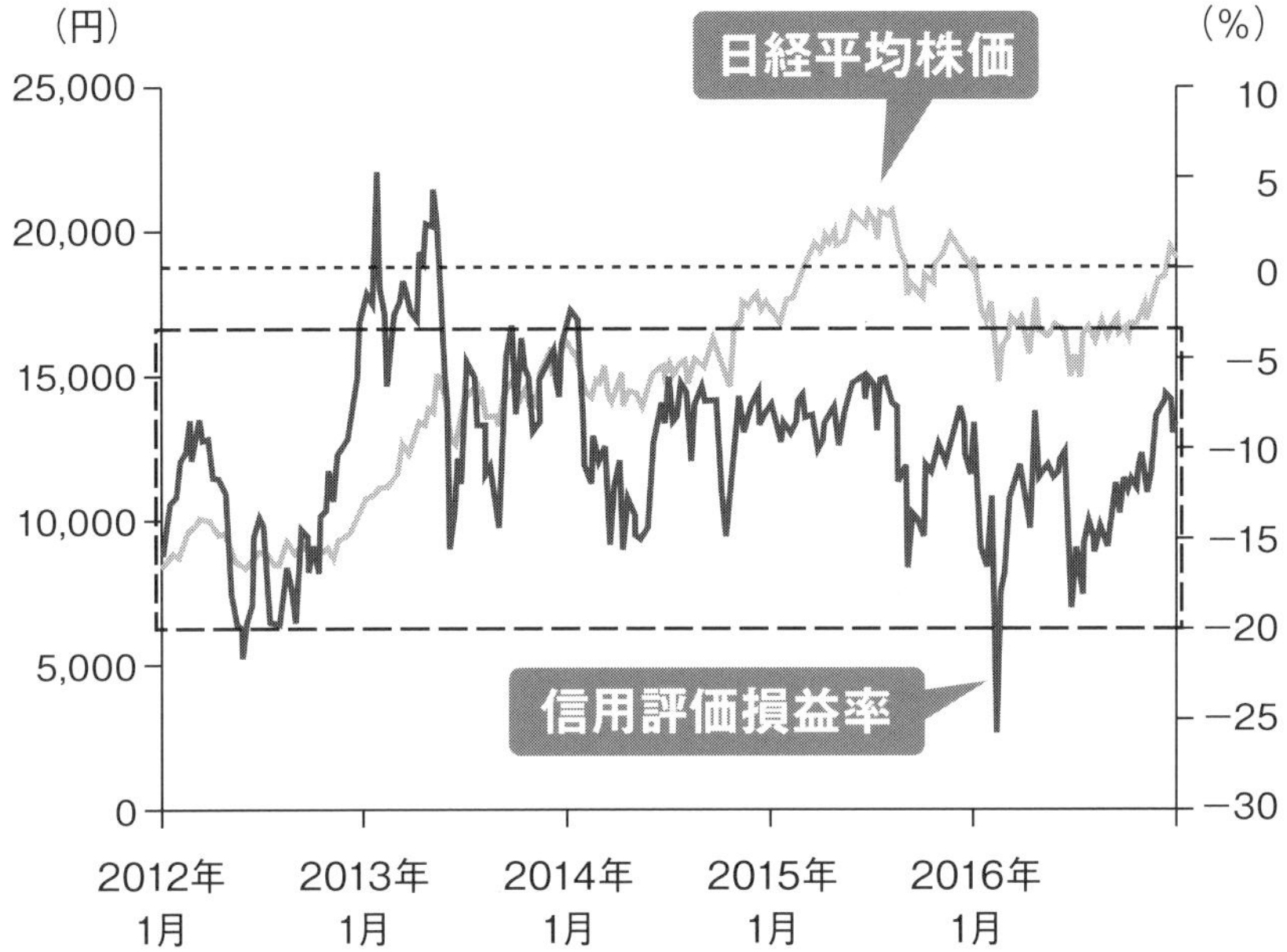

取引所公表データを元に筆者作成

継続的に推移を見るようにしよう

また、基本的に評価損益率はマイナスであることがほとんどです。これは、一般的に投資家は評価益が出るとすぐに利益確定を行う傾向が強く、その結果として含み損を抱えている建玉が多く残るためです。ですので、評価損益率がプラスになることは珍しいといえます。

評価損益率の主な見方は次の通りです。

- 通常はマイナス3～マイナス9％ぐらいの範囲で動く
- マイナス10％あたりから追証が出始め、売り加速に警戒
- マイナス20％あたりで底を打ち、0％あたりで天井となることが多い

あらためて、図を見てみますと、信用評価損益率と日経平均の動きは、ある程度連動しているといえます。

ただし、評価損益率を実際の売買のタイミングとして使うには、週1回の公表というタイムラグもあって微妙なところです。継続的に推移を追って相場の流れを把握するという使い方が良いでしょう。

第7章

信用取引に役立つトピック集

01

応用編

シンプル・イズ・ベストの1割転換投資法

いかにして相場で儲けるのかは永遠のテーマですが、ここでは古くから使われている投資手法である「1割転換投資法」というのを紹介します。

1割転換投資法の特徴は、株価を動かす要因などを一切無視して売り買いを判断する点にあります。

「底値から1割戻したら買う」「高値から1割下がったら売る」。また、「買い建ての株価から1割下げたなら売る」「売り建ての株価から1割上昇したら買う」というように、取引のタイミングはかなりシンプルです。

半ば機械的に取引を行うことになるため、「こんな単純な方法で大丈夫なのか?」と思う方も多いと思いますが、実は意外と理にかなった取引だったりします。

トレンドの転換を捉えるのがねらい

例えば、底値圏で推移していた株価が動き始めた時、それが完全に底打ちして株価の上昇に繋がるのか、一時的な反発にとどまってしまうのか、判断にしにくい場面に遭遇することはよくあります。

7-01　1割転換投資法のイメージ

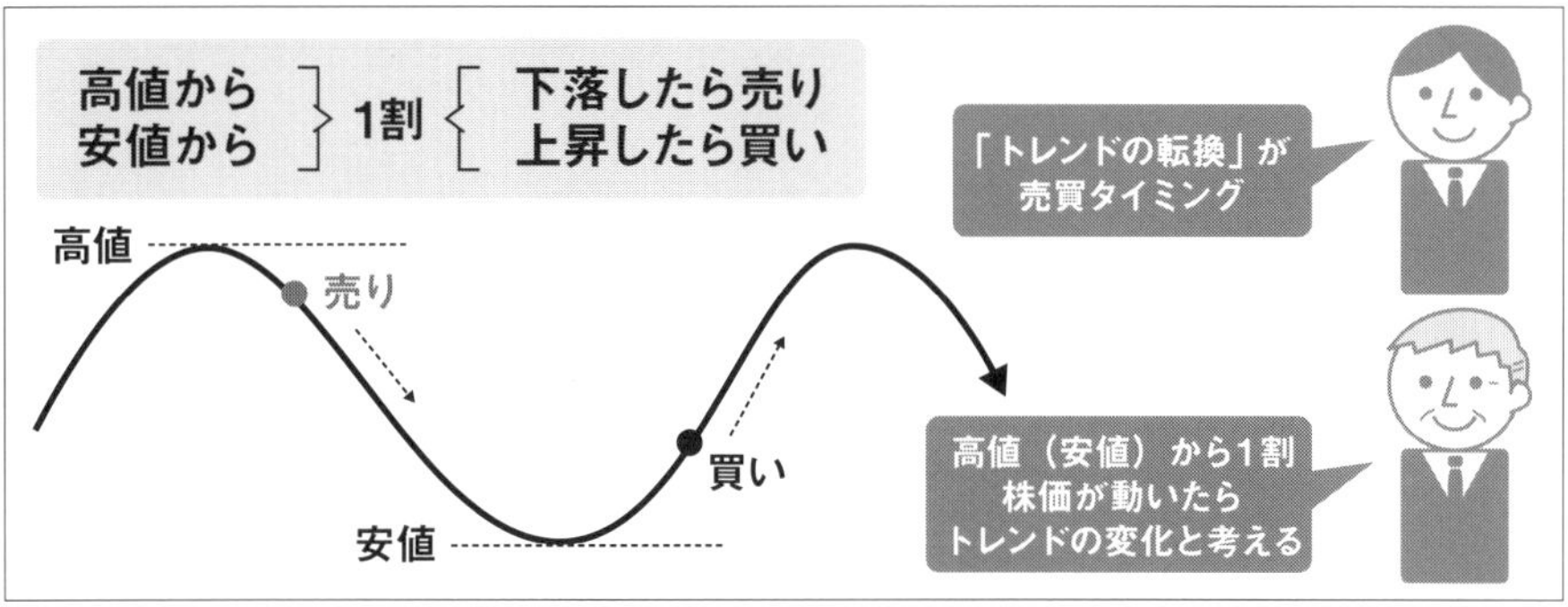

しかし、さすがに底値から株価が1割も戻れば上昇トレンドに転じたと考えても良さそうです。1割転換投資法によって、底値に張り付いたまま反発力のない銘柄を買ってしまうというのをある程度回避することができます。

そして、ねらい通りに株価が上昇した時には、今度は利益確定のタイミングをどうするかで迷いが生じます。これも、株価が高値からの1割下がれば、下落トレンドに転じたと判断して利益確定の反対売買を行うことができます。仮に、思惑が外れた場合でも、早めの損切りが可能です。

つまり、1割転換投資法は、底値圏や天井圏でのトレンド転換のタイミングを捉えて、取引を仕掛けたり、利益確定や損切りなどの手仕舞いをしたりする手法になります。

どちらかというと、1割転換投資法は手堅く取引を行える分、利益をコツコツと積み重ねていくタイプの取引手法で、取引も比較的短期間になりますので、信用取引との相性は良いといえます。

応用編

02

ちょっと取引して様子見？「打診買い（売り）」に信用取引を活用

株式市場で利益を得るための取引手法は多種多様です。短期売買から中長期的な売買、ファンダメンタルズ分析重視からテクニカル分析重視と、まさに「三者三様」、「十人十色」で、それこそ投資家の数だけ投資スタイルが存在するといっても過言ではありません。

これまでにも述べてきた通り、信用取引は基本的に短期投資向きです。

割安銘柄を拾ってじっくり保有するスタイルの投資家が、現物取引と同じように買い建てをしても、なかなか思ったように株価が上がらずに、返済期限が迫って来ることはよくありますし、また、ズルズルと建玉を保有しても金利などのコスト負担が増していきます。

とはいえ、企業価値重視のじっくり取引派が信用取引を活用できないかというと、必ずしもそうとはいい切れません。

あくまでも様子見という点に注意

じっくり派にとっては、「いかに安く買うか」が重要です。ですので、相場の下落局面は買いチャンスになります。いわゆる「打診買い」、「押し目買い」と呼ばれるものです。

ただ、株価が下げ渋ったところで買いを入れても、思惑通りに株価が反発するかもしれま

|7-02| 信用取引で「打診買い」

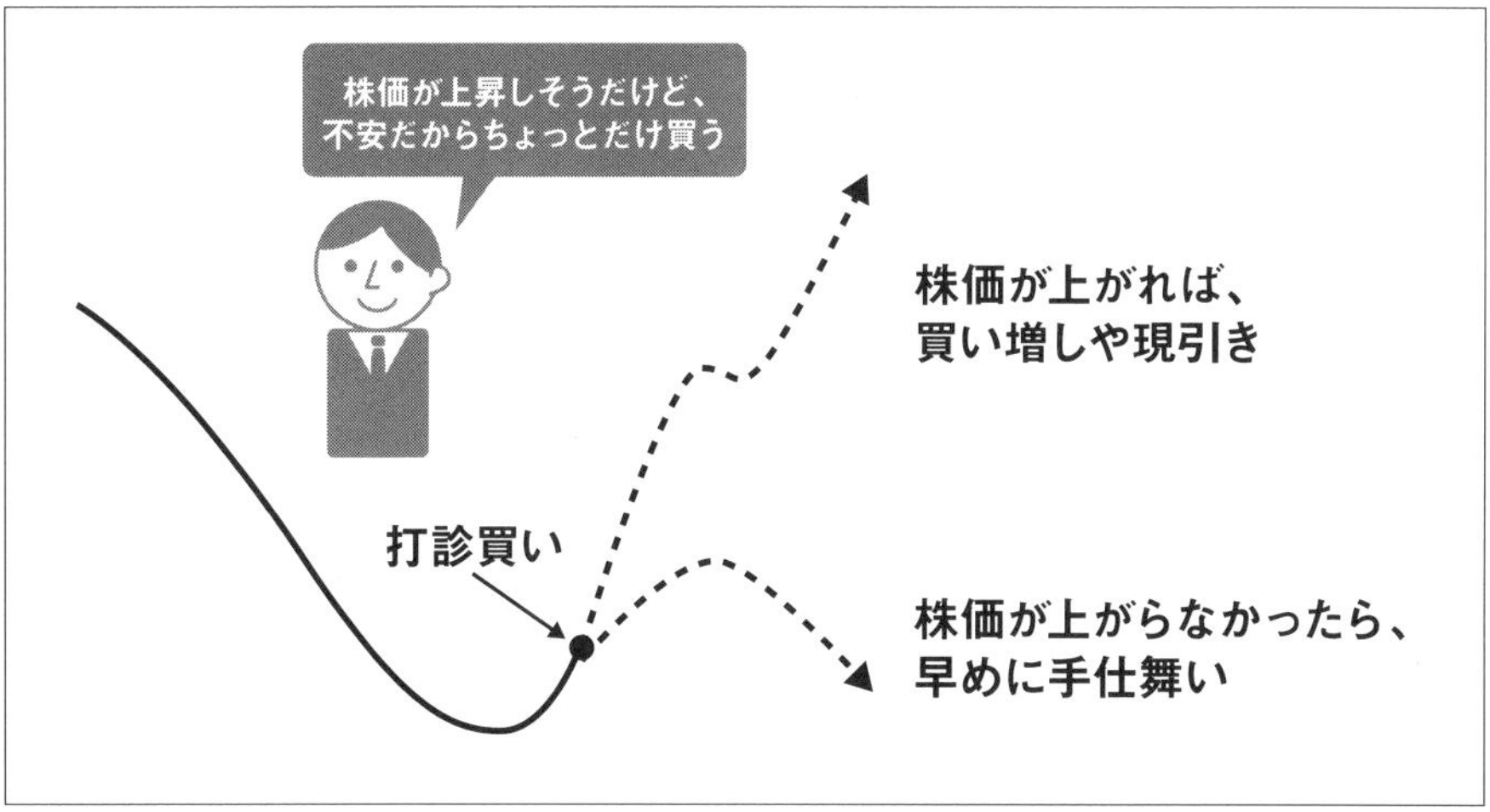

せんし、再び下落を始めてしまうかもしれません。そんな判断に迷った時に、現物取引ではなく、信用取引の買い建てで打診買いをするわけです。

当然、打診買いは現物取引で行っても良い気がします。とはいえ、信用取引は取引したい金額の30％の保証金で行うことができるため、購入資金を節約することができます。残った資金で他の割安銘柄があれば、それを買うことができるなどの余裕が生まれます。

あくまでも様子見のための「打診買い」ですから、取引の選択肢を多く用意しておくことは大切です。さらに、株価が本格回復した場合には、相場のトレンドが下落から上昇に転じたと判断できますので、信用建玉を現引きで現物株に変えてじっくり保有することも可能になります。

応用編

03

「両建て」でひとまず様子見？

信用取引の手法に「両建て」というものがあります。言葉の通り、同じ銘柄で買い建てと売り建ての両方を同時に行うのですが、相反する建玉を持つことで、株価がどちらに動いてもそれぞれの損益が相殺されることになります。

信用取引ならではの取引手法でもあり、特殊なテクニックを駆使して利益をねらうイメージを描いてしまいがちですが、この両建ては、実際の場面でどのように使われるのでしょうか？

例としてよく使われるのは、株価の値動きに中立になるという両建ての特性を活かした「ひとまず様子見」です。

図版7-03のように、下落基調を辿っていた銘柄Aが下げ止まりを見せ、「そろそろ底を打ったかも」と判断して買い建てしたものの、思惑に反して株価が下げ始めてしまった……。そんな時に売り建てを行って両建てにします。これ以上の損失拡大を回避して様子見をするわけです。

その後、株価がもう一段下落し、あらためて底打ち反転を確認したところで売り建玉を返済、そして、さらに株価が上昇したら最初の買い建玉を返済します。当初の思惑が外れても、両建てを活用することで損失が回避され、首尾よく行けば利益もねらえます。

7-03 「両建て」を使った取引例

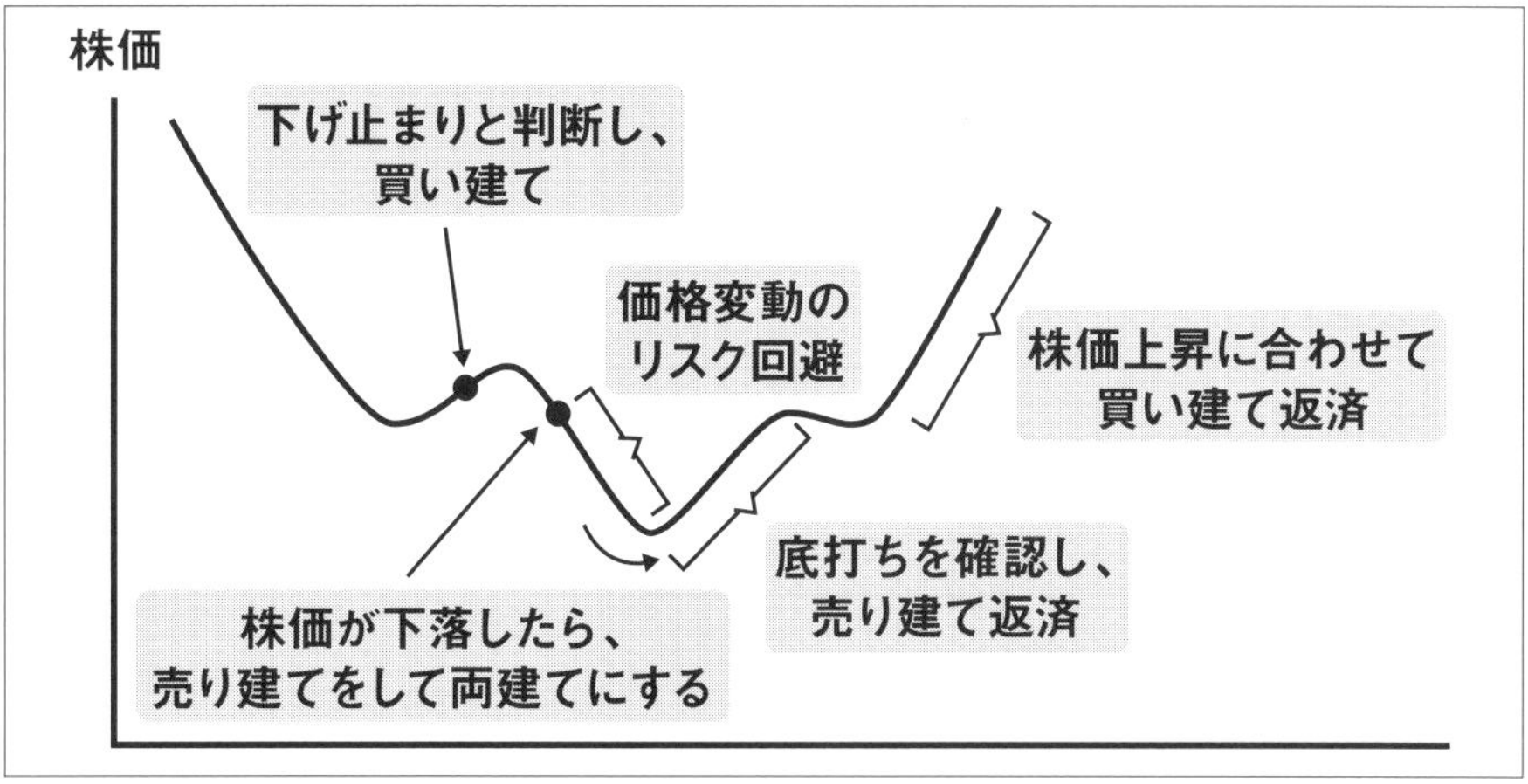

実は意外と難しい？

こう書くと、両建ては非常に魅力的に見えますが、簡単に株価変動リスクを回避できる手段である一方、相場の読みや両建ての返済タイミングなど、手仕舞いが意外と難しいのです。

実は、「両建ての両損」という相場格言もあるほど、投資家によって賛否が分かれているものでもあります。

そもそも、最初の買い建てを行った時の読みが外れた時点で早々に損切りをして手仕舞い、次回以降の取引で損失を取り戻したほうが良いのではというのが否定派の考え方です。

そのため、ヘッジ（損失の回避）という言葉に惑わされがちですが、本来、両建ては相場の先行きに迷いがある時に行うのではなく、ある程度の自信がある時に行うべきものといえます。

応用編

04

お得に株主優待をゲットしよう

株主優待を目的に現物株を保有する投資家も増えてきています。とはいえ、株価の下落による損失は避けたいということで、信用取引の売り建てを組み合わせる取引手法があります。それは「優待取り」と呼ばれる手法です。

優待取りのやり方は簡単で、株主優待がもらえる権利付最終日までに現物株の買いと信用取引の売り建ての両方を保有し、権利落ち日以降に現渡しで決済します。

この目的は株価の変動による損失回避であるため、現物株と売り建玉を同じ株数、同じ値段で揃えて保有することがポイントです。

この優待取りの手法は、雑誌やウェブサイトの株主優待特集などでも紹介されていて、かなりポピュラーになっています。もらえる株主優待の価値が、取引手数料や諸経費などのコストを上回るのであれば、お得な取引手法であるといえます。

有名な取引手法であるが故の注意点も

逆をいえば、この「優待取り」の取引手法が有名になった分、魅力的な優待銘柄に対してこの取引が集中し、売り建玉が増えやすくなります。

※この取引手法は株主優待とともに配当金の権利も発生しますが、売り建てによる配当相当額の支払いが発生するため、結果として配当金は受け取れません。

7-04 「優待取り」の取引手法

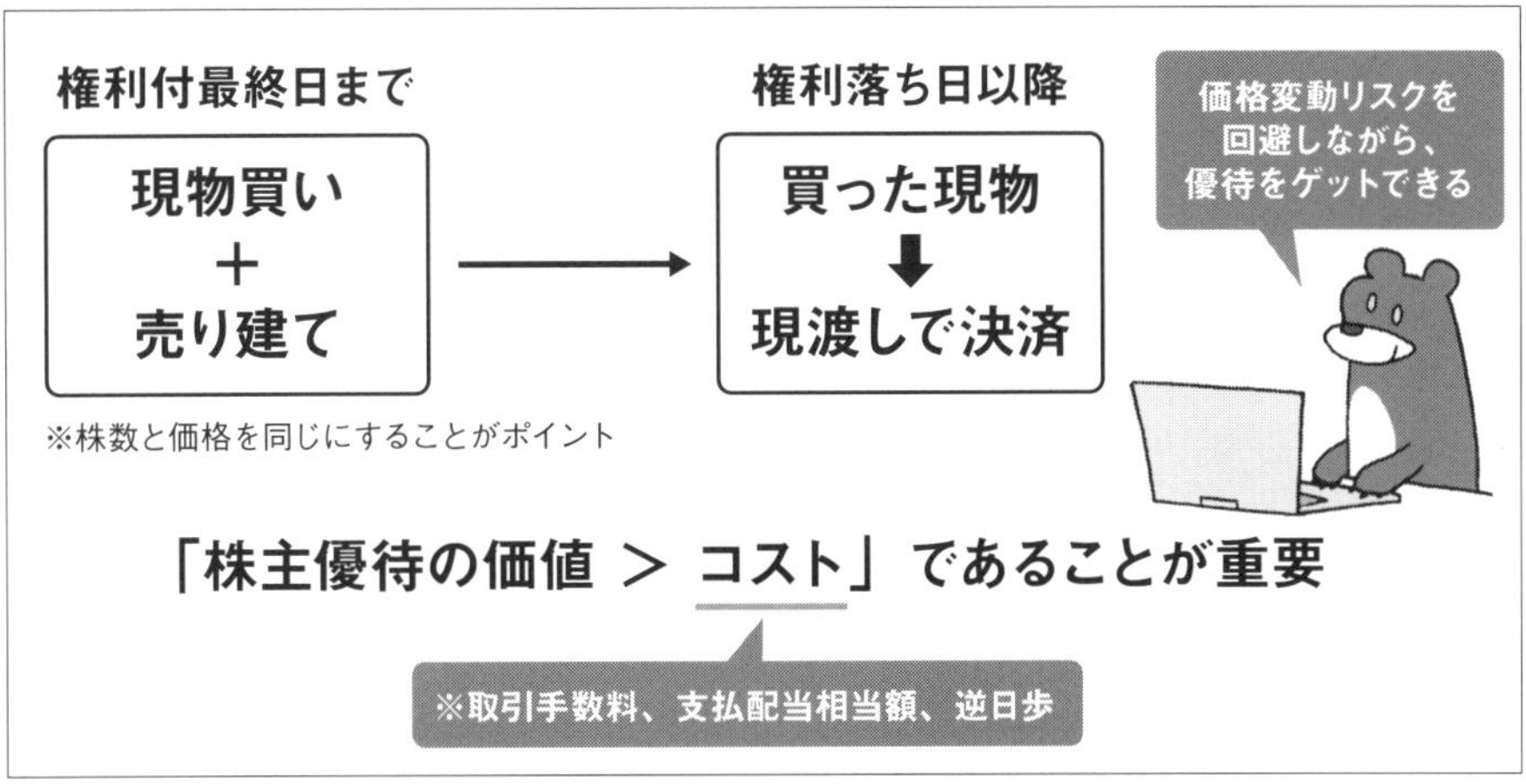
権利付最終日まで
現物買い
＋
売り建て
※株数と価格を同じにすることがポイント
権利落ち日以降
買った現物
現渡しで決済
価格変動リスクを回避しながら、優待をゲットできる
「株主優待の価値 ＞ コスト」であることが重要
※取引手数料、支払配当相当額、逆日歩

つまり、株不足となって逆日歩が発生する可能性が高くなるわけです。実際に、優待取りの取引が増えたことで高額の逆日歩が発生した事例も少なからず出てきています。

そのため、売り建てについては、制度信用取引ではなく、逆日歩が発生しない一般信用取引で行うなどの工夫が必要になります。一般信用取引で逆日歩が発生しないのは、一般信用取引は貸借取引（証券会社が証券金融会社から資金や株券を借りる取引）が利用できず、貸し出す資金や株券は証券会社が自前で調達できる範囲で行っているためです。

ただし、一般信用取引で売り建てができる銘柄数は限られているほか、証券会社が貸し出しできる株券が用意できなくなると、売り建てを停止することもありますので、優待取りの手法が使えないケースも多くあります。

応用編

05

制度信用の「期日」をねらう「期日向かい」

制度信用取引の建玉は、新規建てから6カ月以内の期限に返済しなければなりません。この返済期限を「期日」といいますが、これを利用した取引手法が「期日向（きじつむ）かい」です。一般的に、株価が大きく上昇する時は、それに歩調を合わせる格好で買い残も大きく増える傾向があります。ただ、株価の上昇が一服し、返済期日が迫って来るようになると、今度は積み上がった買い残が売り返済圧力となって株価を軟調にさせる要因に転じます。こうした動きを「期日圧迫（きじつあっぱく）」と呼びます。

逆にいうと、期日を通過すればこうした需給関係のしがらみから解放され、その後の株価の好転が期待できるようになります。「じゃあ、期日を迎える前の相場が軟調な時に買って、期日が明けて相場が好転するのを待って売れば利益をねらうことができるのではないか？」というのが「期日向かい」の考え方です。

つまり、信用取引の残高需給の整理に着目した取引手法なのです。

期日向かいに適している銘柄は？

では、どのような銘柄が期日向かいに適しているのでしょうか？

損益に関係なく、期日までに建玉を手仕舞う必要があるしくみを利用

半年ぐらい前に買い建玉が急増し、あまり建玉が整理されて（減って）いない銘柄

期日に向けて売り返済圧力が強まり、株価の下落が加速しやすくなる（期日圧迫）

期日を過ぎ、建玉の整理が進むと、安心感で株価の上昇期待が高まる

株価の売られ過ぎと、その後の反発をねらう！

まず候補となるのは、半年ぐらい前に市場で人気化して株価が急騰した銘柄です。

そして、「急騰の際に買い残も急増しているか」、「その後の株価のトレンドがピークアウトし、横ばいや下落に転じているか」、そして、「買い残の減少があまり進んでいないか」などをチェックして、取引する銘柄を絞り込んでいきます。

期日が接近する中、買い残の整理が進んでいなければ、駆け込み的に返済売りが集中することになって、予想以上に株価が下がりやすくなります。ただし、その分だけ期日を過ぎた後の相場の安心感が強まるので、株価上昇が期待できます。

ですが、早めに買い残が進むことがあるので注意が必要です。期日前後ではなく、数週間前に株価と買い残が底を打って反発するケースも少なくありません。

応用編

06

ロング・ショート戦略①「倍率を利用」

ここでのテーマは、信用取引を使った「ロング・ショート戦略」についてです。「ロング」とは買い、「ショート」は売りを指します。要は、買いと売りを組み合わせた売買戦略のことです。では、具体的にどうするのかというと、値上がりが期待できる割安銘柄を買う（ロング）一方で、同時に値下がりが予想される割高銘柄を売り（ショート）ます。

例えば、同じような値動きをする2つの銘柄があったとします。基本的に株価の方向性は同じになりますが、日々の変動まで全く同じになるということはなく、相場の状況によっては、銘柄間の価格差が拡大したり、縮小したりします。この価格差の動きが「ロング・ショート戦略」における仕掛けポイントです。

利益を左右するのは価格差

あまりにも価格差が拡大していれば、「いずれこの価格差は修正されるだろう」と判断するのが自然です。そのような時に、割高な銘柄を売り建てし、同時に割安な銘柄を買い建てます。そして、予想通りに価格差が縮小すれば利益になります。

仮に、株式市場全体の流れを受けて両銘柄の株価がともに下がった場合、買い建て分は損となりますが、売り建て分が利益となって損益が相殺されます。反対に株価が上昇した場合でも、買い建て分の利益と売り建て分の損が相殺されます。

つまり、市場全体のトレンドに関係なく、２銘柄の価格差が縮小さえすれば利益がねらえるというわけです。もちろん、予想が外れて両銘柄の価格差が拡大してしまうと損失が発生します。

ロング・ショート戦略にはいくつか種類があるのですが、次に紹介するのは「２つの銘柄間の価格差」に注目する手法です。

「ＮＴ倍率」を使ったロング・ショート戦略

分かりやすい例では、日経平均とＴＯＰＩＸが挙げられます。

両者とも日本を代表する株価指数ですし、基本的に同じような値動きをしますが、もちろん価格差が拡大したり、縮小したりする場面があります。まさにロング・ショート戦略に使えそうです。

もっとも、日経平均は株価の平均、ＴＯＰＩＸは時価総額を指数化したものですので、正確には価格差とは呼べません。そのため、この両者の値動きの違いを比較する指標として、「ＮＴ倍率」というのを使います。

名前の通り、Ｎ（日経平均）とＴ（ＴＯＰＩＸ）の比率を表したもので、計算式は「日経平均÷ＴＯＰＩＸ」です。ＮＴ倍率の数値が大きくなるほど、両者の価格差が拡大している、

7-06 NT倍率の推移（2014年1月〜2016年12月末）

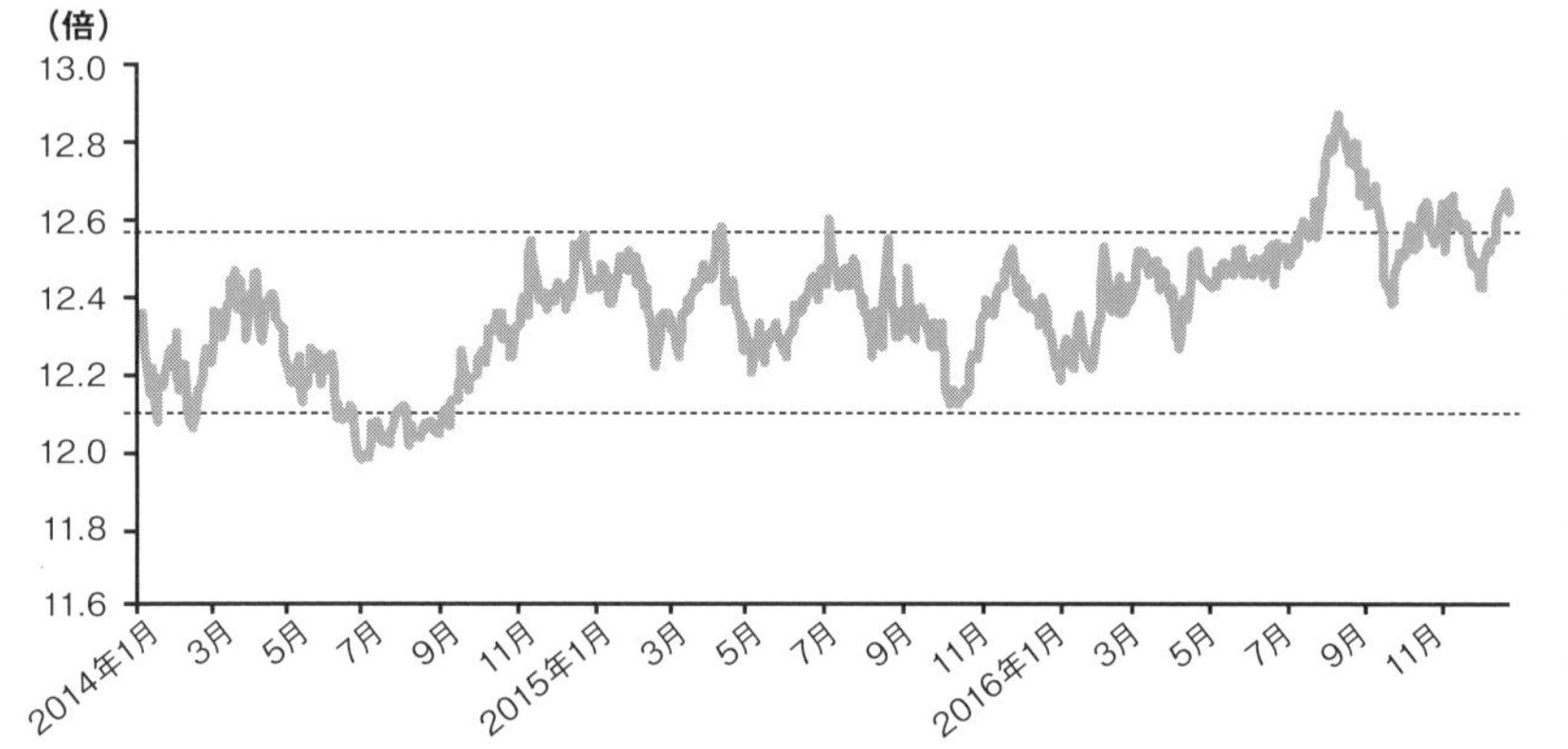

（出所）取引所データを元に筆者作成

つまり、日経平均が割高でＴＯＰＩＸが割安になっていることになります。

ちなみに、図版7-06にあるグラフは２０１４年1月からのＮＴ倍率の推移です。２０１４年後半以降のＮＴ倍率は大体12・2倍〜12・6倍の範囲内で推移していることが分かります。

この図から判断すれば、この範囲の上限（12・6倍）もしくは超えたところで、ＮＴ倍率の縮小を予想し、「割高な日経平均を売り建て、割安なＴＯＰＩＸを買い建てすると利益をねらえるのでは？」ということになります。実際にこうしたポジションを組むには、先物取引を利用するか、信用取引であれば株価指数連動型のＥＴＦを使うことになります。

ＥＴＦでポジションを組んでみると？

では、指数連動型のＥＴＦを使って、ロング・ショート戦略のポジションを組んでみます。図版

7-07 NT倍率を使った取引例

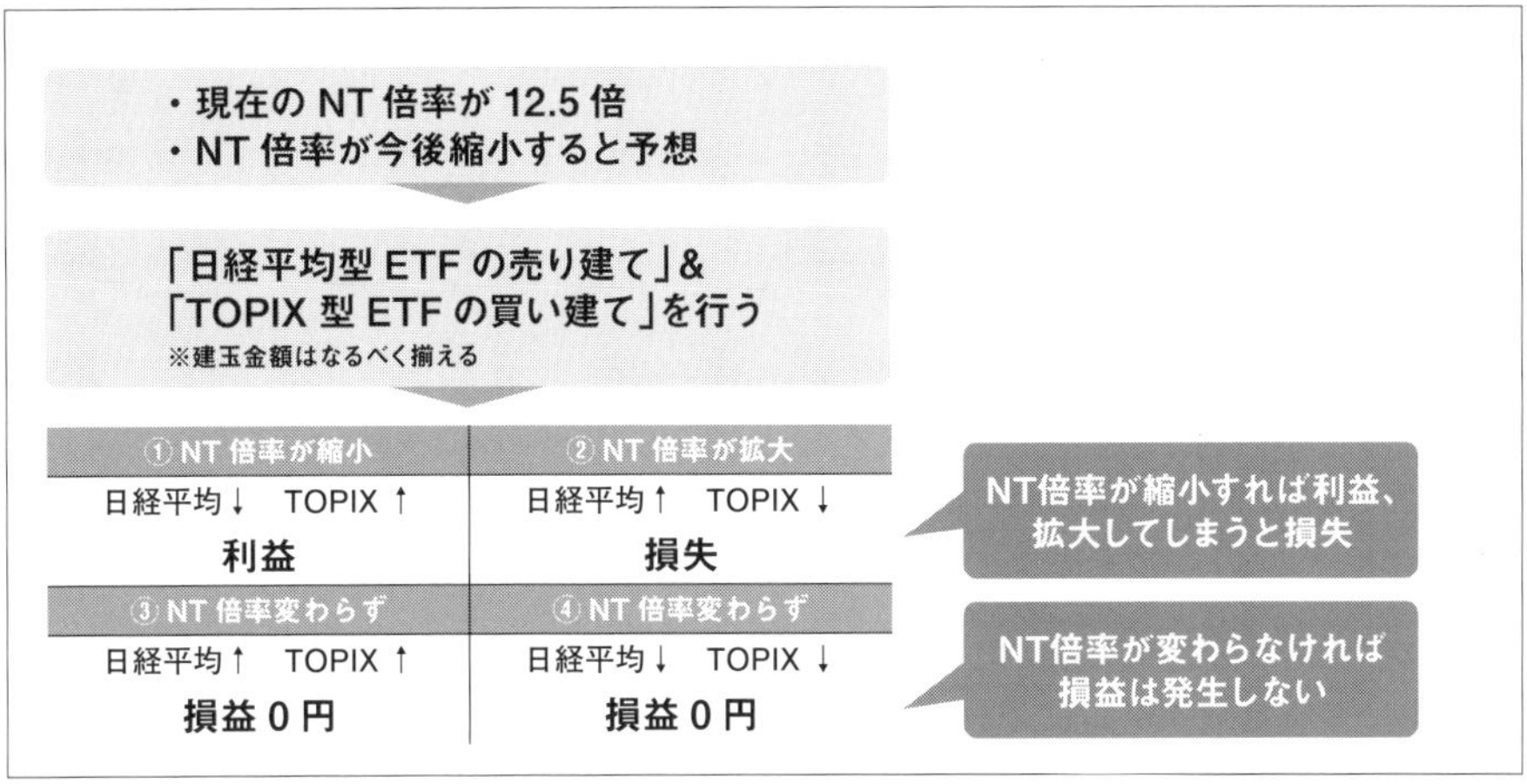

・現在のNT倍率が12.5倍
・NT倍率が今後縮小すると予想
「日経平均型ETFの売り建て」&
「TOPIX型ETFの買い建て」を行う
※建玉金額はなるべく揃える
①NT倍率が縮小
日経平均↓　TOPIX↑
利益
②NT倍率が拡大
日経平均↑　TOPIX↓
損失
③NT倍率変わらず
日経平均↑　TOPIX↑
損益0円
④NT倍率変わらず
日経平均↓　TOPIX↓
損益0円
NT倍率が縮小すれば利益、拡大してしまうと損失
NT倍率が変わらなければ損益は発生しない

7-07にあるのが、NT倍率が今後縮小すると予想して組んだポジションと想定損益です。

重要なのは、「投資金額をできるだけ揃えること」です。例では話を分かりやすくするため簡潔にしていますが、実際の株価指数と指数連動型ETFの価格は同じにはなりませんし、取引手数料や金利等のコストを考慮していません。

ケース1は予想が的中してNT倍率が縮小し、利益が出ました。ケース2はNT倍率が拡大してしまい、損失となりました。また、ケース3や4のように、両者の株価が上がろうが下がろうが、倍率自体に大きな変化がない限り、損益の変動はありません。

同じような値動きをする2銘柄の組み合わせであれば、銀行や自動車など、同じセクター内の銘柄でも応用が可能ですので、様々な組み合わせを試してみるのも良いかもしれません。

07 ロング・ショート戦略②「NM倍率」

前項では「NT倍率」を使ったロング・ショート戦略について見てきましたが、今回は「NM倍率」での戦略を紹介したいと思います。Nは日経平均、Mはマザーズ指数です。

NT倍率は「日経平均÷TOPIX」で計算しますが、NM倍率は「日経平均÷マザーズ指数」で計算されます。見方もNT倍率と同じで、NM倍率の値が大きいほど、両指数の価格差が拡大し、小さくなるほど価格差が縮小していることを示します。

図版7-08にあるのは、NM倍率の推移のグラフです。別項で紹介したNT倍率は12倍台の推移が中心でしたが、NM倍率の範囲は13～25倍程度であり、NT倍率と比べてかなり幅広く、ダイナミックに動いていることが分かります。

NM倍率を使った売買戦略

しかも、倍率の拡大と縮小が継続的なトレンドになっている場面が目立っています。

図には25日移動平均線も描いてみましたが、倍率が25日移動平均線を上回っている時は倍率の拡大局面、逆に下回っている時は倍率の縮小局面と判断することができます。そのため、NM倍率はNT倍率以上に収益のチャンスを見出せそうです。

7-08 NM倍率の推移（2014年1月～2016年12月末）

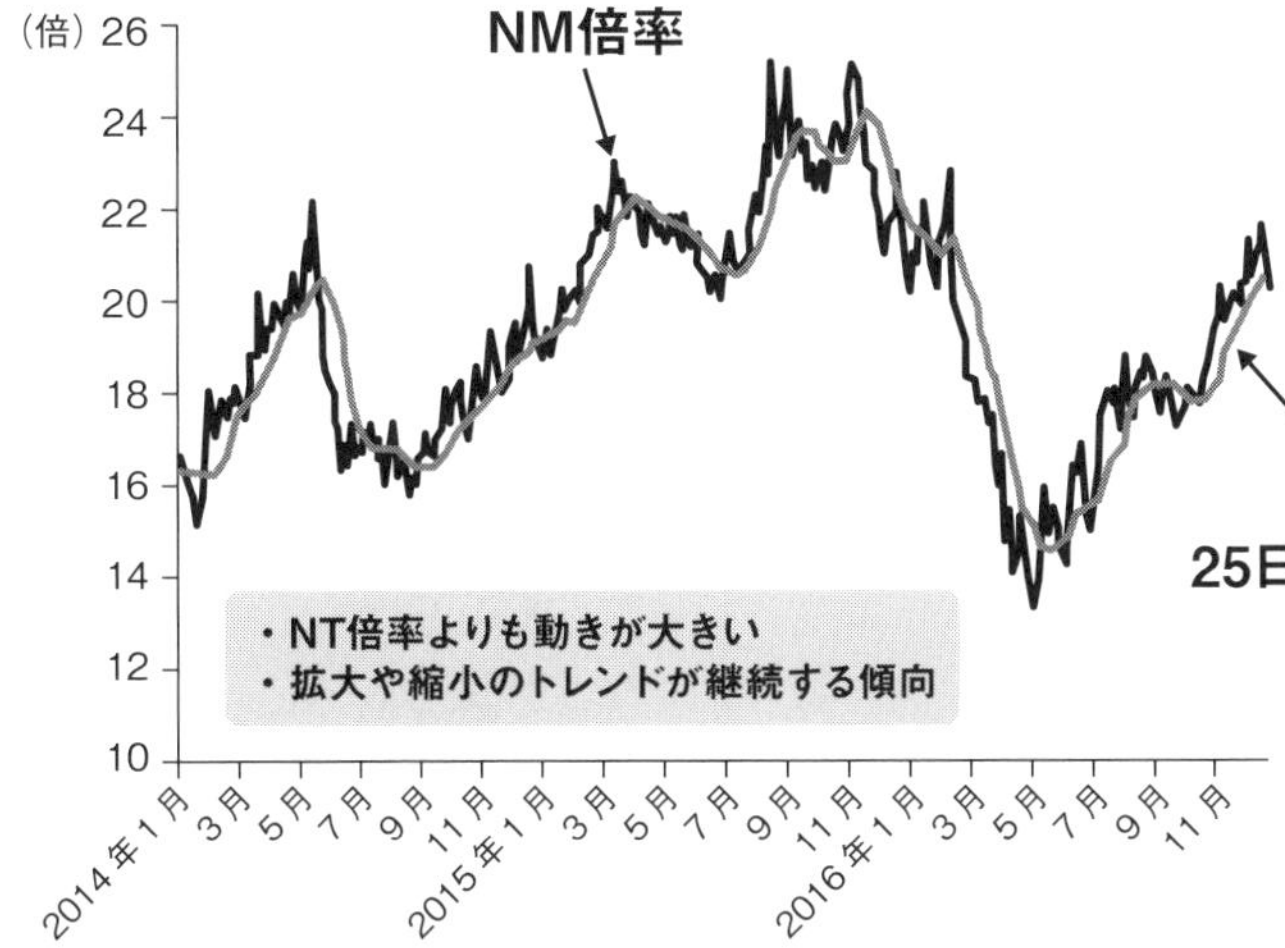

（出所）取引所データを元に筆者作成

具体的には、日経平均とマザーズ指数に連動するETFを使って、NM倍率が今後縮小すると思えば「日経平均売り＋マザーズ買い」、拡大すると考えれば「日経平均買い＋マザーズ売り」のポジションを組むことになります。基本的にはNT倍率のロング・ショート戦略と同じです。

ただし、実際のところ、売り建てができるマザーズ指数絡みのETFは、「マザーズ・コア上場投信（1563）」しかなく、日々の売買高もあまり多くありません。そのため、この戦略を信用取引で行うには取引環境が十分とはいえない点に注意が必要です。

とはいえ、2銘柄間の倍率が大きな幅で動く組み合わせは、収益をねらう機会があるという点においては、他の銘柄でも応用ができそうです。

08

応用編

ロング・ショート戦略③ 合併比率に注目した取引

ここで紹介するのは、「ロング・ショート戦略」のうち、「合併比率」に注目した手法です。例えば、A社とB社が「1対1」の比率で対等合併を発表したとします。この日の株価は、A社が1000円、B社が800円とすると、理屈の上では両社の株価はお互いに理論株価の900円に近づくことになります。この時、A社の売り建てとB社の買い建てを同時に行い、両社の価格差が縮小することで利益がねらえます。

ただし、合併比率がいつも1対1とは限りませんので、比率が違う場合の例も挙げてみます。

合併比率が異なる場合は？

紹介するのは、2016年9月に、ユニー・ファミリーマートHD（8028）として経営統合されたファミリーマート（8028）とユニー・グループHD（8270）です。合併比率は「1対0・138」でした。

合併比率が発表された2016年2月3日のファミリーマート株価は5820円、ユニー・グループHD株価は792円でした。ファミリーマートを基準にすると、ユニー・グループ

※ファミリーマートがユニー・グループHDを吸収合併する形のため、銘柄コードはファミリーマートの8028が引き継がれました

※ユニー・グループHDの取引最終日は2016年8月26日です

7-09 ユニー・グループHD株価と理論株価の乖離率推移

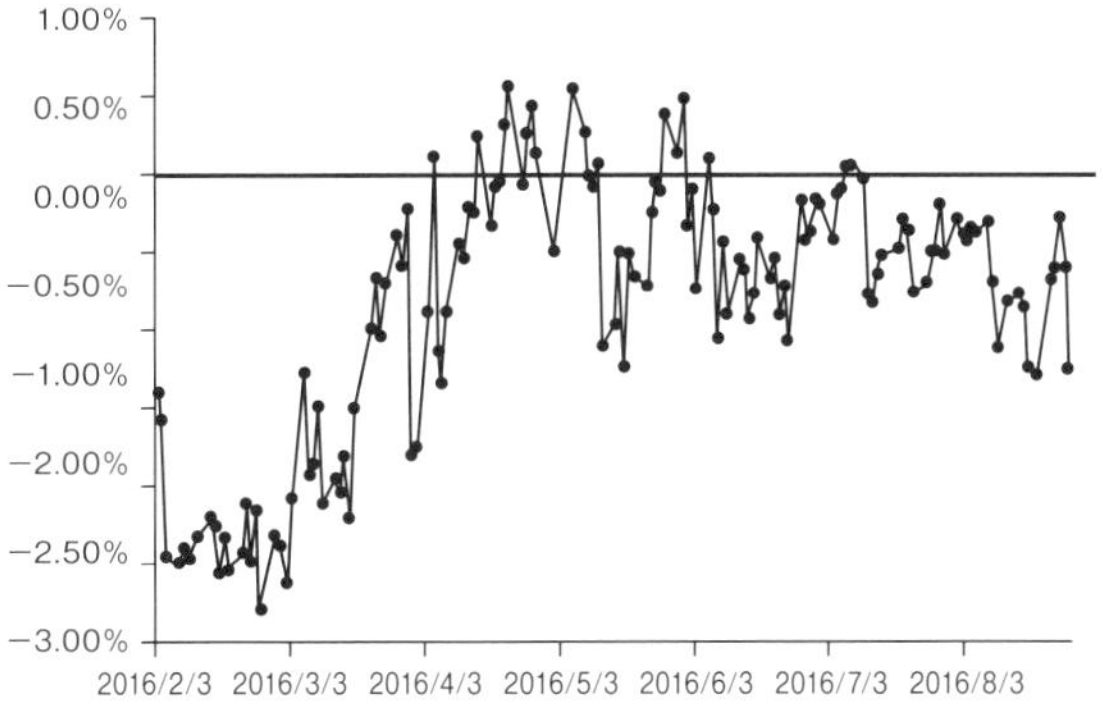

（出所）取引所データを元に筆者作成

HDの理論株価は、5820円×0・138で803円となり、実際の株価は理論株価よりも1・4%ほど安くなっていました。

この場合、ファミリーマート株を売り建て、ユニー・グループHD株を買い建てます。また、取引金額をなるべく揃えることがポイントですので、ファミリーマート株の5820円×100株＝58万2000円に対し、ユニー・グループHD株は792円×700株＝55万4400円の取引規模になります。

なお、図版7-09にあるのは合併比率に基づくユニー・グループHDの理論株価と実際の株価（終値）の乖離率の推移です。合併比率が発表されてからは概ねマイナス2・8～プラス0・5%の範囲内でした。そこで、ロング・ショート戦略ではなく、ユニー・グループHD株を乖離率の拡大時に買い建てし、縮小時に返済を繰り返す取引でも利益がねらえました。

09

応用編

IPO銘柄に対して信用取引は使えるのか？

IPO（Initial Public Offering）は、「新規公開株」もしくは「新規上場株式」と呼ばれ、証券取引所で株式取引ができるようになることを意味します。注目企業のIPOは個人投資家にも人気です。

IPO銘柄の信用取引は、制度信用取引であれば取引所が対象銘柄に選定してから可能になりますが、一般信用取引では、買い建てであれば上場初日から取引可能、売り建ては貸し出す株券の調達次第で可能になるというところが多いようです。

そのため、「上場初日より買い建て可能」というのが一般信用取引のアピールポイントになっています。ただし、「初日から信用取引ができるのは便利だが、リスクは高くないのか？」と思われる方は多いかもしれません。

IPO銘柄の取引は意外と難しい

確かに、IPO銘柄は**初値**が**公募価格**よりもはるかに高くなるものや、その後も株価がさらに上昇していくものが多く、人気化しやすい一面があります。

その一方で、初値が結局天井で、その後の株価が急落するケースがあるほか、初値は地味

●**初値**
上場した時の最初の株価

●**公募価格**
上場する前に設定される株価

に決定したが、その後の株価が上昇するケース、初値もその後の株価も低迷というケースもあり、ＩＰＯ銘柄の投資は意外と見極めが難しいです。

ＩＰＯ銘柄の初値決定や直後の値動きは、公募で買った人、ベンチャーキャピタルや関係者、公募で買えなかった人、短期売買で仕掛ける人などの思惑が絡み、需給の影響を受けやすいという特徴があります。また、上場したばかりのため、まだ十分なチャートが描けておらず、売買タイミングを捉えにくいという面があります。

したがって、上場初日や直後に信用取引を利用するのはややリスクが高いといえます。ある程度の期間が経ち、チャートに移動平均線などが描かれるようになれば、利益確定や損切りの目安をつけることも可能になりますので、あえてしばらく経ってから信用取引を利用するのも１つの手と思われます。

10

応用編

銘柄選びのヒント①新聞・雑誌・セミナーの注目銘柄を参照する

株式取引に関する情報源は身の周りに溢れかえっています。その内容も証券会社の投資情報やWEBサイトをはじめ、新聞、マネー雑誌、セミナーなど多岐にわたります。こうした情報源で採り上げられている注目銘柄などは、取引の銘柄選びの参考になります。

情報源によってタイムラグがある

ただ、注目銘柄として掲載されているからといって、すぐに鵜呑みにして取引するには注意が必要です。というのも、情報媒体によってタイムラグに差があるからです。

例えば、マネー雑誌の場合、原稿執筆の時点から編集作業、印刷を経て書店に並ぶまでにかなりの時間を要します。もちろん出版社もその点は承知の上ですので、掲載する銘柄は発売日前後に話題になりそうなテーマ株や、中長期的に有効になりそうなものを中心に吟味・選定しています。

一方、日本経済新聞や、株式投資専門の新聞などで記事になる銘柄は、記事になった当日や短期的な取引に影響を与える可能性は極めて高いですが、必ずしも中長期的な投資に向い

7-10「リスト化して待ち伏せ」作戦

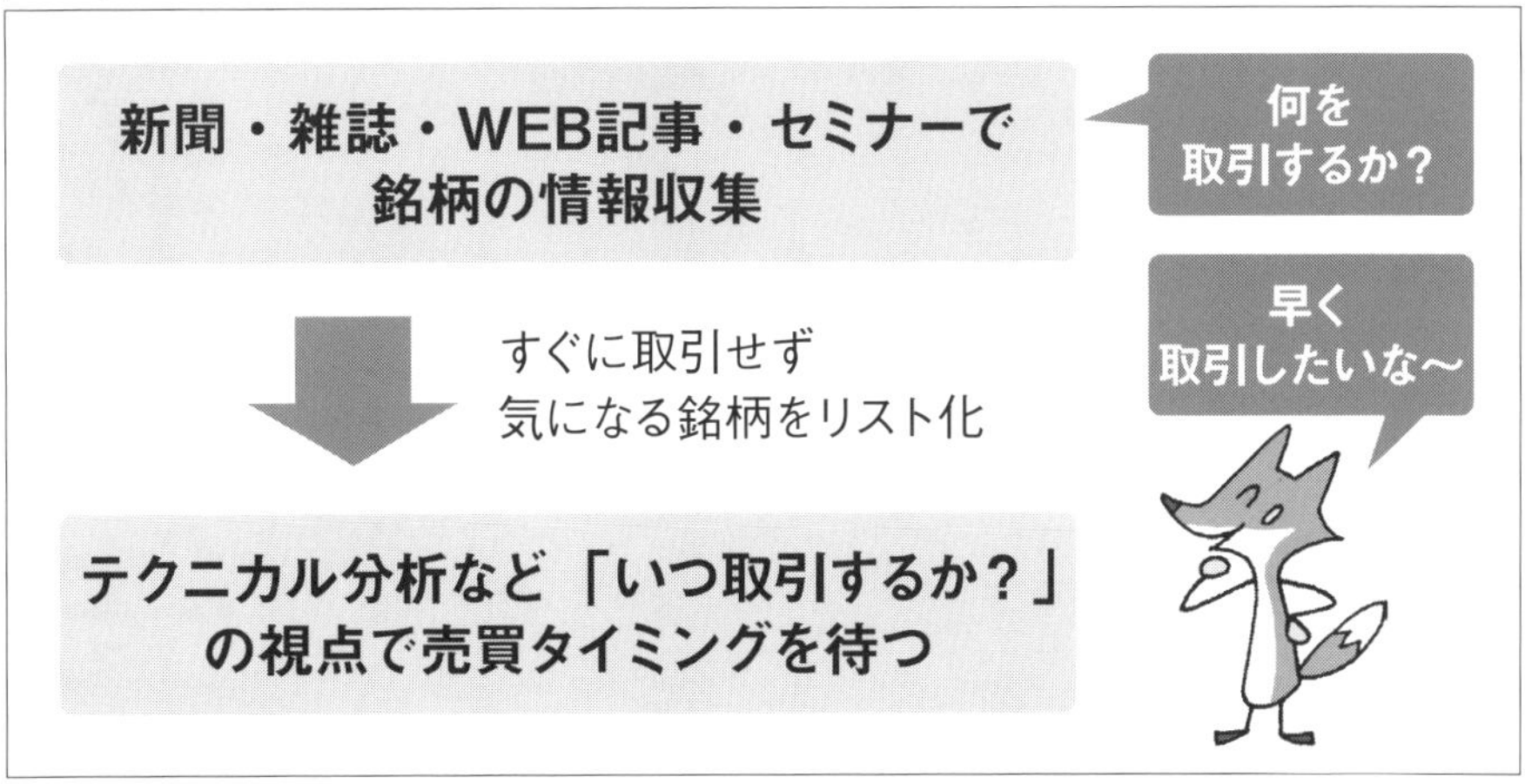
新聞・雑誌・WEB記事・セミナーで
銘柄の情報収集
何を
取引するか？
すぐに取引せず
気になる銘柄をリスト化
早く
取引したいな〜
テクニカル分析など「いつ取引するか？」
の視点で売買タイミングを待つ

ているとは限りません。

情報源によって、どちらかというと短期的な取引向き、中長期取引向きといった具合に整理する必要があります。

別の項でも触れましたが、株式取引で大事なのは、「何を取引するか」と「いつ取引するか」です。情報媒体で採り上げられている注目銘柄は「何を取引するか」に属する情報です。

ですので、情報源から自分が関心を持った銘柄については、すぐに取引せずにいったんリスト化します。ほとんどのネット証券では、お気に入りの銘柄を簡単に登録できる画面が用意されていますので、リスト化の作業は簡単にできます。

そして、「いつ取引するか」を分析するテクニカル指標で売買サインが出るのを待ち伏せして、サインが出たものから順に取引をするといった工夫をすると、取引パフォーマンスの改善に役立ちます。

※よく、セミナーなどで「儲かる銘柄だけ教えてくれ」という方がいらっしゃいますが、「いつ取引するか」の視点が欠けています。せっかくの良い銘柄も取引のタイミングを外すと損失が出てしまいます。

11 銘柄選びのヒント②「コバンザメ」作戦

「コバンザメ作戦」とは、「銘柄選びは面倒、でも失敗はしたくない」という、欲張りでものぐさな方のための銘柄選びの方法です。

ではどうするのかというと、プロの知恵を拝借するのです。

投資信託の組み入れ上位銘柄を使う

注目するのは「投資信託（投信）」です。投資信託を簡単に説明すると、多くの投資家から資金を募り、1つの大きな資金としてまとめて、プロ（専門家）が株式や債券などに投資・運用を行う商品です。

どの資産に投資・運用するかは、それぞれの投資信託ごとの方針に基づいて行われます。株式絡みの投資信託であれば、株価指数に連動するものから、成長株に投資するもの、高配当銘柄に投資するもの、特定のテーマ株に投資するものなど、様々です。

また、投資信託は投資家から資金を預かっているため、どのように運用しているのかを定期的に投資家に報告しています。運用報告書や月次レポートなどが該当します。

そこに、投資対象が株式の投資信託であればほとんどのレポートで、どの銘柄に投資して

「組み入れ上位銘柄」を
取引対象の候補にする
プロが選定しているので、
投資に値する根拠がある
投資信託の資金は大きく、
少しずつ継続的に取引するため、
テクニカル分析の確度が増す
コバンザメ作戦だ！

いるのか、組み入れ上位銘柄の一覧が開示されています。そこに載っている銘柄で取引するのです。プロが見極めて投資している銘柄ですから、投資対象としては申し分ないといえます。

実はこのコバンザメ作戦ですが、テクニカル分析的にもメリットがあります。

投資信託によって運用される資金額は程度の差はありますが、個人投資家の資金に比べるとはるかに巨大です。そのため、買いたい株があっても一度には買えず、毎日少しずつ時間をかけながら買っていきます。つまり、買いが継続的に続き、トレンドが発生しやすいわけです。

そうなると、投資信託などの機関投資家が多く買っている銘柄が描く移動平均線などのテクニカル指標に対する信頼度が増し、サポートや抵抗といったサインの精度がグッと上がりますので、売買の判断もしやすくなります。

応用編

12

銘柄選びのヒント③スクリーニング

スクリーニング（ｓｃｒｅｅｎｉｎｇ）とは、「ふるいにかける」という意味です。

株式市場では数多くの銘柄が取引されていますが、どの銘柄を取引するのか「条件に合うもの」を選び出すことをスクリーニングといい、ほとんどの証券会社では様々な条件を指定して銘柄を探すことのできるスクリーニング機能ツールを用意しています。証券会社に口座があれば、スクリーニング機能はほぼ無料で利用できます。

高度な検索が可能なスクリーニング機能

スクリーニング機能で指定できる条件は、初めての人が迷ってしまうほどたくさんあります。株価水準や時価総額、上場区分をはじめ、株価指標（ＰＥＲやＰＢＲなど）、配当利回り、売上高や利益などの企業業績、ゴールデンクロスやデッドクロスなどのテクニカル分析など、実に多種多様です。

普段からスクリーニング機能を使っている人は、条件項目が多いことによって高度な検索ができ、希望の銘柄に辿り着くことが容易になる分、逆に不慣れな人にとっては、「そもそもどんな条件を指定したら良いのか？」と最初の段階でつまずいてしまいがちです。

検索条件に優先順位をつけよう

スクリーニング機能を使いこなすコツは「条件に優先順位をつける」ことです。配当利回りを最優先にするのであれば、まず「配当利回り○%以上」で検索します。恐らく、たくさんの銘柄が検索結果画面に表示されるので、では、「業績はしっかりしているのか？」、「株価のトレンドはどうなのか？」といった具合に、関心の高い順に条件を追加してさらに絞り込んでいくようにするとスムーズに使えると思います。

また、証券会社によっては、成長性や財務の安定性など、テーマ別に検索条件を設定したテンプレートを用意しているところもありますので、このテンプレートをベースに条件を加減したり、数値を調整したりするというのも有効です。

とにかく、色々と操作して慣れることをオススメします。

スクリーニング機能の醍醐味は「出会い」

スクリーニング機能を使っていると、自分が知らない銘柄に数多く出会います。実はこれがスクリーニング機能の醍醐味でもあります。というのも、その中には大きく会社が成長し、株価も大幅上昇する「お宝銘柄」が埋もれている可能性があるからです。

では、どういった銘柄がお宝銘柄になる可能性が高いのでしょうか？　明確な基準はありませんが、一般的に共通するキーワードは、「中小型株」、「高成長株」、「割安株」などです。

せっかくなので、先ほどのキーワードに該当する、お宝銘柄発掘の条件のヒントを探ってみましょう。

中小型株

会社の規模を示す検索条件は「時価総額」です。時価総額とは、発行済み株数と現在の株価を掛けて計算します。一般的には、小型株が時価総額1000億円未満、中型株が1000億円以上3000億円未満、大型株が3000億円以上で定義されます。

高成長株

企業の成長は売上や利益の増加に現れます。そのため検索する条件は「売上高成長率」や「利益成長率」などです。伸び盛りの企業は売上や利益が前年比で何倍、何十倍といったものが少なくありません。

割安株

株価と企業の価値を比べて、「株価＜企業価値」であれば割安株とされます。検索する条件は、PERやPBRなどです。企業の価値は稼ぐ力と保有資産で構成されますが、稼ぐ力（1株あたり利益）と株価を比べたものがPER、保有資産（1株あたり純資産）と株価を比べたものがPBRです。

7-12 楽天証券のスクリーニングツール「スーパースクリーナー」の画面

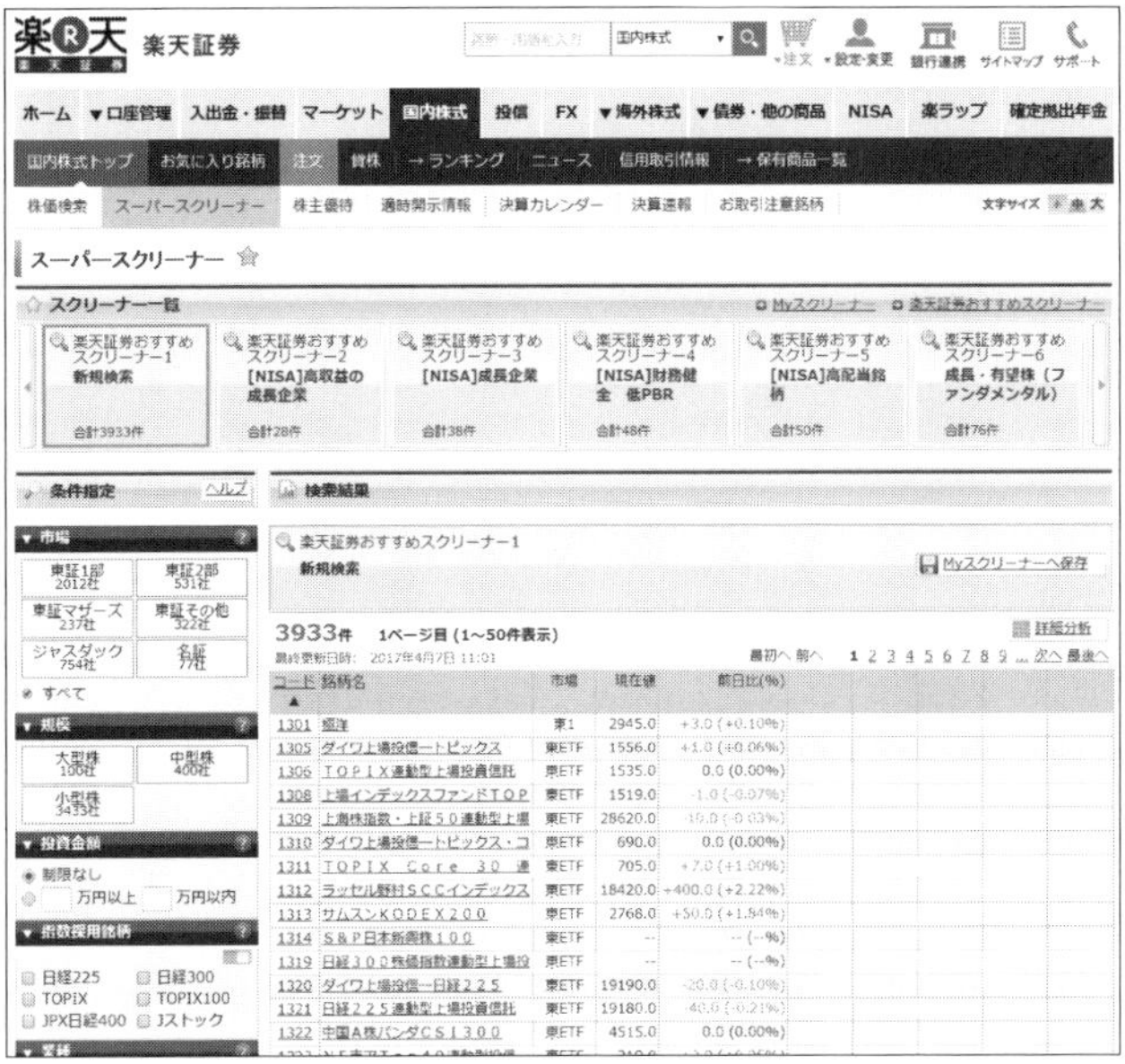

両者とも、値が小さいほど割安という判断になりますが、注意したいのはPER・PBR共に、絶対的な基準がないことです。例えば、中小型の成長株は稼ぐ力が評価されやすく、大型安定株に比べてPERが高めになる傾向があります。

もちろん、スクリーニングの条件に合致した銘柄をすぐに取引するのではなく、よく知らない銘柄であれば、どんな企業なのかを会社四季報などで調べたり、直近でニュースが出ていないか、チャートの形はどうかなどをチェックしたりすることも忘れないでください。

13

応用編

信用取引に役立つ「ランキング情報」を使った銘柄選び

ネット証券の投資情報ツールでは、「ランキング情報」機能が用意されています。

信用取引に向いている銘柄とは、多くの投資家に注目されて売買が活発な〝旬〟な銘柄になりますので、ランキング情報は信用取引の銘柄選びの心強い味方になります。ここでは使えそうなランキングの条件を整理します。

ティック数ランキング

ティック（Tick）数とは、取引が成立した数という意味で、ティック数が多いほど売買が活発であるといえます。売買の盛り上がりを知るには売買代金ランキングでも良いのですが、同じ売買代金1000万円でも、100万円が10ティックと10万円が100ティックとでは、後者のほうが取引回数は多く、売買が活発であるといえます。普段はあまり顔を出さない銘柄がランクインしたら、にわかに注目を集め始めた銘柄と判断できます。

信用買（売）残の増減ランキング

買い建て、売り建て別の信用残の増減ランキングです。上位に来るほど、信用残の動きが

7-13 ランキング情報の画面の一例

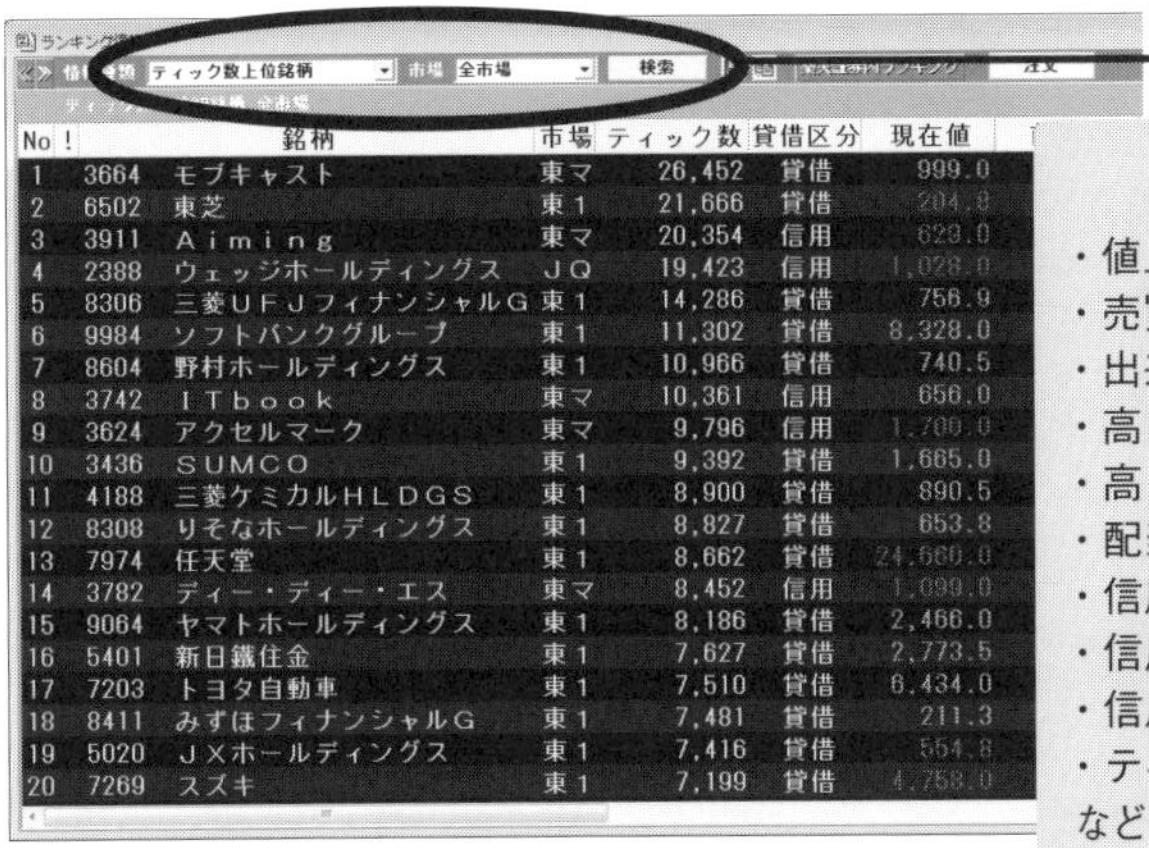

No	!	銘柄	市場	ティック数	貸借区分	現在値
1	3664	モブキャスト	東マ	26,452	貸借	999.0
2	6502	東芝	東1	21,666	貸借	204.8
3	3911	Ａｉｍｉｎｇ	東マ	20,354	信用	628.0
4	2388	ウェッジホールディングス	ＪＱ	19,423	信用	1,028.0
5	8306	三菱ＵＦＪフィナンシャルＧ	東1	14,286	貸借	756.9
6	9984	ソフトバンクグループ	東1	11,302	貸借	8,328.0
7	8604	野村ホールディングス	東1	10,966	貸借	740.5
8	3742	ＩＴｂｏｏｋ	東マ	10,361	信用	656.0
9	3624	アクセルマーク	東マ	9,796	信用	1,700.0
10	3436	ＳＵＭＣＯ	東1	9,392	貸借	1,665.0
11	4188	三菱ケミカルＨＬＤＧＳ	東1	8,900	貸借	890.5
12	8308	りそなホールディングス	東1	8,827	貸借	653.8
13	7974	任天堂	東1	8,662	貸借	24,660.0
14	3782	ディー・ディー・エス	東マ	8,452	信用	1,099.0
15	9064	ヤマトホールディングス	東1	8,186	貸借	2,466.0
16	5401	新日鐵住金	東1	7,627	貸借	2,773.5
17	7203	トヨタ自動車	東1	7,510	貸借	6,434.0
18	8411	みずほフィナンシャルＧ	東1	7,481	貸借	211.3
19	5020	ＪＸホールディングス	東1	7,416	貸借	554.8
20	7269	スズキ	東1	7,199	貸借	4,758.0

主な検索条件
- 値上がり（値下がり）率上位
- 売買代金上位
- 出来高上位
- 高（低）PER 上位
- 高（低）PBR 上位
- 配当利回り上位
- 信用高（低）倍率
- 信用買（売）残増上位
- 信用買（売）残減上位
- ティック数上位

など

出所：楽天証券「マーケットスピード」

急激であることを意味します。

第6章でも触れましたが、信用残の増加は将来の反対売買圧力が高まり、逆に減少するとその整理が進んでいることになります。例えば、買い残が急増した銘柄で株価の伸びが鈍化すれば、「積み上がった買い残の売り返済圧力によって株価が下がるのではないか？」と行った具合に判断することができます。

信用倍率のランキング

信用倍率の高と低、それぞれのランキングです。一般的に、信用倍率が上昇傾向ならば需給悪化、低下傾向ならば需給改善とされています。

とりわけ、買い残と売り残が拮抗する低倍率の銘柄は、大きく株価が上昇する可能性を秘める「好取組銘柄」として投資家の注目を集めます。反対に、買い残が売り残よりも多い高倍率銘柄は、相場の過熱感が意識されやすくなります。

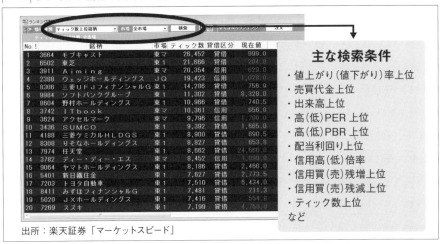

column

現在は投資が必須の時代？

r（資本収益率）＞g（経済成長率）

2015年の話題の本になった、トマ・ピケティ氏の著書『21世紀の資本』。この本で述べられている、「g（経済成長率）よりもr（資本収益率）の方が大きい」という右記の不等式はあまりにも有名です。この不等式を証明するために、ページの大半が費やされて分厚い本になっていますが、リクツそのものはかなり単純です。

例えば、2016年1月に日銀が導入したマイナス金利。「銀行から企業活動への貸し出しを増やして経済を活性化させたい」というねらいがありました。ただし、資金の多くは貸し出しではなく不動産などの投資に流れてしまいした。gよりもrの方が優位だからです。

自分で稼ぐお金と投資で稼ぐお金

「働いて稼ぐよりも投資で得られる稼ぎの方が大きい」こと、それゆえに、「投資資金を持っている人はさらに金持ちになって格差が広がる要因になっている」ことをピケティ氏は訴えています。我々にとって、給与などの所得が増加するよりも、投資によるリターンの方が大きいという点を意識し、投資による稼ぎについてもっと真剣に向き合う必要がありそうです。

確かに投資に躊躇してしまう人もいるかもしれません。とはいえ、我々は少なからず日々お金を使って、消費（ときどき浪費）をしています。投資もお金の使い方の一種ですし、もちろんリスクを考慮する必要はありますが、価格（プライス）と価値（バリュー）を見極めるという本質は変わりません。

しかも、株式投資については、比較的少額で始められるほか、ネット証券の普及により、手数料のコスト面や情報量の面で取引しやすい環境が整っています。「積極的に投資を活用しよう」というのが、『21世紀の資本』の隠れたメッセージなのかもしれません。

信用取引に向かない銘柄

売買の少ない銘柄には注意しよう

信用取引の銘柄選びの際に、「売買の少ない銘柄は避けた方が良い」とされています。特に、自分が取引したい建玉の株数や金額が、その銘柄の1日の取引量と比べてかなりの割合を占めるような銘柄は要注意です。

いざという時にすべての株数が返済できなかったり、自分の出す注文自体が株価を上げたり下げたりするなどの影響が出てくるためです。信用取引はレバレッジを効かせて金額の大きい取引になる分、リスクも高まります。また、そもそも売買が少ない銘柄は投資家の注目度も低いことの裏返しでもあります。

発行済み株式数と浮動株比率にも注目

さらに、売り建てを行う際には、発行済み株式数にも注意する必要があります。株式数が少ないということは、売り建てが増えると株券の調達が難しくなって逆日歩が発生しやすくなるためです。また、「浮動株比率」が低い銘柄も逆日歩が発生しやすいとされています。

浮動株比率というのは、発行済み株式数のうち、実際に株式市場で売買可能な株数の割合のことです。創業関係者などの大株主や関連企業による持ち合いなど、市場でほとんど売買されることのない株数（特定株）を除いたものが浮動株になります。つまり、発行済み株式数が多くても浮動株比率が低いと過不足になりやすいといえます。

ちなみに、国内株式市場の主要株価指数であるＴＯＰＩＸは、「浮動株調整後の時価総額加重平均」、つまり浮動株数ベースで計算した時価総額で算出されています。あまり売買されない特定株を含めて算出しても有効な株価指数にならないとされるためです。

column

優秀な整備士よりも名ドライバーを目指そう

当たり前ですが、株式や相場のことについて何も知らないまま投資を行うのは危険です。それなりの知識や勉強が必要になりますが、どのくらいの知識量が必要なのでしょうか？

勉強も大切だが実戦経験も必要

仕事柄、セミナーやイベントなどで、たくさんの個人投資家の方とお話しさせて頂くことがありますが、中にはプロ顔負け、もしくはそれ以上の知識を持たれている方に出会うことも少なくありません。以前、金融関係のお仕事をされていたなどのバックグラウンドがあるのかもしれませんが、非常に勉強熱心な個人投資家が多いのは事実です。

投資はよく自動車の運転に例えられます。運転が上手な人は、「自動車のことが分かっていて、これまで運転してきた経験が豊富であり、状況を把握して適切な判断が下せる人」です。名ドライバーになるには知識だけでなく、冷静な判断力や経験を積むことが大事です。

エンジンの細かい部分などに詳しくなっても、アクセルやブレーキを踏むタイミングや、夜道や雪道の走行の仕方などを知らなければ運転は上手くなりません。

投資も同様で、数多くのテクニカル分析手法に詳しくなっても、実際にそれらを使って取引を行い、経験値を得ていかないと投資のスキルは向上しません。

確かに、知識があるほど有利ではありますが、ある程度のしくみや知識を理解したら、実際の取引に踏み出して相場の名ドライバーを目指しましょう。成功を収めた投資家で失敗したことがない人はいません。失敗から学んだ投資家が勝ち残っていきます。

リスクについて

【株式等の取引にかかるリスク】

株式等は株価（価格）の変動等により損失が生じるおそれがあります。上場投資信託（ETF）は連動対象となっている指数や指標等の変動等、上場投資証券（ETN）は連動対象となっている指数や指標等の変動等や発行体となる金融機関の信用力悪化等、上場不動産投資信託証券（REIT）は運用不動産の価格や収益力の変動等により、損失が生じるおそれがあります。

【信用取引にかかるリスク】

信用取引は取引の対象となっている株式等の株価（価格）の変動等により損失が生じるおそれがあります。信用取引は差し入れた委託保証金を上回る金額の取引をおこなうことができるため、大きな損失が発生する可能性があります。その損失額は差し入れた委託保証金の額を上回るおそれがあります。

【本書内容に関するお問い合わせについて】

このたびは翔泳社の書籍をお買い上げいただき、誠にありがとうございます。弊社では、読者の皆様からのお問い合わせに適切に対応させていただくため、以下のガイドラインへのご協力をお願い致しております。下記項目をお読みいただき、手順に従ってお問い合わせください。

●ご質問される前に

弊社 Web サイトの「正誤表」をご参照ください。これまでに判明した正誤や追加情報を掲載しています。

正誤表　http://www.shoeisha.co.jp/book/errata/

●ご質問方法

弊社 Web サイトの「刊行物 Q&A」をご利用ください。

刊行物 Q&A　http://www.shoeisha.co.jp/book/qa/

インターネットをご利用でない場合は、FAX または郵便にて、下記“翔泳社 愛読者サービスセンター”までお問い合わせください。電話でのご質問は、お受けしておりません。

●郵便物送付先および FAX 番号

送付先住所　〒 160-0006　東京都新宿区舟町 5

FAX 番号　03-5362-3818

宛先　（株）翔泳社 愛読者サービスセンター

●回答について

回答は、ご質問いただいた手段によってご返事申し上げます。ご質問の内容によっては、回答に数日ないしはそれ以上の期間を要する場合があります。

●ご質問に際してのご注意

本書の対象を越えるもの、記述個所を特定されないもの、また読者固有の環境に起因するご質問等にはお答えできませんので、予めご了承ください。

※本書に記載されている情報は、2017 年 4 月執筆時点のものです。

※本書に記載された商品やサービスの内容や価格、URL 等は変更される場合があります。

※本書の出版にあたっては正確な記述につとめましたが、著者や出版社などのいずれも、本書の内容に対してなんらかの保証をするものではなく、内容やサンプルに基づくいかなる運用結果に関してもいっさいの責任を負いません。

著者紹介

土信田 雅之

楽天証券経済研究所シニアマーケットアナリスト。

青山学院大学国際政治経済学部卒業。国内証券会社にてマーケティングや商品開発に携わった後、マーケットアナリストに従事。日本テクニカルアナリスト協会会員。日本国内の市場はもとより、過去に中国への留学経験もあり、中国の最新事情にも精通している。チャートやファンダメンタルをプロの視点で分析した解説は、初心者にもわかりやすいと定評があり、多くのメディアに取り上げられている。

現在、マネー誌の『ネットマネー』(産経新聞出版社刊)にて、新興国経済を国ごとにフォーカスした「スパイシーマーケットの歩き方」を好評連載中。

STAFF

カバーデザイン　河南祐介（株式会社 FANTAGRAPH）
本文デザイン　藤田真央（株式会社 FANTAGRAPH）
カバー / 本文イラスト　キムラみのる
本文 DTP　BUCH+
編集　昆清徳（株式会社翔泳社）

ど素人でも稼げる信用取引の本

2017 年 5 月 15 日　初版第 1 刷発行
2024 年 7 月 5 日　初版第 4 刷発行

著者　土信田 雅之（どしだ まさゆき）
発行人　佐々木 幹夫
発行所　株式会社翔泳社（https://www.shoeisha.co.jp/）
印刷・製本　日経印刷株式会社

ISBN978-4-7981-5088-8　Printed in Japan